Susan Levermann
Der entspannte Weg zum Reichtum

AF203448

Die Börse ist keine Einbahnstraße: Wer sich von Gerüchten, vermeintlich todsicheren Tipps, von Gier und Angst leiten lässt, wird mit Sicherheit Geld verlieren. Wer dagegen systematisch, Schritt für Schritt und nach klaren Kriterien die richtigen Aktien auswählt, wird überdurchschnittliche Renditen einfahren. So einfach ist das – und Susan Levermann zeigt, wie es geht: Aktien werden nach einem verständlichen und nachvollziehbaren Punktesystem bewertet – nur die besten werden gekauft und regelmäßig überprüft. Der Zeitaufwand liegt bei etwa einer Stunde alle zwei Wochen. Und das Beste dabei: Alle Daten, die man dafür braucht, sind im Internet für jeden kostenlos zugänglich. Damit auch Börsenlaien den Einstieg schaffen, erklärt Levermann Fachbegriffe so, dass sie jeder versteht. Checklisten, viele konkrete Beispiele und ein Börsenquiz machen die Lektüre zum Vergnügen. Doch Geld allein ist nicht alles: Und so zeigt die Autorin, wie sich Börsenerfolg und ethisches Handeln miteinander verbinden lassen und wie jeder für sich persönlich das richtige Verhältnis zwischen Geld und Glück findet.

Susan Levermann war nach Banklehre und Diplom in Volkswirtschaftslehre acht Jahre lang als Fondsmanagerin bei Deutschlands größter Fondsgesellschaft, der DWS, tätig, zuletzt als Senior Fundmanager und Director. Dort verantwortete sie bis zu 1,7 Milliarden Euro Kundengelder in europäischen und deutschen Aktienfonds mit Hilfe einer selbstentwickelten quantitativen Auswahlstrategie. 2008 wurde sie für den besten deutschen Aktienfonds über 1 und 3 Jahre ausgezeichnet.

Susan Levermann

Der entspannte Weg zum Reichtum

dtv

13. Auflage 2025
2011 dtv Verlagsgesellschaft mbH & Co. KG
Tumblingerstraße 21, 80337 München
produktsicherheit@dtv.de
Lizenzausgabe mit freundlicher Genehmigung des Carl Hanser Verlags
© 2010 Carl Hanser Verlag München
Umschlagkonzept: Balk & Brumshagen
Umschlaggestaltung nach einem Entwurf von keitel & knoch
kommunikationsdesign und einem Foto von
gettyimages/Bob Elsdale
Gesamtherstellung: Druckerei C.H.Beck, Nördlingen
Gedruckt auf säurefreiem, chlorfrei gebleichtem Papier
Printed in Germany · ISBN 978-3-423-34675-7

Für meine Eltern,
meine Schwester,
meine Nichte
und Tana

Für meine ehemaligen
Kollegen bei der DWS

Inhalt

TEIL II
Wie funktioniert Börsenerfolg wirklich?
oder
Wie Sie im Haifischbecken überleben und die besten Bröckchen abbekommen

Vorwort

Der 19. Februar 2008 war ein düsterer, wolkenverhangener Wintertag in Frankfurt am Main. Umso stimmungsvoller wirkten die von der Decke hängenden Leuchten in dem kleinen Nebenraum der Neuen Oper, der für uns reserviert worden war. Hinter der großen Fensterfront strahlten die Lichter der Wolkenkratzer herein. Ich saß, in einem extra für diese Veranstaltung erworbenen schwarz glänzenden Anzug, auf einer Couch und blickte nach draußen.

Wie lange hatte ich auf diesen Tag gewartet. Stationen meiner Karriere fielen mir ein. Die ersten Wochen bei der DWS, Deutschlands größter und regelmäßig bester Fondsgesellschaft. Die unbekannten Kollegen, die vielen Fachwörter, die im Raume hingen und die ich nicht verstand. Das war jetzt beinahe acht Jahre her. Berge von Studien, die ich weder zu Ende lesen noch irgendwie bewältigen konnte, hatten mich gequält. Dann der erste Fonds, den ich, kaum drei Monate dabei, übernommen hatte, und wie meine Mutter, angesichts der Summe von über 1 Mrd. €, mich gefragt hatte, ob es irgendeine Versicherung dazu für mich gäbe. Dazu der kleine Value-Fonds, der 2001 aufgelegt wurde und mit dessen guter Wertentwicklung ich mir das Vertrauen meiner Vorgesetzten verdienen konnte. Schließlich das Jahr 2002. Ein furchtbarer Bärenmarkt, der auch unser Fondsmanagement durcheinanderwirbelte mit Weggängen und Aufgabenumverteilungen, und mir schließlich die Verantwortung für den als schwierig bekannten Europa-Fonds DWS Provesta einbrachte. Ich sortierte die schlimmsten Aktien aus und brachte den Fonds auf Kurs. Ein halbes Jahr später drehte der Markt nach oben, und die Aktien, die ich rausgeworfen hatte, waren die Anführer der Kursrallye, die da folgte. Ich blickte mit meinen Fonds hinterher und erlebte 2003 ein katastrophales Jahr als Fondsmanagerin. Wie froh ich gewesen war, als es schließlich zu Ende ging. 2004 läutete die Wende für mich ein. Mein selbst entwickeltes Aktienauswahlsystem begann erste Früchte zu tragen, auch in dem deutschen Aktienfonds DWS Zürich Invest Aktien Deutschland, den man mir nach Erwerb der kleinen Fondsgesellschaft Zürich Invest übertragen hatte. 2005 feierte ich das erste Jahr mit deutlicher Überrendite meiner Fonds gegenüber ihren Vergleichsindizes wie dem DAX, und Anfang 2006 wurde ich daraufhin zum Director befördert. Ein neuer Fonds, der DWS Europa Innovation, wurde aufgelegt und meiner Verantwortung eingegliedert, und dank des guten Konzepts landete ich Ende 2006 meine erste Auszeichnung mit Platz drei unter allen europäischen Aktienfonds. Der Bullenmarkt ließ uns alle feiern; gerade die kleineren und mittleren Aktien, die den DWS Provesta prägten, lieferten beeindruckende Wertentwicklungen ab. Mittlerweile belief sich meine Fondsverantwortung auf über 1,7 Mrd. €. Und nun, zu Beginn des Jahres 2008, endlich die Krönung. Der beste Deutschland-Aktienfonds über ein und drei Jahre war meiner – der Preis, den ich meine ganze Karriere über hatte gewinnen wollen.

Vorn auf dem Podium waren die Statuen schon aufgebaut: auf der Spitze stehende, große Glastrapeze, in die die Namen der Siegerfonds eingeritzt worden waren. Vorfreude hätte mich erfüllen sollen, Begeisterung, Erleichterung; zusammen mit den anderen Kollegen, die ebenfalls, in anderen Fondskategorien, ausgezeichnet worden waren. Stattdessen trank ich ein stilles Wasser und war so unglücklich wie selten zuvor in meinem Leben.

Was war geschehen? Je erfolgreicher ich geworden war, je leichter es mir fiel, dank meines Modells Aktien in Sekundenschnelle zu bewerten, zu kaufen oder zu verkaufen, desto trauriger und unzufriedener war ich geworden. Elementare Fragen hatten seit über einem Jahr begonnen, mich zu quälen. Ist es überhaupt richtig, was ich hier tue? Bin ich ein guter Mensch und trage zum Guten bei in dieser Welt? Gibt es nicht einen anderen Platz, an dem ich mehr leisten und geben kann als im Fondsmanagement? Diese Fragen ließen mich nicht los, ja mehr noch, sie wurden immer lauter, je besser meine Fondsperformance wurde, und ich sah mich am Ende außerstande, sie zu beantworten, solange ich noch in Amt und Würden als Senior Fondsmanagerin tätig sein würde. So war denn der 19. Februar 2008 auch der letzte Tag vor meiner Kündigung. Liebe Kollegen und Freunde, schrieb ich zur Erklärung etwa eine Woche später, mich hat eine mittelschwere Sinnkrise erfasst, der ich endlich den Raum geben möchte, den sie schon seit einem Jahr fordert und verlangt.

Von der Bitterkeit, die mich überkommen hatte angesichts meines Unglücklichseins, schrieb ich in dieser E-Mail nicht. Dennoch war es für mich schon ein kleiner Schock, da angekommen zu sein, wo ich immer hinwollte, und dabei gar keine Freude empfinden zu können. Nüchtern betrachtete ich die Performance meiner Fonds im Rückblick und musste erkennen, dass ich in manchen Zeiten das Risiko über das den Kunden zuträgliche Maß hinaus angezogen hatte; getrieben allein von dem Wunsch, einen Preis zu gewinnen. Insofern betrachtete ich meine Kündigung auch als Gewinn für die DWS; vielleicht, weil ich spürte, dass ich dem beginnenden Bärenmarkt nicht so gut gewachsen sein würde. Die Finanzmarktkrise hatte ich nicht vorhergesehen, wohl aber das beginnende Beben vernommen.

Mein neuer Lebensweg führte mich nach Berlin. Ich unterrichtete Mathematik an einer Gesamtschule im Ostteil der Stadt und fühlte mich in meinem neuen Dasein pudelwohl. Das Versprechen, für meine Anleger einen Börsenratgeber zu schreiben und so mein Wissen weiterzugeben, hatte ich jedoch nicht vergessen. Hier ist er nun.

Betrachten Sie dieses Buch wie einen Reiseführer durch den Börsendschungel. Erklären möchte ich Ihnen, wie Börsenerfolg funktioniert und warum. Da ich so viele Menschen wie möglich erreichen will, auch die, die bisher von Börse keinerlei Ahnung hatten, beginnt das Buch mit einem „Vokabelteil". Anhand fiktiver Beispiele wird Ihnen das notwendige Rüstzeug auf spielerische Weise vermittelt und vorgestellt. Wenn Sie das gelesen haben, kann kein Betriebswirt der Welt Ihnen noch viel vormachen, so hoffe ich jedenfalls. Wer vieles jedoch bereits kennt, kann sein Wissen direkt mit dem Quiz am Ende des ersten Teils testen – und gern anschließend zu Teil II hinüberspringen. Dort geht es um das Wie und Warum des Börsenerfolgs. Geldverdienen an der Börse ist nämlich viel einfacher, als viele denken, aber auch viel langweiliger, als Sie es sich vielleicht wünschen würden. Nach meinem Erfolg glaube ich zu wissen, wovon ich spreche. Viele Anleger lassen sich noch zu sehr von kurzfristigen Nachrichten und Bewegungen zu übereiltem und falschem Handeln verleiten. Was die Börse in Wahrheit wirklich bewegt und wie Sie in diesem Haifischbecken auch als Kleinanleger gut überleben und Gewinne machen, werden Sie daher genauso kennenlernen wie ein paar lustige Fakten zum Thema, ob Wetter und andere Stimmungen die Börsenrenditen beeinflussen. Am Ende dieses mittleren Teils erhalten Sie konkrete Arbeitsanweisungen für die Geldanlage mit Aktien – mittels des für jedermann anwendbaren Modells, das ich extra für dieses Buch entwickelt habe. Teil III widmet sich dann den existenziellen Fragen, die mich bewogen haben, meine Tätigkeit als Aktienfondsmanagerin vorläufig niederzulegen. Dort geht es um die Verträglichkeit von Börsenspekulation und Ethik genauso wie um die Frage, was man tun kann, um nicht nur Geld an der Börse zu verdienen.

Ergänzt wird dieser Börsenratgeber durch 13 Vignetten. Das sind grau unterlegte Einschübe, die, manchmal zum Thema passend, manchmal nicht, noch zusätzliche Blickwinkel zur Börsenspekulation einbringen, Begriffe erläutern, die über dieses Buch hinausgehen, oder auch nur ein paar spannende Zahlen rund um Geld und Börse kommentieren. Ich hoffe, dass diese Einschübe zur Erheiterung und guten Lesbarkeit des Buches beitragen.

Nicht alle Fragen, die ich in diesem Buch aufwerfe, werde ich auch beantworten können. Ich wünsche mir jedoch, dass allein das Stellen und Diskutieren mancher Aspekte schon einen Beitrag zum Guten in dieser Welt leistet. So oder so hoffe ich, ein spannendes Buch geschrieben zu haben, das Sie nach dem Lesen als ein erfolgreicherer, vernünftigerer und zufriedenerer Anleger verlassen als der, der Sie vorher waren. Vielen Dank für Ihre Aufmerksamkeit und jetzt viel Spaß beim Lesen!

Berlin, im Herbst 2009   *Susan Levermann*

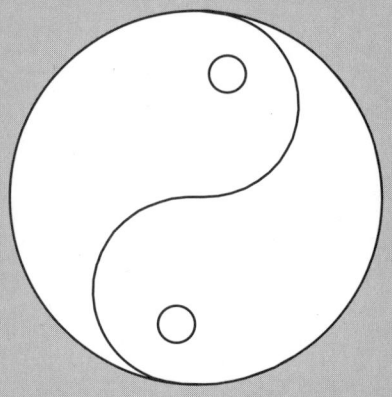

TEIL I

Wege durch den Vokabelwald
oder
**Was Sie wissen müssen,
um mitdenken zu können**

Einführung

Als ich, im Herbst des Jahres 2000, bei der DWS anfing, war ich frisch dem Studium mit dem Titel als Volkswirtschaftlerin entkommen und noch etwas entnervt von einem zweiwöchigen Italienurlaub während der großen Überschwemmung der Po-Ebene aufgrund unaufhörlicher Regenfälle. In den ersten Tagen und Wochen meines neuen Jobs kam ich mir vor, als hätte ich entweder gar nichts an der Uni gelernt oder wäre immer noch als Ausländerin in Italien hängen geblieben. Meine neuen Kollegen sprachen untereinander und in den gemeinsamen Sitzungen mit Worten, von denen ich kaum die Hälfte verstand. Kauf- oder Verkaufsentscheidungen bei Aktien wurden kommentiert mit „Der Newsflow in nächster Zeit wird schlecht, und bei dem Goodwill im Balance Sheet ist dann ein forced capital increase unvermeidlich" oder „Das Momentum ist einfach raus, da geht höchstens noch ein dead cat bounce." Eine bildhafte Sprache war das, wenn man ein bisschen Englisch verstand; aber ihr Sinn offenbarte sich mir erst durch viel Mühe und Nachfragen innerhalb des ersten Jahres. Sie können das jetzt schneller erlernen: Lesen Sie einfach diesen ersten Teil.

Leider kann es hier ein wenig langweilig werden, weil wir eine Menge Begriffe erlernen müssen, um später die gleiche Sprache zu sprechen. Aber wenn Sie verstanden haben, wie man eine Bilanz liest und was man unter Margen und Renditen versteht, dann haben Sie einen großen Schritt hin zu einem verständigeren Anleger getan. Daher genug der Worte: Legen wir los!

Ein kleines Dorf in den Schweizer Alpen

Dieses Dorf liegt nicht in Gallien, sondern in der Schweiz, und daher geht es auch nicht darum, sich gegen komische Feinde zu wehren, die mit dünnen Beinen, dicken Bäuchen, Speeren und Schilden versuchen, die letzte Bastion der Freiheit einzunehmen … Wobei einem die Schweiz in Geld- und Bankangelegenheiten ja gelegentlich durchaus wie die letzte verbliebene gallische Festung vorkommt. Dieser nicht reale Ort dient uns jedoch dazu, den ersten Teil dieses Buches so erfrischend wie möglich zu gestalten. Stellen Sie sich daher bitte unser kleines, fiktives

Dorf vor. Es heißt Schatzhausen, liegt sehr idyllisch in einem kleinen Tal weit hinter der deutschen Grenze und hat sich gerade durch den Bau von drei Skiliften die erstmalige Teilnahme am europäischen Tourismus erarbeitet.

In dem Dorf gibt es zwei Geschwister, Antonia und Reto. Beide haben von ihrer verstorbenen Tante Hedwig jeweils 20.000 €[1] geschenkt bekommen, dazu kommt noch ein Backrezept von Hedwigs berühmter Torte. Beide Geschwister reizte schon immer die Vorstellung, eine eigene Firma zu eröffnen, und mit dieser Erbschaft ist nun endlich die lang ersehnte Gelegenheit da.

Reto, bekannt als Draufgänger auf dem Snowboard, will eine Skischule eröffnen, denn aus unerfindlichen Gründen gibt es in Schatzhausen noch keine, und man ist sich einig, dass es ohne gar nicht geht, wenn man im lukrativen Tourismusgeschäft irgendwie mithalten will. Die Idee ist gar nicht so schlecht, weil er genügend Freunde kennt, die, zumindest für den Anfang, sowieso Lust haben, ihre Freude am Skifahren mit etwas Nebenverdienst zu verbinden. Nach einer feuchtfröhlichen Nacht auf einer mittelhohen Skihütte steht der Name auch schon fest; auf „SkiXpress" hat man sich schließlich geeinigt; zum einen, weil das „X" derzeit so angesagt ist, zum anderen, um gleich klarzumachen, dass hier die richtigen Geschwindigkeiten gelehrt und gefahren werden. Nichts für Angsthasen also.

Antonia, die Schwester ist bodenständiger; das liegt vielleicht am Sternzeichen oder auch einfach nur daran, dass ihr Bruder schon so viel abenteuerliche Elemente auslebt, dass für das Familiengleichgewicht davon nichts mehr gebraucht wird. Außerdem erinnert sich Antonia an den zweiten Teil des Erbes, das legendäre Tortenrezept ihrer Tante namens „Hedwigstorte", mit dem die besagte Tante nicht nur den Familienfrieden aufrechterhalten konnte, sondern gar manchen Dorfkonflikt durch die geheime Kombination aus Mehl, Butter, Ei, Honig, Schokolade, wechselnden Früchten und weiteren geheim zu haltenden Zutaten zu schlichten wusste. Antonia verlegt sich also auf die Gründung einer Bäckerei, genannt „Hedwigs Backwaren", um gleich auf den entscheidenden Wettbewerbsvorteil hinzudeuten. So weit, so gut!

Wir brauchen Geld!

Credit (lat.): Darlehen
credere (lat.): anvertrauen, glauben, vertrauen[2]

Für Retos Geschäftsidee reicht die Erbschaft, denn das bisschen Büroausstattung für den Anfang ist nicht allzu teuer. Antonia hingegen hat allein nicht genug Geld, um sofort durchstarten zu können. So groß war die Erbschaft leider doch nicht. Es fällt ihr noch schwer, das vor Freunden zuzugeben, also bleibt nur ein Weg, der in solchen Fällen auch ganz natürlich ist: Sie geht zur Bank.

Das Geld, was Banken vergeben, nennt man in solchen Fällen Kredit oder Fremdkapital. Nicht weil uns der Bankberater fremd ist, sondern weil es Kapital ist, das sich nicht am Erfolg oder Misserfolg von Hedwigs Backwaren beteiligen möchte. Fremdkapital möchte einfach jedes Jahr einen festen Satz Zinsen zurückhaben und ansonsten seine Ruhe.[3] Bei der Schatzhausener Kantonalbank gibt es z. B. für sogenannte Existenzgründungen, wie es Retos und Antonias neue Unternehmungen ja sind, derzeit Kredite, die (fiktiv angenommen) 8 % Zinsen kosten – nicht wenig in heutigen Zeiten. Das liegt an der hohen Unsicherheit, die neue Unternehmungen so mit sich bringen. Sie sehen ja bereits im Namen, dass die Kreditvergabe in erster Linie mit glauben und vertrauen zu tun hat. Zudem scheitern auch unabhängig von der Wirtschaftslage fast die Hälfte aller Neugründungen schon in den ersten zwei Jahren.[4] Dementsprechend vorsichtig und zurückhaltend sind die erfahrenen Kantonalbanker. Es gibt aber noch eine andere Eigenschaft von Fremdkapital: Es ist scheu und ängstlich, möchte nicht gesehen werden und vor allem nicht alleine dastehen. Also verlangt es eine bestimmte Menge an Schutz und Begleitung durch das sogenannte Eigenkapital.

Was gehört mir?
Das Eigenkapital, die Aktie und die Dividende

Das Eigenkapital ist das, was Reto und Antonia in ihre Firmen einbringen. Es ist das Geld, was das höchste Risiko – ein Wort, auf das wir gleich noch eingehen – mit sich bringt. Denn im Fall des Scheiterns sind die Eigenkapitalgeber die Allerletzten, die von den Scherben des Konkurses noch etwas abbekommen. Dafür sind sie, wenn alles gut läuft und die Firma Gewinne abwirft, auch die Einzigen, die von diesen Gewinnen etwas abkriegen. So läuft das Spiel. Deswegen kann man das Eigenkapital auch als unternehmerisches Kapital bezeichnen – denn damit ist der Unternehmer in seinem Unternehmen investiert, hat vielleicht sogar Haus und Hof mit verpfändet. Wenn Reto oder Antonia noch Freunde oder auch Fremde am Unternehmensschicksal beteiligen wollen, können sie auch eine Aktiengesellschaft gründen. Dort wird der Betrag des Eigenkapitals aufgeteilt in kleine, gleich große Portiönchen – wie ein Kuchen oder eine Pizza. Diese Portiönchen heißen Aktien, und jeder kann dann so viele Aktien kaufen, wie er will – oder kann. Entsprechend seiner Anzahl an Aktien erhält er dann Gewinnanteile: Wenn es beispielsweise, um die Zahl klein zu halten, 1.000 Aktien von Hedwigs Backwaren gäbe und Toni, ein Freund der Familie, kauft 100, also ein Zehntel davon, gehört ihm auch ein Zehntel des Gewinns, den Antonia hoffentlich bald einfährt. Eigentümer von Aktien nennt man Aktionäre, das ist ja naheliegend. Diese Aktionäre dürfen nun auch, und das ist ein weiterer Unterschied zum Fremdkapital, bei einigen unternehmerischen Wagnissen mitentscheiden. Bei größeren Expansionen oder Zukäufen z. B., oder wenn es um die Besetzung der obersten verantwortlichen Manager – genannt Vorstand – sowie des Kontrollgremiums – genannt Aufsichtsrat – geht, genauso wie bei der Frage, wie der Gewinn verwendet wird. Er muss nämlich nicht im Unternehmen verbleiben, sondern kann auch an die Eigentümer ausgeschüttet werden. Und weil ausschütten nichts anderes bedeutet, als den Gewinn unter den Aktionären zu verteilen, hat man das Ganze dann zutreffenderweise Dividende genannt; Dividende von:

dividere (lat.): teilen, trennen[5]

Davon kriegen nur die Eigenkapitalgeber, die tatsächlichen Firmenbesitzer, etwas ab. Die Fremdkapitalgeber geben sich ja mit ihren Zinsen zufrieden und tragen dafür eben weniger Risiko.

Aber was ist Risiko überhaupt? Und welche Risiken gibt es und für welchen Kapitalgeber? Wie kann man sich davor schützen und was ist ein risikoarmes, was ein risikoreiches Investment? Auf zum nächsten Kapitel, das sich mit dem Thema Risiko ganz allgemein auseinandersetzt.

Die globale Landkarte des Glücks: Was können wir von der Schweiz noch lernen?

Die Schweiz ist nicht nur ein landschaftlich schönes Land, das unseren beiden Geschwistern ein ansprechendes Zuhause bietet, sondern fällt auch auf anderen Gebieten äußerst positiv ins Auge. So liegen auf der ersten veröffentlichten globalen „Landkarte des Glücks"[6] neben Industrienationen wie den USA, Australien und den skandinavischen Ländern auch die Schweiz und Österreich ganz weit vorne. Breit durch Afrika hingegen ebenso wie in den ehemaligen Sowjetrepubliken wurde eher Unzufriedenheit auf der Skala gemessen. Adrian White, Autor der Karte und der dazugehörigen Studie, hat 80.000 Personen befragt und daraus ein Ranking aufgestellt, dessen erste drei Plätze von Dänemark, der Schweiz und Österreich belegt werden. Ein beeindruckender zweiter Platz also für die schöne Schweiz. Deutschland findet sich übrigens erst auf Rang 35 (von insgesamt 178 Plätzen). Große Rolle spielten bei der Bewertung laut Angaben der Befragten die Faktoren Gesundheit, Wohlstand (!) und Bildung.

Dass Wohlstand durchaus mit Zufriedenheit und Glücksgefühlen einhergeht, wird sofort deutlich, wenn man sich anschaut, welche Länder die reichsten auf der Erde sind. Hier macht die Schweiz sogar noch mehr Punkte: Denn im durchschnittlichen Bruttoeinkommen pro Bürger lag im Jahr 2000 die Schweiz mit ca. 36.000 € ganz vorn in der Statistik, gefolgt von Norwegen, Japan und Dänemark.[7] Deutschland befand sich – mit „bescheidenen" 24.000 € – übrigens immerhin auf Platz acht, nur eine Position hinter den USA. Zumindest bei der Schweiz und Dänemark besteht also ganz offensichtlich ein Zusammenhang zwischen Wohlstand und Zufriedenheitsgefühl; die notorisch pessimistischen Deutschen könnten, im Vergleich dazu, vielleicht noch etwas an sich und ihrem Optimismus arbeiten. Wodurch auch immer die erwähnten Länder ihren Wohlstand nun erworben haben: Es zeigt sich doch, dass materieller Reichtum eine Rolle spielt bei der individuellen Zufriedenheit der Menschen. Ein erstes Indiz dafür, dass Wohlstand nicht unglücklich, sondern offensichtlich sogar glücklich und zufrieden machen kann.

Mut zum Risiko!
Oder doch lieber nicht?

Das Wort „Risiko" ist meiner Meinung nach eines der Worte, die am ehesten missverstanden werden, wenn es allgemein um Geld oder konkret um Unternehmertum und Börse geht. Ganze Horden von Börsianern, Finanzmanagern und Versicherungsexperten beschäftigen sich tagaus, tagein mit nichts anderem als komplexen Modellen zur Risikoermittlung und -bewertung, und können trotzdem beim Eintreten besonderer Ereignisse mal blass aussehen, weil alle diese gründlichen Berechnungen für diesen konkreten Fall nichts oder nur wenig genützt haben.

Betrachten wir zuerst die Situation der Schatzhausener Kantonalbank. Rein finanziell geht es den Kantonalbankern um zwei Zahlungsaspekte: die Zinsen und ihren Einsatz an Fremdkapital, d. h. die ursprüngliche oder derzeit noch ausstehende Höhe des Kredites. Gerät Hedwigs Backwaren in finstere Zeiten und Zahlungsnotstände, dann wird Antonia wohl zuerst die Kreditrückzahlungen einstellen. Das an sich muss noch kein Problem sein; wenn für den Kredit ausreichend Werte im Unternehmen vorhanden sind, wird sich die Kantonalbank für einen vorübergehenden Zeitpunkt sogar freiwillig darauf einlassen, um den Fortbestand des Unternehmens zu sichern. Vorübergehende Insolvenz nennt man diesen Zustand, der sich deutlich schlimmer anhört, als er eigentlich ist. Denn es geht „lediglich" darum, dass Antonia zwar prinzipiell genügend Werte besitzt, um z. B. ihre Lieferanten zu bezahlen, dass diese Werte jedoch fest gebunden sind: in Vorräten, die sich vielleicht so schnell nicht verkaufen lassen, und in der Bäckereiausstattung wie Mobiliar und technische Geräte, die noch viel mehr Zeit für einen dem Wert entsprechenden Verkauf benötigen würden. Die Insolvenz klingt schlimm, heißt aber eben nicht automatisch, dass ein Unternehmen „pleitegegangen" ist – sie bedeutet lediglich, dass jemand gerade in diesem Moment nicht flüssig ist:

solvent (engl.): *flüssig, liquide, zahlungsfähig*[8]
solvere (lat.): *lösen, auflösen, zahlen*[9]

Eine andere Situation ist viel gefährlicher und würde dementsprechend die Kantonalbanker zum Handeln zwingen: die Überschuldung. Hier liegt dann tatsächlich der Fall vor, dass ein Unternehmen mehr Schulden hat, als es Werte besitzt – und dann ist es per Definition wirklich pleite, muss liquidiert (also „zerstört") werden und müssen die Restanteile an die Gläubiger (zuerst die Fremd-, dann die Eigenkapitalgeber) verteilt werden.

Wir merken uns also: Rein finanziell tragen die Kantonalbanker zwei Risiken: die Insolvenz, die meistens eher vorübergehend ist und sich durch Einigung auf beispielsweise einen kurzfristigen Verzicht auf die Kredittilgungszahlungen heilen lässt, und die Überschuldung, die tatsächlich bedeutet, dass die Firma pleitegeht. Neben finanziellen Risiken tragen die Banker natürlich noch Risiken wie Rufschädigung („Hast du auch schon von Antonias Pleite gehört? Die Kantonalbank steckt da auch mit drin, hab ich mir sagen lassen ...") oder im aller-allerschlimmsten Fall ihre eigene Insolvenz oder Überschuldung. Da alle Banken ihre Kundenbasis sehr weit streuen, passiert so etwas so gut wie nie – aber eben doch gelegentlich immer wieder mal. Das braucht Sie als Sparbuch- oder Termingeldanleger nicht zu beunruhigen, denn es gibt in den meisten Ländern staatlich verordnete Einlagensicherungen, die in diesem Notfall bis zu einer bestimmten Höhe eingreifen und ihre Anlagen schützen. Als Fondsanleger oder Aktionär kann Sie die finanzielle Situation Ihrer Bank sowieso völlig kaltlassen, denn die Bank dient nur als Treuhänder, d. h. Verwahrer Ihrer Fondsanteile und Aktien, die bei einem Konkurs der Bank gar nicht berücksichtigt werden – weil sie als Sondervermögen ja Ihnen und nicht der Bank gehören.

Auch als Aktionär tragen Sie die beiden Risiken der Insolvenz und der Überschuldung. Mehr noch: Sollte es zu einem Konkurs des Unternehmens und damit zu seiner Zerschlagung kommen, sind die Eigenkapitalgeber die Letzten, deren Ansprüche vom sogenannten Liquidationserlös befriedigt werden. Damit ist das von ihnen getragene Risiko höher, denn die Wahrscheinlichkeit, sein Kapital zurückzubekommen, ist im Konkursfall für den Aktionär kleiner als für die Fremdkapitalgeber, die vorher berücksichtigt werden.

Das Wort Risiko bezieht sich aber auch auf alle Situationen, deren Ausgang im Vorfeld unbekannt ist. Und natürlich ist die Höhe des Gewinns, den Antonia erzielen wird, unsicherer bzw. ungenauer vorhersagbar als der von vornherein fest definierte Zins auf das Fremdkapital. Deswegen empfinden die meisten Menschen die Geldanlage in Aktien (Eigenkapital) als risikoreicher als die Anlage in Anleihen (Fremdkapital). Das ist verständlich. Denn die Rendite[10] bei Aktien ist der Unternehmensgewinn, der über die Jahre schwankt und schwer vorherzusagen ist. Deswegen schwanken auch die Aktienkurse. Die

Rendite einer Anleihe hingegen ist der in ihrer Urkunde festgelegte Zins und daher von vornherein bekannt. Dementsprechend schwanken Anleihekurse auch weniger stark. Die höhere Unsicherheit über die Zukunft wird den Aktien quasi zum Verhängnis.

Eine Zusammenfassung: Die Bank – oder andere Fremdkapitalgeber – tragen das Risiko des teilweisen oder vollständigen Kreditausfalls. Wie schützt sie sich dagegen? Nun, die meisten Banken vertrauen auf ein sogenanntes „Risikoraster", das am Anfang der Geschäftsbeziehung und meist auch bei jeder neuen Kreditvergabe ausgefüllt und ausgewertet wird. Dabei stützt sich die Bank auf die Bilanz und Gewinn-und-Verlust-Rechnung der Firma, auf ihre eigenen Erfahrungen aus der Vergangenheit mit ähnlichen Unternehmen genauso wie auf frei zugängliche Daten über bestimmte Branchen. Im Prinzip ist so ein Risikoraster nichts anderes als ein kleiner Fragebogen, der für den neuen Kunden ausgefüllt wird. Die „Punkte" werden dann addiert, und am Ende steht ein Buchstabe, der das Risiko für die Bank angibt. Mit Risiko ist hier die Wahrscheinlichkeit gemeint, mit der das Unternehmen wirklich in den Konkurs gehen kann. Oft reichen diese Buchstaben von A (sehr gut ausgestattetes Unternehmen, Konkurswahrscheinlichkeit sehr gering) bis D oder E (schlechte Finanzkraft, hohe Konkurswahrscheinlichkeit). Doch wie beurteilt man jetzt das, was wir „die Finanzkraft" des Unternehmens nennen? Dazu brauchen wir eine Bilanz und eine Gewinn-und-Verlust-Rechnung, und was das ist, schauen wir uns in den nächsten Kapiteln näher an.

Gewinne und Verluste: Wie berechnet man die?

Angehende Betriebswirte müssen diese Frage im Schlaf beantworten können – aber auch für Laien ist das im Prinzip ganz einfach. Der Gewinn (oder Verlust) ist nichts anderes als die Differenz aus Umsatz und Kosten. Oder, mit anderen Worten, das, was von den Einnahmen übrig bleibt, wenn man die Ausgaben abzieht:

$$\text{Gewinn} = \text{Umsatz} - \text{Kosten}$$
$$= \text{Einnahmen} - \text{Ausgaben}$$

Dann wollen wir gleich mal für Antonia eine entsprechende Gewinn-und-Verlust-Rechnung aufstellen. Beginnen wir mit dem, was ganz oben steht: die Einnahmen oder, in der Fachsprache häufiger so bezeichnet, der Umsatz – weil es der Betrag ist, der im Unternehmen zirkuliert, also umgesetzt wird.

Wie berechnet man den, wenn das Unternehmen neu gegründet wird? Nun, Antonia muss sich hinsetzen und ein paar Schätzungen vornehmen. Schauen wir ihr doch dabei über die Schulter.

Zuallererst entscheidet sie sich dafür, alle zukünftigen Schätzungen und alle zukünftigen buchhalterischen Rechnungen – also auch die beiden „heiligen Bücher des Unternehmers", die Bilanz und die Gewinn-und-Verlust-Rechnung – in Euro aufzustellen. Nicht nur, weil Schatzhausen eben ganz stark vom europäischen Tourismus lebt, sondern auch mit Blick auf einen späteren Börsengang. Im europäischen Vergleich ist es dann für alle Investoren einfacher, Zahlen in Euro zu vergleichen, als daran denken zu müssen, dass die Schweiz ja gar nicht zur Europäischen Währungsunion gehört und noch in Franken rechnet. Unsere Antonia ist eben fortschrittlich und mit einem weiten Blick in die Zukunft gesegnet. Doch wie rechnet sie nun konkret?

Schatzhausen hat ungefähr 1.000 Einwohner. Hinzu kommen im Winter, der vier Monate umfasst, ca. 1.000 Touristen pro Tag, im Frühling und Sommer (insgesamt fünf Monate) sind es nur um die 300, und im Herbst läuft touristisch gar nichts. Macht im Jahresdurchschnitt

$$1.000 + 1.000 \cdot 4 : 12 + 300 \cdot 5 : 12 = 1.458$$

potenzielle Kunden. Nicht alle kaufen ihr Brot und ihre Brötchen bei Antonia, da es noch einen kleinen Supermarkt am Ort gibt. Antonia schätzt also, dass sie etwa die Hälfte der Ortsbewohner und Besucher für sich begeistern kann: Sie geht also von etwa

$$1.458 : 2 = 729$$

Kunden im Durchschnitt über die Monate aus.

Was kaufen die nun? Das hat Antonia in einer Tabelle zusammengestellt:

Tabelle 1: Verkaufspreise Antonia			
verkaufte Produkte	Anzahl	Preis	Umsatz
2 Brötchen pro Person und Tag	532.170	0,49 €	260.763,30 €
1 Brot pro Person und Woche	37.908	2,49 €	94.390,92 €
1 Nascherei pro Person und Woche	37.908	2,00 €	75.816,00 €
1 Torte pro Person und Monat	8.748	20,00 €	174.960,00 €
		Summe:	605.930,22 €

Wie sie auf ihre Zahlen gekommen ist, wollen wir anhand der ersten Zeile, den Brötchen, nachvollziehen:

729 Kunden kaufen jeweils zwei Brötchen an jedem Tag, an dem Antonia offen hat. Da sie als gute Bäckerin auch sonntags offen hat, sind das 365 Tage im Jahr. Sie verkauft also

$$729 \cdot 2 \cdot 365 = 532.170$$

Brötchen im gesamten Jahr. Und Gewinn-und-Verlust-Rechnungen werden für ein gesamtes Jahr erstellt, das können wir uns merken. Den durchschnittlichen Preis der Brötchen von 0,49 € hat Antonia auch geschätzt; ebenso wie die Preise der anderen Produkte. Sie hat sich an Erfahrungswerten anderer Bäckereien orientiert; das ist oft der beste Weg, wenn man ganz unbedarft ist und von vorn anfängt wie Antonia. Einzige Ausnahme bildet die schon erwähnte Hedwigstorte – deren Preis hat sie aufgrund des ja so bekannten wie beliebten Rezeptes deutlich höher angesetzt, als es bei anderen Bäckereien üblich ist.

So haben wir nun die möglichen Einnahmen ermittelt: Es geht um etwa 606.000 € im Jahr (es reicht aus, die gerundete Zahl zu nehmen, da es sowieso nur eine Schätzung ist, also eine unsichere Prognose – wer kann schon die Zukunft exakt vorhersagen?).

Den Umsatz kennen wir nun also – aber wie sieht es mit den Kosten aus? Auch das muss Antonia erst einmal schätzen. Und welche Kostenarten gibt es überhaupt? Zu berücksichtigen sind da:

▶ Materialkosten: Mehl, Zucker, Eier, Backpulver … eben alles, was man zum Backen braucht.
▶ Miete: für die Bäckerei.
▶ Strom- und Energiekosten: um die Geräte zu bedienen und den Laden zu beleuchten.

▶ Personalkosten: das, was die Angestellten verdienen, inklusive Sozialabgaben etc.
▶ Abschreibungen: Sie repräsentieren die Abnutzung und den Wertverlust des Mobiliars und der technischen Geräte.
▶ Zinsen auf vorhandene Kredite.

Auch das stellt Antonia fein säuberlich in einer Tabelle dar, beginnend mit den Materialkosten für die Brot-, Brötchen und Tortenherstellung:

Tabelle 2: Materialkosten Antonia			
Materialkosten	Anzahl	Kosten	Kosten
2 Brötchen pro Person und Tag	532.170	0,44 €	234.154,80 €
1 Brot pro Person und Woche	37.908	1,69 €	64.064,52 €
1 Näscherei pro Person und Woche	37.908	1,80 €	68.234,40 €
1 Torte pro Person und Monat	8.748	17,00 €	148.716,00 €
		Summe:	515.169,72 €

Die Miete für die kleine Bäckerei liegt bei 1.000 € im Monat, dazu kommen Strom- und Gaskosten von weiteren 200 € im Monat. Beim Personal war Antonia sehr sparsam, sie hat nur eine Verkäuferin eingestellt (alles andere macht sie erst mal selbst), die etwa 2.000 € brutto verdient und für die sie noch 15 % Sozialabgaben (fiktive Zahl) an den Staat abführen muss, so dass ein Mitarbeiter sie im Monat 2.300 € kostet. Die Zinsen sind noch unbekannt, da die Verhandlungen mit der Kantonalbank ja gerade erst begonnen haben. Die Abschreibungen (was das ist, wird später noch erläutert) auf das neu gekaufte Mobiliar und die Backgeräte betragen 10.000 € im Jahr. Zur Ermittlung dieses Wertes gibt es mehrere Möglichkeiten – welche möglich und welche sinnvoll sind, erklärt ein späteres Kapitel, in welchem wir den Cashflow einführen.
Antonias Kostenseite sieht also für das erste Jahr wie folgt aus:

Tabelle 3: Alle Kostenarten Antonia			
Kostenart	**Anzahl**	**Kosten**	**Kosten**
Materialkosten			515.169,72 €
Strom und Gas	12	200,00 €	2.400,00 €
Miete	12	1.000,00 €	12.000,00 €
Personal (wie viel Leute)	1	2.300,00 €	27.600,00 €
Zinsen		0,00 €	0,00 €
Abschreibungen		10.000,00 €	10.000,00 €
		Summe:	**567.169,72 €**

Bevor wir daraus eine ordentliche Gewinn-und-Verlust-Rechnung aufstellen können, müssen wir noch ein paar Begriffe klären. In der Fachsprache wird diese Gewinn-und-Verlust-Rechnung auch kurz „GuV" genannt. Von den englischen Begriffen für Gewinn (profit) und Verlust (loss) leitet sich der englische Name „P&L-Statement" ab.

Inmitten der Gewinn-und-Verlust-Rechnung werden immer wieder Zwischengrößen eingezogen; diese sind sehr wichtig, wenn Sie Kommentare zu Unternehmen und Aktien verstehen wollen. Aber auch das ist nicht weiter schwierig; wir müssen nur gründlich und systematisch vorgehen.

Da wäre zuallererst der sogenannte **Bruttogewinn** – oder das **Bruttoergebnis**, denn es „Gewinn" zu nennen macht ja nur Sinn, wenn es auch tatsächlich größer als null ist. Es berechnet sich aus der Differenz zwischen Umsatz und Materialkosten und wird gelegentlich auch Rohergebnis genannt:

Tabelle 4: Bruttoergebnis Antonia	
Umsatz	**605.930,22 €**
– Materialkosten	–515.169,72 €
= Bruttoergebnis	90.760,50 €

Man könnte diesen Bruttogewinn jetzt auch auf die einzelnen Produkte herunterbrechen, um zu wissen, welches Ergebnis denn pro Brötchen oder Torte bei Antonia hängen bleibt:

Tabelle 5: Bruttoergebnisse der einzelnen Produkte Antonia				
Bruttoergebnis je Produkt	**Anzahl**	**Kosten**	**Verkaufs- preis**	**Brutto- ergebnis**
Brötchen	532.170	0,44 €	0,49 €	26.608,50 €
Brot	37.908	1,69 €	2,49 €	30.326,40 €
Nascherei	37.908	1,80 €	2,00 €	7.581,60 €
Torte	8.748	17,00 €	20,00 €	26.244,00 €
			Summe:	**90.760,50 €**

Antonia verdient also beispielsweise an einem Brötchen

$$0,49 € - 0,44 € = 0,05 €,$$

d. h. fünf Cent. Macht bei 532.170 Brötchen im Jahr ein Bruttoergebnis aus den Brötchen von

$$0,05 € \cdot 532.170 = 26.608,50 €.$$

Mithilfe dieser Informationen kann Antonia vernünftig die Preise setzen oder vielleicht Produkte ganz einstellen, an denen sie brutto gar nichts mehr verdient. Man sieht recht schnell, dass sich beispielsweise die Naschereien vielleicht gar nicht lohnen, denn sie erzielen den geringsten Teil des Bruttoergebnisses.

Da die Materialkosten ja nur der erste Teil der Kosten sind, brauchen wir noch weitere Gewinnarten. Da wäre zuerst einmal das **Betriebsergebnis**, das berechnet wird, ohne die Kosten für Abschreibungen und Finanzierung mit zu berücksichtigen:

Tabelle 6: Betriebsergebnis Antonia	
Umsatz	**605.930,22 €**
− Materialkosten	−515.169,72 €
= Bruttoergebnis	90.760,50 €
− Strom und Gas	−2.400,00 €
− Miete	−12.000,00 €
− Personal	−27.600,00 €
= Betriebsergebnis	48.760,50 €

Im Englischen nennt sich dieses Betriebsergebnis[11] EBITDA – das steht für Earnings before Interest, Tax, Depreciation and Amortization", also Gewinn vor Zinsen, Steuern und Ab- und Zuschreibungen. Was Letztere sind, klären wir später noch ausführlich.

Warum macht man sich überhaupt die Mühe, solche Zwischenzeilen einzuziehen und ganz verschiedene Gewinnarten zu berechnen? Das hat einen einfachen Grund: Es geht um Vergleichbarkeit. Nehmen wir an, wir wollten Hedwigs Backwaren vergleichen mit Bäckerei Müller im Nachbarort, die ein gewisser Anton seit längerer Zeit schon betreibt. Sein Mobiliar und die Geräte wurden vor sieben Jahren erneuert und funktionieren dank guter Pflege noch prächtig. Da sie so alt sind, stellen sie jedoch einen geringeren Wert für das Unternehmen dar als Antonias neues Mobiliar, und so sind seine jährlichen Abschreibungen, die die Abnutzung und den Wertverlust in der GuV darstellen, niedriger.

Im Betriebsgewinn, oder unserem EBITDA, spielt dieser Unterschied zwischen den beiden keinerlei Rolle. Da geht es nur darum, wie gut jeder gewirtschaftet hat – wie gut er die Kundenbedürfnisse erkannt hat, um möglichst viel zu verkaufen, und wie sparsam man andererseits bei den Betriebskosten gewesen ist. Das ist der große Charme solcher Zwischenzeilen: Trotz unterschiedlicher Situationen der zwei Bäckereien ist eine Vergleichbarkeit möglich. Wenn Ihnen jetzt die Ohren schwindlig werden ob vieler neuer Vokabeln, merken Sie sich bitte einfach nur die Bezeichnungen **Betriebsergebnis** und vor allem das englische **EBITDA**.

Noch ist unsere GuV aber nicht vollständig, denn Antonia muss ja auch Abschreibungen auf ihre Einrichtung vornehmen und eventuell Zinsen zahlen. Und selbst das reicht nicht – der Staat will in Form von Steuern auf den Gewinn ja auch noch was abbekommen. Aber eins nach dem andern. Erst mal hangeln wir uns vom Betriebsergebnis zum operativen Ergebnis vor Steuern, d. h. dem Gewinn, der ohne die eventuell notwendigen Kosten einer Finanzierung anfällt:

Tabelle 7: EBIT Antonia	
Betriebsergebnis	48.760,50 €
– Abschreibungen	–10.000,00 €
= op. Vorsteuerergebnis	38.760,50 €

Auch hier haben es sich die Engländer einfacher gemacht als wir Deutschen: Das operative Vorsteuerergebnis heißt dort nämlich einfach

EBIT, also Earnings before Interest and Tax (deutsch: Ergebnis vor Zinsen und Steuern). Im Übrigen deutet das Wort „operativ" immer darauf hin, dass diese Position direkt mit dem eigentlichen Geschäft des Unternehmens zu tun hat – bei Antonia also mit dem Ein- und Verkauf von Backwaren – und nicht mit finanziellen Hin- und Herbewegungen wie dem Zahlen von Zinsen.

Hier jedoch herrscht zwischen Experten keine Einigkeit. Im deutschen Sprachraum gibt es das „Ergebnis der gewöhnlichen Geschäftstätigkeit", das durchaus die Zinsen beinhaltet – aber nur, solange sie auch mit dem Geschäft zu tun haben. Beispielsweise könnte Antonia einen gewissen Kassenbestand vorrätig halten, um das nötige Wechselgeld zu haben – und wenn dieser Kassenbestand über einen kurzfristigen Kontokredit, meist Dispositionskredit genannt, finanziert wird, dann gehören die darauf zu zahlenden Zinsen systematisch zum Geschäftsbetrieb. Dennoch hat es sich eingebürgert, zum Vergleich von Unternehmen verschiedener Branchen das EBIT zu benutzen, und deswegen habe ich mich bei der Berechnung der Zwischenergebnisse auch an der englischen Nomenklatur orientiert.

Zum Endergebnis, nämlich dem, was für den Unternehmer tatsächlich übrig bleibt, fehlen nur noch Zinsen und Steuern. Letztere fallen natürlich nur an, wenn das Unternehmen Gewinne macht. Antonia geht in ihrer Schätzung davon aus, muss also auch die Zahlung von Steuern akzeptieren. Die Schweiz ist hier ein großzügiges Land, in dem je nach Kanton die Steuersätze frei verhandelt werden können. Antonia hat sich mit dem Kanton Schatzhausen auf 10 % Unternehmenssteuer geeinigt – ein im internationalen Vergleich sehr niedriger Steuersatz, der sich sehen lassen kann:

Tabelle 8: Jahresüberschuss Antonia	
op. Vorsteuerergebnis	38.760,50 €
– Zinsen	0,00 €
= Vorsteuerergebnis	38.760,50 €
– Steuern (10 %)	–3.876,05 €
= Jahresüberschuss	34.884,45 €

Fertig! Das Vorsteuerergebnis[12] wird im Englischen übrigens EBT genannt – Earnings before Tax (Gewinn vor Steuern). Und weil es so schön war, das Ganze noch mal im Überblick:

Tabelle 9: GuV Antonia		
Umsatz	605.930,22 €	Revenues
− Materialkosten	−515.169,72 €	Raw Material Costs
= Bruttoergebnis	90.760,50 €	Gross Profit
− Strom und Gas	−2.400,00 €	Energy Costs
− Miete	−12.000,00 €	Rent
− Personal	−27.600,00 €	Personnel Costs
= Betriebsergebnis	48.760,50 €	EBITDA
− Abschreibungen	−10.000,00 €	Depreciation
= op. Vorsteuerergebnis	38.760,50 €	EBIT
− Zinsen	0,00 €	Interest
= Vorsteuerergebnis	38.760,50 €	EBT
− Steuern (10 %)	−3.876,05 €	Tax
= Jahresüberschuss	34.884,45 €	Net Profit

35.000 € Gehalt – ist das viel?
Zur Frage, ob Reichtum denn glücklich macht

Im ersten Entwurf ihrer GuV erzielt Antonia einen Jahresüberschuss von etwa 35.000 €. Wir wollen wissen: Ist das viel, bezogen auf den Wunsch, zufrieden mit der eigenen materiellen Situation zu sein? Anders gefragt: Würde mehr Geld noch viel glücklicher machen?

Das Angenehme am Beruf des Fondsmanagers ist, dass man es auf deutlich überdurchschnittliche Gehälter bringen kann, so dass man ein wenig die Relationen dafür verliert, was teuer und was billig ist. Ich habe also die Erfahrung, eher reich als arm zu sein, am eigenen Leib schon gemacht. Zusätzlich erlernt man selbst die „Kunst des Börsenerfolgs" und kann das natürlich auch für die eigenen Geldanlagen entsprechend anwenden. Umso stärker ist auf der Gegenseite allerdings auch die schlechte Laune, wenn es mal nicht so läuft.

Aber weg von meiner eigenen Erfahrung hin zu dem, was wissenschaftlich überprüft worden ist. „Would You Be Happier If You Were Richer?" lautet eine aktuelle Studie von Daniel Kahneman; einem Nobelpreisträger, dessen Gedanken wir an anderer Stelle noch näher kennenlernen werden.[13] Die Studie mit 1.173 Teilnehmern liefert ein

eindeutiges „Ja, aber". „Ja", weil tatsächlich mit steigendem Haushaltseinkommen mehr Menschen behaupten, ein wenig oder sehr glücklich
zu sein. Und „aber", weil ab 50.000 $ Haushaltseinkommen die Verän-
derungen so gering sind, dass man von einem Ansteigen eigentlich kaum
noch sprechen kann. Hier sind die konkreten Zahlen:

Tabelle 10: Studienergebnisse Daniel Kahneman			
Alles zusammenbetrachtet, was würden Sie sagen sagen, wie glücklich Sie heute sind?			
Haushaltseinkommen	**Nicht sehr glücklich**	**Glücklich**	**Sehr glücklich**
< 20.000 $	17,2 %	60,5 %	22,2 %
20.000 $ bis 49.999 $	13,0 %	56,8 %	30,2 %
50.000 $ bis 89.999 $	7,7 %	50,3 %	41,9 %
> 90.000 $	5,3 %	51,8 %	42,9 %

Zwar argumentieren die Psychologen, die Bedeutung von Geld
fürs Glücklichsein werde systematisch von Fragebögen überschätzt;
nichtsdestotrotz finde ich oben stehende Tabelle recht aussagekräftig.
Umgerechnet in Euro liegt die signifikante, d. h. markante Schwelle,
ab der Geld das Glücksgefühl nicht mehr spürbar steigert, bei einem
Haushaltseinkommen von 35.000 € (50.000 $). Antonia hat also mit
ihrer Bäckerei gleich den Sprung in ein zufriedenes Leben geschafft.
Mehr Geld und Gewinn wird ihr jedoch nicht so viel mehr Glücksgefühle
bringen können.

Und nun? Da haben wir es bis zur letzten Zeile, auch genannt „Jahresüberschuss" oder „Nettoergebnis", geschafft. Entsprechend stolz
präsentiert Antonia ihre erste vollständige Gewinn-und-Verlust-Rechnung (auch wenn es keine echte, sondern „nur" eine Schätzung für
die Zukunft ist) der Schatzhausener Kantonalbank. Was machen die
erfahrenen Kantonalbanker nun damit?

Wir hatten ja am Anfang gesagt, die GuV genauso wie die Bilanz des
Unternehmens sind wichtig, um abschätzen zu können, wie hoch die
Wahrscheinlichkeit ist, dass das Unternehmen vielleicht pleitegeht und
die Kantonalbanker einen möglichen Kredit gar nicht oder nur teilweise
wiedersehen. Worauf schauen die Banker aber nun in der GuV, und
welche Zahlen sucht das Risikoraster, um diese Frage beantworten zu
können? Dafür müssen wir einen weiteren Ausflug in den Vokabelwald
machen – denn jetzt geht es um die Margen.

Mager oder fett: Was uns die Margen sagen

Marge (franz.): Preisspanne, Abstand, Spielraum, Differenz[14]

Es geht bei der Marge um unternehmerischen Spielraum, beispielsweise für Preisreduzierungen oder bei Sonderangeboten. Das ist wie ein „Fettgehalt" im Unternehmen – die Speckschicht, die gegen schlechte Zeiten schützt. Die Idee dahinter ist, möglichst schnell und einfach ablesen zu können, wie viel vom Umsatz eigentlich als Ertrag im Unternehmen hängen bleibt. Das bedeutet dann auch, dass es zu jeder Ergebniszeile in der von uns schon aufgestellten GuV eine Marge gibt: also eine **Bruttomarge**, eine **EBITDA-Marge** genauso wie eine **EBIT-Marge** oder **Nettomarge**. Lassen Sie sich von der Vielzahl nicht irritieren, wichtig ist, dass Sie das Konzept verstehen – und das ist ganz einfach: Die Marge setzt einen Gewinnanteil ins Verhältnis zum Umsatz des Unternehmens. Und praktischerweise wird die Marge auch gleich nach der Gewinnart benannt, für die wir uns dabei entschieden haben. Die allererste und damit größte Marge ist die Bruttomarge:

$$
\begin{aligned}
\text{Bruttomarge in \%} &= \text{Bruttoergebnis : Umsatz} \cdot 100\ \% \\
&= 90.760\ \text{€} : 605.930\ \text{€} \cdot 100\ \% \\
&= 15\ \%
\end{aligned}
$$

Was sagt uns das? Nun, von jedem Brötchen, Brot oder Stück Kuchen, das über den Ladentisch geht, verbleiben im Schnitt 15 % vom Verkaufspreis im Unternehmen. Von diesen 15 % muss Antonia nun noch Miete, Strom und das Personal bezahlen, genauso wie Zinsen, Steuern und eigentlich auch ihr eigenes Gehalt – das sie aber aus dem Jahresüberschuss bezieht, den man daher auch „Unternehmerlohn" nennen darf.

Genauso geht es mit allen anderen Margen zu. Im Fall von Antonia können wir folgende Margen ausrechnen:

Tabelle 11: Margen Antonia	
Bruttomarge	15 %
operative Marge	8 %
EBIT-Marge	6 %
Vorsteuermarge	6 %
Nettomarge	5,8 %

Was helfen uns nun diese Zahlen oder was nützt es dem Unternehmen, wenn es eine möglichst hohe Marge hat? Nun, eine hohe Marge ist wie eine Versicherung für schlechte Zeiten. Sollte nämlich aus irgendeinem Grund der Umsatz mal rückläufig sein, also fallen, stellen hohe Margen einen ausreichenden Puffer dar, damit die Firma nicht gleich Verluste macht. Das Gleiche gilt für den Fall, dass die Kosten steigen. Diesen wollen wir uns im Beispiel von Anton und Antonia näher anschauen.

Antons Bruttomarge ist höher als die von Antonia, da er mehr Waren verkauft (sein Dorf ist etwa doppelt so groß wie das von Antonia und Reto) und somit von den Lieferanten günstigere Einkaufspreise bekommt. Die weiteren Margen sind nicht so hoch wie die von Antonia; unter anderem wegen der höheren Miete für die größere Bäckerei, aber auch, weil sich Anton deutlich mehr Personal leistet. Gleichzeitig kann Anton nicht die Preise durchsetzen, die Antonia durchsetzen kann, weil die Qualität seiner Backwaren etwas schlechter ist. Vor allem bei der Torte macht sich bemerkbar, dass er kein Bestseller-Rezept wie die Hedwigstorte anbieten kann:

Tabelle 12: Verkaufspreise Anton			
verkaufte Produkte	Anzahl	Preis	Umsatz
2 Brötchen pro Person und Tag	899.151	0,49 €	440.584,20 €
1 Brot pro Person und Woche	74.724	2,39 €	178.590,36 €
1 Rascherei pro Person und Woche	74.724	1,90 €	141.975,60 €
1 Torte pro Person und Monat	17.244	16,00 €	275.904,00 €
			1.037.054,16 €

Seine Kosten sind mit denen Antonias vergleichbar. Sein Mobiliar und die Geräte sind insgesamt älter, daher sind die zu tätigenden Abschreibungen auch geringer. In den späteren Kapiteln zum Cashflow wird darauf noch genauer eingegangen. Zinszahlungen muss Anton keine leisten, denn aufgrund seines längeren Bestehens haben sich genügend Gewinne angesammelt, um das Fremdkapital abzulösen; er hat nahezu ausschließlich Eigenkapital und keinerlei Bankkredite im Unternehmen:

Tabelle 13: GuV Anton		
Umsatz	1.037.054,16 €	Margen
– Materialkosten	–848.059,92 €	
= Bruttoergebnis	188.994,24 €	18 %
– Strom und Gas	–4.800,00 €	
– Miete	–24.000,00 €	
– Personal	–120.000,00 €	
= Betriebsergebnis	40.194,24 €	4 %
– Abschreibungen	–5.000,00 €	
= op. Vorsteuerergebnis	35.194,24 €	3 %
– Zinsen	0,00 €	
= Vorsteuerergebnis	35.194,24 €	3 %
– Steuern (10 %)	–3.519,42 €	
= **Jahresüberschuss**	**31.674,82 €**	3,1 %

Ich habe die Margen gleich in die Tabelle eingebracht. Es ist schnell zu sehen, dass – bis auf die Bruttomarge – Antons Margen nur etwa halb so hoch sind wie die von Antonia. Jetzt lassen wir dem Schicksal freien Lauf, um an einem Beispiel zu zeigen, welche Vorteile hohe Margen denn haben: Angenommen, der Weltmarktpreis für Milch und Butter würde steigen. Das betrifft dann auch die beiden kleinen Schweizer Dörfer, in denen unsere Bäcker tätig sind, so dass die Materialkosten insgesamt um etwa 7 % ansteigen (fiktive, also selbst ausgedachte Zahlen). Wie sehen nun die beiden Gewinn-und-Verlust-Rechnungen aus, wenn sich die Kosten derart verändern? Beachten Sie, dass sich in unserem Beispiel außer an den Materialkosten überhaupt nichts ändert[15]:

Tabelle 14: GuVs bei Anstieg Materialkosten	Antonia	Anton
Umsatz	**605.930,22 €**	**1.037.054,16 €**
– Materialkosten	–551.231,60 €	–907.424,11 €
= Bruttoergebnis	54.698,62 €	129.630,05 €
– Strom und Gas	–2.400,00 €	–4.800,00 €
– Miete	–12.000,00 €	–24.000,00 €
– Personal	–27.600,00 €	–120.000,00 €
= Betriebsergebnis	12.698,62 €	–19.169,95 €
– Abschreibungen	–10.000,00 €	–5.000,00 €
= op. Vorsteuerergebnis	2.698,62 €	–24.169,95 €
– Zinsen	0,00 €	0,00 €
= Vorsteuerergebnis	2.698,62 €	–24.169,95 €
– Steuern (10 %)	–269,86 €	0,00 €
= Jahresüberschuss	**2.428,76 €**	**–24.169,95 €**

Sie sehen schnell, was passiert ist: Bei beiden fallen natürlich die Gewinne. Antonia allerdings verdient gerade so noch Geld, während Anton Verluste anmelden muss. Er ist also einer Steigerung der Kosten nicht so gut gewachsen wie seine weibliche Konkurrentin. Ähnliches würde passieren, wenn plötzlich eine Kaufunlust der Bewohner und Touristen eintritt, vielleicht als Folge kohlenhydratärmerer Ernährung, und daher die Umsätze zurückgehen.

Wir merken uns also: **Hohe Margen sind eine gute Absicherung gegen wirtschaftlich schlechtere Zeiten.** Also sind **hohe Margen attraktiver als niedrige.** Das wissen wir jetzt, und das wissen natürlich auch unsere gründlichen Kantonalbanker. Die wollen für einen möglichen Kredit aber noch etwas sehen: die Unternehmensbilanz. Bevor wir uns an diese wagen, noch ein schneller Ausflug in die Welt der Kosten.

Fix versus variabel:
Wie flexibel sind unsere Kosten?

Mal angenommen, es gäbe in Schatzhausen einen schlechten, weil viel zu warmen Winter. Einen ganzen Monat lang ist nichts los in dem Dorf, wo doch längst schon Schnee liegen müsste und sich Touristen tummeln sollten. Wie würde sich das auf unsere Geschwister auswirken? Könnten ihre Geschäfte das gut abfedern – oder müssten sie stark darunter leiden? Um uns dies deutlich zu machen, kommt jetzt auch endlich Retos SkiXpress ins Spiel. Viel zu lange haben wir ihn schon unbeteiligt an der Seite schmoren lassen!

Retos Geschäftsmodell ist deutlich anders als das von Antonia. Zwar benötigt er auch ein Büro, ansonsten macht er es sich aber einfach und beteiligt seine Skilehrer an Erfolg und Misserfolg ihrer Skistunden. Das geht recht übersichtlich: Die Kunden zahlen für jede Stunde 15 € an Reto, davon gehen dann 10 € direkt an die Skilehrer. Weiteres Geld erhalten diese nicht, nur noch die Anfangsausstattung (Skischuhe und Anzug, damit sie auch sofort als Skilehrer von SkiXpress zu erkennen sind). Ansonsten leistet sich Reto lediglich noch eine Sekretärin, die dasselbe verdient wie Antonias Bäckereiverkäuferinnen (aber nur für den Winter, also vier Monate tätig ist), und Computer und Büromobiliar für den Anfang.

Reto rechnet nun wie folgt: Er will am Anfang zehn Skilehrer beschäftigen. Diese werden nur im Winter, also etwa vier Monate im Jahr, Arbeit haben. Deswegen arbeiten sie auch am Samstag und Sonntag, also sieben Tage die Woche, d. h. ca. 30 Tage im Monat. Dabei geht Reto mutig von fünf Stunden Auslastung pro Skilehrer und Skitag aus. Dementsprechend berechnet sich sein Umsatz im ersten Jahr so:

$$
\begin{aligned}
\text{Umsatz} \quad &= \quad 10 \text{ (Skilehrer)} \cdot 4 \text{ (Monate)} \\
&\qquad \cdot 30 \text{ (Arbeitstage)} \\
&\qquad \cdot 5 \text{ (Stunden pro Tag)} \\
&\qquad \cdot 15 \ € \\
&= \quad 90.000 \ €
\end{aligned}
$$

Genauso können wir bei den „Materialkosten" vorgehen – dabei geht es hier natürlich um den Beitrag an Zulieferer, d. h. seine Skilehrer:

Zulieferungen = 10 (Skilehrer)
· 4 (Monate)
· 30 (Arbeitstage)
· 5 (Stunden pro Tag)
· 10 € (Betrag an den Skilehrer)
= 60.000 €

So bleibt für Reto ein Bruttoergebnis übrig von 30.000 €. 10.000 € kostet die Büroausstattung, die, da es so ein kleiner Betrag ist, über fünf Jahre abgeschrieben wird – das sind dann 2.000 € in jedem der ersten fünf Jahre. Kredit braucht er keinen, denn sein Eigenkapital zum Start betrug ja mehr, als er für Büroausstattung und Mobiliar ausgeben muss, nämlich wie bei Antonia 20.000 €. Retos GuV sieht für den Anfang also wie folgt aus:

Tabelle 15: GuV Retos SkiXpress			
Umsatz	**90.000,00 €**	Revenues	Margen
− Zulieferung Dritter	−60.000,00 €	Direct Labour	
= Bruttogewinn	30.000,00 €	Gross Profit	33 %
− Strom und Gas	−1.200,00 €	Energy Costs	
− Miete	−12.000,00 €	Rent	
− sonstiges Personal	−9.200,00 €	Personnel Costs	
= Betriebsgewinn	7.600,00 €	EBITDA	8 %
− Abschreibungen	−2.000,00 €	Depreciation	
= op. Vorsteuerergebnis	5.600,00 €	EBIT	6 %
− Zinsen	0,00 €	Interest	
= Vorsteuerergebnis	5.600,00 €	EBT	6 %
− Steuern (10 %)	−560,00 €	Tax	
= **Jahresüberschuss**	**5.040,00 €**	**Net Profit!**	5,6 %

Was fällt Ihnen auf? Nun, zuallererst macht Reto deutlich weniger Gewinn als Antonia. Andererseits ist seine Bruttomarge viel, viel höher, d. h., vom Umsatz bleibt ihm relativ mehr im Portemonnaie – wenn wir von den anderen Kosten mal absehen. Seine Nettomarge hingegen ähnelt der von Antonia sehr. Ist nun ein Dasein als Bäcker dem einer Skischule vorzuziehen? Auch das hängt, wie alles in der Betriebs- und

Volkswirtschaftslehre, vom Betrachter und vor allem von den Umständen ab. Denn jetzt kommt der Wettergott ins Spiel. Wie schon am Anfang des Kapitels angekündigt, bringen wir einen ganzen Monat Umsatzeinbuße ins Spiel, weil die Touristen ausbleiben. Welchen Einfluss das auf die Unternehmungen unserer Geschwister hat, hängt unter anderem davon ab, wie sich die Kosten gestalten. Dazu ein paar theoretische Erläuterungen.

Wie der Name schon sagt, sind variable Kosten variabel – d. h., sie können sich verändern. Dabei nennt man jede Kostenart variabel, die sich mit dem Umsatz mitverändert. Ein Beispiel sticht sofort ins Auge: Das sind die Materialkosten. Kaufen ihre Kunden weniger Torten oder Brötchen, wird Antonia entsprechend weniger Mehl, Zucker oder Butter benötigen, so dass also mit dem gesunkenen Verkaufsbetrag auch die Materialkosten fallen werden.

Anders hingegen ist es bei der Miete. Sie hängt nur dann mit dem Umsatz zusammen, wenn es im Mietvertrag so vorgesehen ist – bei fortschrittlichen Verträgen oft angewendet, bei kleineren Geschäften aber unüblich, denn der Vermieter hat ja kaum Einfluss auf den Umsatz von Brötchen und anderen Backwaren. Dementsprechend sind diese Kosten nicht variabel, sondern das Gegenteil davon: fix. Und fixe Kosten sind, wie man dem Wort entnehmen kann, ziemlich unbeweglich. Genauer formuliert, ändern sie sich nicht, wenn sich andere Kosten oder die Einnahmen verändern. Diese Fixkosten haben Anton im ersten Beispiel gestiegener Materialkosten ja schon den Hals – sprich den Gewinn – gekostet.

Deswegen ist diese Unterscheidung so wichtig. Ein hoher Fixkostenblock bedeutet, dass sich auch die Margen gewaltig ändern, wenn sich am Umsatz etwas tut. Da müssen wir Aktionäre entsprechend hellhörig werden. Schauen wir uns das jetzt konkret an unserem Wettergott-Beispiel an. Die drei Gewinn-und-Verlust-Rechnungen verändern sich wie folgt:

Tabelle 16: GuVs alle drei bei Wettereinbruch im Dezember			
	Antonia	Reto	Anton
Umsatz	**571.020,66 €**	**67.500,00 €**	**916.533,60 €**
− Materialkosten	−485.489,16 €	−45.000,00 €	−749.503,20 €
= Bruttoergebnis	85.531,50 €	22.500,00 €	167.030,40 €
− Strom und Gas	−2.400,00 €	−1.200,00 €	−4.800,00 €
− Miete	−12.000,00 €	−12.000,00 €	−24.000,00 €
− Personal	−27.600,00 €	−9.200,00 €	−120.000,00 €
= Betriebsergebnis	43.531,50 €	100,00 €	18.230,40 €
− Abschreibungen	−10.000,00 €	0,00 €	−5.000,00 €
= op. Vorsteuerergebnis	33.531,50 €	100,00 €	13.230,40 €
− Zinsen	0,00 €	0,00 €	0,00 €
= Vorsteuerergebnis	33.531,50 €	100,00 €	13.230,40 €
− Steuern (10 %)	−3.353,15 €	−10,00 €	−1.323,04 €
= **Jahresüberschuss**	**30.178,35 €**	**90,00 €**	**11.907,36 €**
Jahresüberschuss alt	*34.884,45 €*	*5.040,00 €*	*31.674,82 €*
Gewinneinbruch	−13 %	−98 %	−62 %

Es ist nicht überraschend, dass Retos Geschäft mit 98 % Gewinneinbruch am meisten leidet, weil es sich ja ausschließlich im Winter und unter Touristen abspielt und somit viel abhängiger davon ist, was in den Wintermonaten touristisch in Schatzhausen passiert. Im Vergleich zwischen Anton und Antonia sehen wir jedoch schön, wie unterschiedliche Margen zu unterschiedlichen Gewinnveränderungen führen: Anton muss akzeptieren, dass sich sein Gewinn mehr als halbiert, während Antonia nur mit einer geringen Einbuße von etwas mehr als einem Zehntel leben muss. Das liegt vor allem daran, dass Antons Fixkostenblock, im Wesentlichen Personal und Miete, viel größer im Verhältnis zum Umsatz ist als bei Antonia. Und da, wie der Name schon sagt, sich Fixkosten eben nicht mit dem Umsatz verändern, sondern meist so, wie sie sind, bestehen bleiben, ist es der Gewinn, der am Ende leiden muss. Achten Sie also bei Ihren Aktienanlagen auch darauf, wie groß der Anteil der Fixkosten am Umsatz ist, der sich bei einer Änderung des Umsatzes nicht mit verändert. **Ein hoher Fixkostenanteil lässt die Gewinne viel stärker nach oben und unten schwanken als ein niedriger.**

Zusammengefasst lässt sich sagen: **Hohe Fixkostenblöcke sind gefährlich, wenn es Umsatzrückgänge gibt.** In guten Zeiten kann ein solcher Block natürlich auch zu stärkerem Gewinnwachstum führen – aber eben zu einem höheren Risiko, wenn die Wirtschafts- oder Unternehmenslage mal nach unten zeigt. **Hohe Margen hingegen sind wie die Made im Speck.** Sie schützen vor schlechten Zeiten und zeigen uns gleichzeitig, ob an diesem Unternehmen irgendetwas Besonderes dran ist – denn irgendwoher müssen diese Margen ja kommen. Bei Antonia ist es die einmalige Hedwigstorte, die es ihr ermöglicht, höhere Preise zu erzielen. Anton hat dem nichts entgegenzusetzen und muss mit niedrigeren Margen rechnen.

Merken Sie sich bitte als Endergebnis dieses Abschnitts: **Hohe Margen sind attraktiver (besser) als niedrige.** Und nun geht es weiter ans Eingemachte. Wir wollen nämlich endlich die Bilanz sehen.

Die Bilanz: Jetzt wird es richtig ernst

Wenn Sie verstanden haben, wie man eine Bilanz liest; wenn Sie wissen, worauf man achten muss, um mögliche Fallstricke zu entdecken, und wenn Sie dann noch in der Lage sind, sich die richtigen Zahlen herauszuziehen, um verschiedene Firmen miteinander zu vergleichen, dann haben Sie einen großen Schritt in Richtung aufgeklärter, eigenständiger Investor getan. Ich verspreche nicht, dass ich Ihnen alles glasklar beibringen kann; aber wir können gemeinsam einiges Licht in das Dunkel bringen.

Während die GuV eine sogenannte Flussrechnung ist – denn hier fließt ja Geld herein von den Kunden und wieder heraus an verschiedene Abnehmer wie den Staat, die Bank und am Ende natürlich auch an den Unternehmer –, ist die Bilanz eine Bestandsaufnahme an einem bestimmten Tag. Diesen Tag nennt man Stichtag, und meistens ist das der letzte Tag eines Kalenderjahres. Börsennotierte Unternehmen und andere, die es ihnen gleichtun wollen, müssen öfter eine Bilanz aufstellen, meistens am Ende eines jeden Quartales. Da sieht man, was die Börse auch für Arbeit macht – aber die Investoren, sprich die Eigentümer, möchten eben gerne zeitnah wissen, was da so in ihrem Unternehmen los ist. Wie kann man das jetzt aus einer Bilanz herauslesen?

Die Grundidee einer Bilanz ist ganz einfach: Wir wollen zum einen sehen, wie der Unternehmer sein Unternehmenskapital verwendet hat, d. h., wo es steckt, und zum anderen, woher er es bekommen hat – wem also die Firma und zu wie vielen Teilen gehört. So eine Bilanz können Sie auch für Ihren Privathaushalt aufstellen; das ist eine spannende und durchaus bereichernde Übung. Wir wollen hier jedoch wieder beim Beispiel von Antonia bleiben und vervollständigen ihre Unternehmensdaten.

Auf der linken Seite der Bilanz zeigt sich, wie Antonia das für den Betrieb der Bäckerei notwendige Kapital verwenden will (denn noch hat sie ja nicht alles bekommen). Man nennt die linke Seite übrigens die **Haben**-Seite oder auch die **Aktiv**-Seite – denn hier können wir ja ablesen, was die Firma namens Hedwigs Backwaren eigentlich besitzt. Machen wir eine erste Aufstellung: Was braucht Antonia alles, um wirklich eine Bäckerei zu betreiben?

Da wäre zum einen das sogenannte **Anlagevermögen**. Hierunter finden wir alles, was unbedingt zum Betrieb erforderlich ist und sich nicht kurzfristig und schnell verkaufen lässt – denn beim Anlagevermögen ist das Geld langfristig gebunden bzw. angelegt, wie der Name schon vermuten lässt. In Antonias Fall geht es um das Mobiliar und die Küchengeräte. Würde Hedwigs Backwaren auch noch das Haus gehören, in welchem die Bäckerei ihren Sitz hat, dann würde dieses ebenfalls zum Anlagevermögen gehören. Das ist aber nicht der Fall. Merken wir uns also: Alles Kapital, das längerfristig gebunden ist, gehört zum sogenannten Anlagevermögen.

Nun gibt es natürlich auch Kapital, das sich ganz schnell liquidieren, also verflüssigen lässt. Dazu gehören die flüssigen Mittel wie der Kassenbestand oder der Saldo auf dem Girokonto genauso wie Vorräte und unfertige Waren. Das wären bei Antonia Mehl, Zucker, Salz etc., aber auch die vorgebackenen Brötchen in der Tiefkühltruhe. All das gehört ja auch zum Geschäftsbetrieb dazu, damit er rund laufen kann. Diese Art Vermögen nennt sich daher auch **Umlaufvermögen**.

Jetzt können wir uns schon mal die linke, also die Haben- oder Aktiv-Seite von Antonias Bilanz anschauen:

Tabelle 17: Aktiv-Seite Bilanz Antonia	
Haben	
Anlagevermögen	
immaterielle Vermögensgegenstände	10.000,00 €
Sachanlagen	100.000,00 €
Umlaufvermögen	
Vorräte	22.000,00 €
unfertige Waren	25.000,00 €
liquide Mittel (Kasse)	11.000,00 €
Bilanzsumme	168.000,00 €

Antonia hat sich dabei wirklich Gedanken gemacht, vor allem bei den Vorräten: Denn von den geplanten Umsätzen und Materialkosten ausgehend hat sie ausgerechnet, wie viele Vorräte und unfertige Backwaren sie benötigen würde, um für zwei Wochen im Voraus genügend vorrätig zu haben. So ergeben sich die auf der Aktiv-Seite genannten Zahlen. Gleiches gilt für die Kasse: Wer 606.000 € Jahresumsatz macht, bräuchte für einen Zweiwochenvorrat in der Kasse also etwas mehr als 22.000 € (als Antonia diese Summe sah, entschied sie sich spontan für einen Einwochenvorrat). Für den Kauf von Mobiliar und Backgeräten und die Umgestaltung der gemieteten Räume in eine zünftige Schweizer Bäckerei veranschlagt sie 100.000 €; demzufolge hat dieser Teil ihres Vermögens, zumindest in der zuerst aufgestellten Bilanz, auch noch diesen Wert. Man könnte kritisch sein und schon die erste Wertminderung vorsehen, denn die meisten Dinge verlieren ja gleich nach dem Kauf ein Viertel bis ein Drittel ihres ursprünglichen Wertes. Der Einfachheit halber bleiben wir für die Anfangsbilanz von Hedwigs Backwaren aber beim Kaufpreis.

Vielleicht etwas verwegen ist die Annahme von Antonia, das Rezept von Hedwigs bekannter Supertorte sei 10.000 € wert (siehe Position „immaterielle Vermögensgegenstände"). In diesem Punkt ist Antonia möglicherweise zu optimistisch. Andererseits rechtfertigt der hohe Bekanntheitsgrad der Torte unter den Dorfbewohnern, dass man hier einen immateriellen, d. h. nicht wirklich greifbaren oder real vorhandenen, Wert in die Bilanz einstellt. Denn ein potenzieller Käufer der Bäckerei würde, bekäme er nur das Mobiliar und nicht auch noch das Rezept von Hedwigs Torte dazu, entsprechend weniger zahlen wollen – denn er ginge ja unter anderem das Risiko ein, dass Antonia einfach einen anderen Bäckerladen aufmacht und dort die Kundschaft mit Hedwigs Supertorte an- und von ihm weglockt. Oder dass weniger Kunden zu ihm kommen, weil sein Angebot jetzt nichts Besonderes mehr hat und einfach mit anderen Bäckern vergleichbar ist. Es ist immer schwierig, den Wert geheimer Rezepte oder Patente oder überhaupt den Wert von Marken wie beispielsweise Coca-Cola, Adidas oder Nivea angemessen zu berechnen – aber ich denke, wir sind uns einig, dass sie einen Wert an sich haben, der irgendwie Berücksichtigung finden muss. Und dafür gibt es eben die Position „immaterielle Vermögensgegenstände", in die auch ein solcher Wert hineingehört.

Jetzt bleibt noch die Frage offen, wo denn das ganze Geld herkommen soll. 20.000 € Eigenkapital haben sowohl Reto als auch Antonia geerbt; das reicht natürlich bei Weitem nicht für die geplanten Ausgaben. Der eben diskutierte immaterielle Firmenwert von 10.000 € erhöht übrigens das bilanzielle Eigenkapital von Antonia um genau diesen Betrag – aber auch das reicht noch nicht aus, um das notwendige Mobiliar zu finanzieren. Ein Kredit muss also her. Dabei kann ein Teil des Kredites kurzfristiger Natur sein; wie ein Dispokredit z. B. Aber der Teil, für den sie Mobiliar und Geräte kaufen will, muss ihr längerfristig zur Verfügung stehen, denn sie kann und will ja nicht alles gleich wieder verkaufen, wenn's mal nicht so läuft. Antonia stellt sich ihre **Soll**-Seite, die man auch **Passiv**-Seite nennen könnte, also so vor:

Tabelle 18: Passiv-Seite Bilanz Antonia	
Soll	
Eigenkapital	30.000,00 €
langfristige Verbindlichkeiten	
Kredit	100.000,00 €
kurzfristige Verbindlichkeiten	
Dispokredit	38.000,00 €
Bilanzsumme	168.000,00 €

Dabei ist wichtig, dass die Bilanzsumme auf beiden Teilen die gleiche ist – sonst stimmt irgendwo etwas nicht.

Rein theoretisch könnten wir aus diesen beiden Seiten jetzt eine schöne Bilanz bauen. Um verstehen zu lernen, was eine Bilanz noch so alles leistet, brauchen wir jedoch weitere Positionen. Die spielen am Anfang noch keine Rolle für Antonia – aber später für uns als Investoren.

Forderungen, Verbindlichkeiten und was noch so alles in eine Bilanz gehört

Springen wir einfach ein Jahr in die Zukunft. Antonias Bäckerei ist fast so gut gelaufen wie erwartet; nur ein kleines Missgeschick in der Küche, ein defekter Backofen beispielsweise, hat sie für eine Woche etwas weniger Umsatz machen lassen und eine hohe Reparaturrechnung von 2.000 € zur Folge gehabt, da sie nicht an eine Versicherung gegen solche Fälle gedacht hat. Zinsen sind keine angefallen, da ihr ein zinsfreier Lieferantenkredit durch den Hersteller der Bäckereieinrichtung gewährt wurde. Die GuV von Hedwigs Backwaren zeigt Tabelle 19.

Tabelle 19: GuV Antonia am Ende des ersten Jahres		
Umsatz	**600.103,97 €**	**Revenues**
– Materialkosten	–510.216,17 €	Raw Material Costs
= Bruttoergebnis	89.887,80 €	Gross Profit
– Strom und Gas	–2.400,00 €	Energy Costs
– Miete	–12.000,00 €	Rent
– Personal	–27.600,00 €	Personnel Costs
– sonstige Kosten	–2.000,00 €	Other Costs
= Betriebsergebnis	45.887,80 €	EBITDA
– Abschreibungen	–10.000,00 €	Depreciation
= op. Vorsteuerergebnis	35.887,80 €	EBIT
– Zinsen	0,00 €	Interest
= Vorsteuerergebnis	35.887,80 €	EBT
– Steuern (10 %)	–3.588,78 €	Tax
= **Jahresüberschuss**	**32.299,02 €**	**Net Profit!**

Die einzige „Sorge" – oder unbeantwortete Frage – nach dem ersten Jahr ist nun: Wohin mit dem Gewinn? Antonia ist die einzige Eigentümerin von Hedwigs Backwaren und kann darüber daher allein entscheiden. Sie zahlt sich eine kleine Dividende von 10.000 € und belässt den Restgewinn von 22.299,02 € im Unternehmen, so dass wir diesen als Gewinnrücklage auf der neuen, verlängerten Bilanz am Ende des ersten Geschäftsjahres wiederfinden:

Tabelle 20: Vollständige Bilanz Antonia nach einem Jahr	
Haben	**Ende Jahr 1**
Anlagevermögen	
immaterielle Vermögensgegenstände	10.000,00 €
Sachanlagen	90.000,00 €
Finanzanlagen	0,00 €
Umlaufvermögen	
Vorräte und unfertige Waren	47.000,00 €
Forderungen an Dritte	3.000,00 €
liquide Mittel (Kasse)	33.299,02 €
Bilanzsumme	183.299,02 €
Ende Jahr 1	**Soll**
Eigenkapital	
Grundkapital	30.000,00 €
Gewinnrücklage	22.299,02 €
langfristige Verbindlichkeiten	
Kredit	88.000,00 €
kurzfristige Verbindlichkeiten	
Verbindlichkeiten gegenüber Dritten	23.500,00 €
Dispokredit	19.500,00 €
Bilanzsumme	183.299,02 €

Normalerweise schreibt man die beiden Teile der Bilanz nebeneinander – darauf musste ich hier aus Platz- und Lesbarkeitsgründen leider verzichten.

Was lesen Sie alles ab aus der Bilanz? Sie sehen den Wertverlust bei den Sachanlagen – das ist die Abschreibung für Abnutzung und Wertverlust des Mobiliars und der Geräte. Sie sehen die Zunahme der Kassenmittel durch den gemachten und im Unternehmen verbliebenen Gewinn (Jahresüberschuss minus Dividende plus alter Kassenbestand). Neu sind auch Forderungen und Verbindlichkeiten. Dahinter verstecken sich noch nicht bezahlte Rechnungen für Mehl, Zucker etc. an Lieferanten z. B. (Verbindlichkeiten) ebenso wie noch nicht erhaltene Zahlungen Dritter (Forderungen); das könnten Hotels sein, die sich noch ein paar Tage Zeit gelassen haben, ihre Backwarenrechnung zu begleichen. Im Fall von Antonias Bäckerei sind diese beiden Positionen vergleichsweise – d. h. im Vergleich zur Bilanzsumme und zum Eigenkapital – klein und stellen daher keinen Grund zur Besorgnis dar. Aber genau darüber wollen wir jetzt sprechen: Wie lese ich eine Bilanz, und wann und warum muss ich mir Sorgen machen, und was hat das alles mit der Börse zu tun?

Eigenkapitalrendite: RoE – nicht Rö!

Return (engl.):	*Antwort, Ergebnis, Ertrag, Rendite, Rückführung*
Equity (engl.):	*Eigenkapital, Gerechtigkeit, Stammkapital*
Return on Equity (engl.):	*Eigenkapitalrendite, Verzinsung des Beteiligungskapitals*[16]

Jetzt können wir beginnen, die ersten Früchte unserer Arbeit zu ernten. Wir werden ab hier ein paar sogenannte Kennzahlen näher kennenlernen, die wir aus der GuV und der Bilanz ablesen können, und die Sie vielleicht vom Namen her auch schon aus den täglichen Nachrichten kennen. Vor allem aber wollen wir verstehen, was denn genau dahintersteckt und wie diese Kennzahlen uns helfen, die richtigen Unternehmen zu finden.

Ein Wort noch vorweg: Antonia hat dank guter Verhandlungen einen Lieferantenkredit für ihr Mobiliar und die Gerätschaften bekommen. Das bedeutet, der Hersteller ihrer Waren hat auf seine Bilanz ein Kreditrisiko gegenüber Antonia genommen, als Dankeschön quasi dafür, dass sie bei ihm eingekauft hat. Aufgrund der momentan herrschenden niedrigen Zinsen konnte Antonia diesen Kredit sogar kostenfrei bekommen. Wundern Sie sich also bitte nicht, dass in Antonias Bilanz zwar ein Kredit auf der Passiv-Seite auftaucht, jedoch keine Zinszahlungen in der GuV zu finden sind. Der zinsfreie Lieferantenkredit ist die Erklärung dafür. Und nun zu den Renditen, die wir aus Bilanz und GuV herauslesen können.

Die erste – und eine der wichtigsten – ist die sogenannte Eigenkapitalrendite. Dahinter versteckt sich der Lohn des Unternehmers

für seine Leistung und für sein Risiko, mit seinem Geld im Unternehmen engagiert zu sein. Berechnet wird sie ganz einfach: Man setzt den Jahresüberschuss ins Verhältnis zu dem im Unternehmen gebundenen Eigenkapital und gibt das Ganze dann in Prozent an. Die gebräuchlichere – weil kürzere – Bezeichnung RoE ist die Abkürzung des englischen Wortes für Eigenkapitalrendite: der Return on Equity nämlich.
Für Antonia ergibt das im ersten Jahr:

$$\text{RoE} = 32.299{,}02 \, \text{€} / 30.000 \, \text{€} \cdot 100 \, \% $$
$$= 108 \, \% $$

Berechnen wir noch gleich die Zahlen für Reto und Anton, um dann Vergleiche anstellen zu können. Dabei fehlen uns noch die Informationen über Antons Eigenkapital und Bilanz. Nun, das ist nicht weiter schwierig. Anton hat ja, weil er schon so viel länger tätig ist, seine Betriebs- und Geschäftsausstattung schon zu einem großen Teil abgeschrieben und dank der über die Jahre angesammelten Gewinne auch die damit verbundenen Kredite vollständig zurückgezahlt, so dass seine Bilanz auf der rechten, der Soll-Seite, fast nur noch Eigenkapital aufweist. Allerdings sind die in seiner Bäckerei notwendigen Bestände an Vorräten und vorgebackenen Backwaren höher, da sein Umsatz auch größer ist als der Antonias. Ohne weiter ins Detail zu gehen, schätzen wir den Betrag, der sich mittlerweile im Unternehmen angesammelt hat, auf ca. 108.000 €. Damit sehen unsere drei Unternehmen wie folgt aus:

Tabelle 21: Eigenkapitalrenditen			
Firma	Hedwigs Backwaren	SkiXpress	Bäckerei Müller
Inhaber	Antonia	Reto	Anton
Jahresüberschuss	32.299 €	5.040 €	31.675 €
Eigenkapital	30.000 €	20.000 €	108.000 €
RoE	108 %	25 %	29 %

Die höchste Rendite hat Antonia, während Reto und Anton fast gleichauf liegen. Nichtsdestotrotz haben alle Unternehmen vergleichsweise hohe unternehmerische Renditen. Warum? Nun, auch hier hilft wieder ein Vergleich. Und zwar mit den Renditen für Fremdkapital. Diese sind nichts anderes als die Zinsen, die die Schatzhausener Banker für ihre Kredite verlangen. In unserem Beispiel waren wir von 8 % ausgegangen – dagegen machen sich doch beispielsweise 29 % oder gar 108 % RoE recht gut, oder nicht? Dass die Eigenkapitalrendite größer ist als die Fremdkapitalrendite, wird in der Praxis als selbstverständliche Risikoprämie für den Unternehmer hingenommen: Da die Eigentümer als Letzte aus der Konkursmasse bedient werden, sollte das Unternehmen bankrottgehen, tragen sie also auch das höchste Risiko aller Kapitalgeber. Und für dieses Risiko sollen sie mit einer im Schnitt höheren Rendite entlohnt werden.

Die Theoretiker unter den Börsianern streiten sich jedoch noch, welche Höhe als Risikoprämie angemessen ist. Sind 1 % Unterschied ausreichend oder müssen es 5 % sein? Dazu gibt es unterschiedliche Auffassungen. Meine persönliche ist, dass 3 bis 5 % Renditeaufschlag durchaus ausreichend sollten. Dennoch weiß ich aus den acht Jahren Börsenerfahrung, dass 15 % eine Art mittlere Eigenkapitalrendite darstellen, während alles über 20 % gut und über 30 % wirklich sehr gut ist. In der Tat beträgt momentan (also im August 2009, während ich dieses Buch schreibe) die durchschnittliche Eigenkapitalrendite der 30 größten deutschen Unternehmen (nach Marktwert des Eigenkapitals[17]) der letzten drei Jahre 15,3 %, und im schwierigen Jahr 2008 gelang es von diesen Unternehmen nur fünf, einen RoE über 20 % zu erwirtschaften.[18]

Beim Ablesen dieser Renditen ist noch zu beachten, ob sie vor oder nach Steuern berechnet wurden. Manche Firmen geben ihre Eigenkapitalrenditen vor Steuern an, um internationale Vergleiche möglich zu machen, die unabhängig von der Steuerquote sind – denn diese sind je nach Land unterschiedlich hoch. Unsere Schweizer Beispiele erfreuen sich also wirklich toller Eigenkapitalrenditen!

Eigenkapitalrenditen haben auch für die Börse eine wichtige Bedeutung. Es hat sich nämlich herausgestellt, dass es eine deutliche Verbindung zwischen der Eigenkapitalrendite und der Performance der Aktie gibt. Dabei meinen wir mit dem Wort „Performance" die Wertentwicklung – also den Gewinn, den wir mit dieser Aktie machen konnten und der sich aus dem Kursgewinn und eventuell im betrachteten Zeitraum gezahlter Dividenden zusammensetzt. Ein kurzes Beispiel: Eine Aktie, die am Jahresanfang 100 € gekostet hat und die wir später für 120 € weiterverkaufen konnten, hätte folgende Performance – auch Rendite genannt – erbracht:

Gewinn: 120 € – 100 €   = 20 €
Performance bzw. Rendite:
Gewinn : Kaufpreis * 100 % = 20 € : 100 € * 100 % .
                           = 20 %.

Wie sahen jetzt die Performancedaten für Aktien aus, die wir nach ihrer Eigenkapitalrendite auswählen? Laut einer Studie der Citigroup[19] lieferten zwischen 1995 und 2007 die 20 % Aktien mit dem höchsten RoE in Europa eine um durchschnittlich 5,3 % bessere Rendite in jedem Jahr ab als das Fünftel der Aktien mit dem niedrigsten RoE. Bei der gleichen Betrachtung für britische Aktien ergab sich sogar ein Performanceunterschied von 10,7 %.

Renditen im Vergleich: Warum sind Eigenkapitalrenditen so viel höher als Sparbuchzinsen?

Unternehmerische Renditen von 15 % und mehr, die mit Eigenkapital erzielt werden können, erscheinen wie Traumzahlen für einen Kleinanleger, der auf dem Sparbuch derzeit nur zwischen 1 % und 3 % Zinsen erhält. Wie verträgt sich beides miteinander? Nun, zuallererst mal muss das unternehmerische Risiko belohnt werden. Auf dem Sparbuch hingegen riskiert der Anleger beinahe gar nichts. Denn selbst in dem unwahrscheinlichen Fall, dass eine Bank pleitegeht, springt die Einlagensicherung aller anderen Banken ein und zahlt Ihnen Ihr Guthaben zurück. Der Unternehmer jedoch trägt ein viel höheres Risiko, sein eingesetztes Kapital teilweise oder sogar komplett zu verlieren; dass die Hälfte aller Neugründungen schon in den ersten Jahren scheitert, spricht dementsprechend für sich. Zusätzlich ist die Verzinsung des Unternehmers, der Gewinn nämlich, den das Unternehmen abwirft, in seiner Höhe unsicher und kann jedes Jahr völlig anders ausfallen.

Nichtsdestotrotz ist die Frage berechtigt, ob die Unterschiede so sehr groß sein müssen. Wenn im momentanen wirtschaftlichen Umfeld 15 % eine gute mittlere Eigenkapitalrendite darstellen, während das Sparbuch im Schnitt 2 % hergibt, dann sind das derzeit theoretisch 13 % Renditeunterschied. Eine recht ordentliche, hohe Zahl. Ist das gerecht? Und was ist die Ursache? Die Höhe dieses Abstandes resultiert zum einen aus der generell hohen Risikounfreudigkeit – in der Fachsprache auch Aversion genannt – gerade der deutschen Anleger, zum anderen

▷

aber aus den unangenehmen Eigenschaften, die die Aktie nun mal hat: den Kursschwankungen z. B., die gerade im kurzfristigen Bereich hoch ausfallen können, so dass die tatsächlich für den Aktionär erzielte Rendite heute mal so und morgen mal ganz anders ausfallen kann. Zusätzlich schwanken eben auch die Unternehmensgewinne mit der wirtschaftlichen Gesamtsituation, so dass ein und dasselbe Unternehmen mal 15 %, mal vielleicht nur 2 % Eigenkapitalrendite abwerfen kann. Die meisten Menschen scheuen jedoch Unsicherheit und Unvorhersagbarkeit und ziehen daher die sichere, weil garantierte Verzinsung auf Sparbuch oder von Termingeldern vor. Auch wenn diese über längere Zeiträume deutlich weniger abwerfen als Aktien.

Gerade die deutschen Kleinanleger sind viel zu vorsichtig, was Aktienanlagen angeht, von einem kleinen Kreis spekulativer Hobbybörsianer mal abgesehen. Die aktuelle Zahl der Aktienbesitzer Deutschlands wurde jüngst neu berechnet und liegt mit 3,4 Millionen Anlegern beim niedrigsten Stand seit 1988.[20] Inklusive Investmentfonds, die ja für ihre Besitzer auch oft Aktien halten, sind es immerhin schon 8,8 Millionen Anleger oder 13,6 % der Bevölkerung – im internationalen Vergleich dennoch recht niedrig. Ich würde mich freuen, wenn ich daran etwas ändern könnte. Denn wenn man verstehen lernt, wie die Börse funktioniert und wie man sich dort auch im schaukelnden Meer der Kursschwankungen behaupten kann, dann wird man auch in der Lage sein, an den höheren unternehmerischen Eigenkapitalrenditen mitzuverdienen.

Beim Fokus auf Unternehmen mit hohen Eigenkapitalrenditen lassen sich also überdurchschnittliche Wertentwicklungsgewinne erzielen.

Das macht ja auch ökonomisch Sinn. Stellen wir uns einfach einmal zwei Unternehmen vor, die in allem identisch sind, und sich lediglich in der Kapitalausstattung unterscheiden:

Tabelle 22: Beispiel Amalie und Xaver		
Unternehmen	**Amalie**	**Xaver**
Jahresüberschuss	20.000 €	20.000 €
Bilanzsumme	100.000 €	100.000 €
Fremdkapital	70.000 €	50.000 €
Eigenkapital	30.000 €	50.000 €
Eigenkapitalquote	30 %	50 %
Eigenkapitalrendite (RoE)	**67 %**	**40 %**

Aufgrund der niedrigeren Ausstattung mit Eigenkapital erzielt Amalie eine höhere Unternehmer- bzw. Eigenkapitalrendite (RoE) als Xaver. Lassen wir nun ein Jahr ins Land gehen. Beide erzielen, wie schon gesagt, den betragsmäßig gleichen Jahresüberschuss. Doch wie verändert sich der Unternehmenswert, d. h. der Wert ihres Eigenkapitals?

Tabelle 23: Veränderung des Eigenkapitals		
Unternehmen	**Amalie**	**Xaver**
Eigenkapital alt	30.000 €	50.000 €
+ Jahresüberschuss	20.000 €	20.000 €
= Eigenkapital neu	50.000 €	70.000 €
Zuwachs	**67 %**	**40 %**

Amalies Eigenkapital steigt genau wie das von Xaver um 20.000 € an – aber relativ zum alten Eigenkapital bedeutet das einen Zuwachs von 20.000 € : 30.000 € = 67 %. Magisch, was? Das ist genau die Eigenkapitalrendite. Und das ist kein Zauber, sondern logisch. Denn wir berechnen die Eigenkapitalrendite ganz genauso wie den relativen Zuwachs des Unternehmenswertes (der, solange die Aktie nicht an der Börse ist, erst mal einfach am Eigenkapital abgelesen wird). Wenn sich also alle anderen Zahlen der beiden Unternehmen in dem betrachteten Jahr nicht ändern, müsste Amalies Aktienkurs um 67 %, der von Xaver jedoch nur um 40 % steigen. Das bedeutet: **Eine höhere Eigenkapitalrendite hat eine schnellere Steigerung des Unternehmenswertes zur Folge** – und damit eine höhere Wahrscheinlichkeit für eine Outperformance[21] dieser Aktie.

Aber auch für unsere Schatzhausener Kantonalbanker, die ja nicht an der Börse tätig sind, sondern den Unternehmen direkt und einzeln Kredit geben, ist die Eigenkapitalrendite von Bedeutung. Stellt doch auch sie eine Versicherung gegen schlechte Zeiten dar; einen Puffer, falls die Verkäufe mal nicht so laufen. Und denken Sie daran: Für Fremdkapital steht die Sicherheit im Vordergrund; die Sicherheit, die Zinszahlungen zu erhalten, und mehr noch der Erhalt des Kapitals selbst. Wir merken uns also: **Hohe Eigenkapitalrenditen schützen uns auch vor schlechten Zeiten** und sind als **Kennziffer zur Auswahl guter Aktien** eine mögliche, gute Orientierung.

Wenn Sie aufmerksam gelesen und mitgedacht haben, werden Sie sich vielleicht wundern, dass Anton, dessen Unternehmenskapital ja ausschließlich aus Eigenkapital besteht, im Vergleich zu Antonia mit einer niedrigeren Eigenkapitalrendite „bestraft" wird. Damit haben Sie auch sofort einen der wesentlichen Schwachpunkte der Eigenkapitalrendite erkannt. Weil sie eben nur die Rendite auf das als Eigenkapital gebundene Kapital abbildet, „bevorzugt" sie geradezu Unternehmen mit hoher Verschuldung. Aber auch an der Börse gibt es für jedes Problem eine Lösung; für jede Schwachstelle ein geeignetes Gegenmittel. Wenn wir in unsere Betrachtung der Unternehmen die Bilanzstruktur mit einbeziehen, können wir auch hier wieder ganz schnell die Spreu vom Weizen trennen. Welche Zahl uns diesmal weiterhilft … lesen Sie weiter!

Verschuldungsgrad und Eigenkapitalquote: Steht uns das Wasser bis zum Hals?

Die einfachste – und einleuchtendste – Bilanzkennziffer, die ich kenne, ist der sogenannte Verschuldungsgrad. Mit ihm lässt sich auf einen Blick das Verhältnis zwischen Fremdkapital und Eigenkapital erkennen, und zwar ganz einfach: Man dividiert das Fremdkapital durch das Eigenkapital. Im Englischen wird der Verschuldungsgrad daher auch gern „Leverage" genannt – das kommt von Hebel (engl.: lever). Die Frage ist also: Wie stark wurde das Eigenkapital „gehebelt", um insgesamt das für die Unternehmung notwendige Gesamtkapital erzielen zu können?

Die „Schwester" des Verschuldungsgrades ist die Eigenkapitalquote. Hier wird das Eigenkapital ins Verhältnis zum Gesamtkapital des Unternehmens gesetzt, d. h. zur Bilanzsumme. Sparen wir uns weitere Worte und werden konkret:

Tabelle 24: Verschuldungsgrade und Eigenkapitalquoten			
Firma	Hedwigs Backwaren	SkiXpress	Bäckerei Müller
Inhaber	**Antonia**	**Reto**	**Anton**
Eigenkapital	30.000 €	20.000 €	108.000 €
Fremdkapital	138.000 €	0 €	5.000 €
Bilanzsumme	168.000 €	20.000 €	113.000 €
Verschuldungsgrad	**4,6**	**0,0**	**0,05**
Eigenkapitalquote	**18 %**	**100 %**	**96 %**

Jetzt wird auf einen Blick deutlich, warum Antonia einen so viel höheren RoE hat als Anton, der ja in derselben Branche unterwegs ist: Es ist der hohe Verschuldungsgrad. Antonia musste ihr Eigenkapital um den Faktor 4,6 „hebeln", also vergrößern, um das für den Betrieb nötige Gesamtkapital darzustellen. Anton und Reto hingegen sind bereits selbst im Besitz aller notwendigen Mittel und haben demzufolge 100 % Eigenkapitalquote (bzw. fast 100 % im Fall von Anton). Grafisch sieht das Ganze so aus:

Schaubild 1: Eigen- und Fremdkapital grafisch

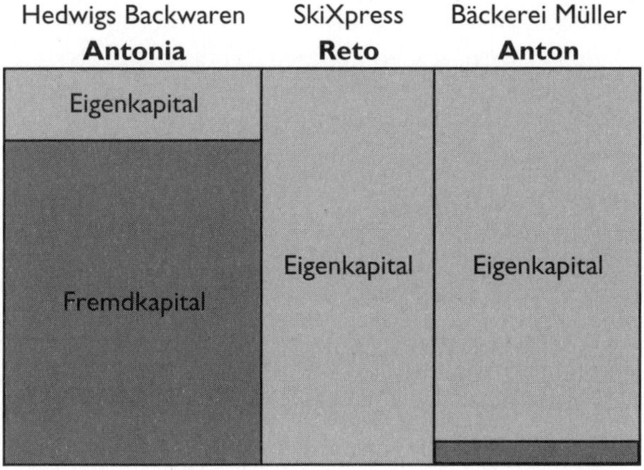

| Hedwigs Backwaren **Antonia** | SkiXpress **Reto** | Bäckerei Müller **Anton** |

Banker knüpfen häufig ihre Kreditbedingungen an den Verschuldungsgrad, den man daher auch als eine Art **Wasserstandslinie** bezeichnen könnte. Übersteigt er ein kritisches Niveau, beispielsweise neun (das entspricht einem Verhältnis von neun Teilen Fremdkapital zu einem Teil Eigenkapital, d. h. nur noch 10 % Eigenkapitalquote), könnte die Bank dann beispielsweise neue Sicherheiten verlangen oder einen Einschuss der Eigentümer zur Aufstockung des Eigenkapitals. Letzteres nennt man in der Fachsprache Kapitalerhöhung, und das wird immer dann unangenehm, wenn die Börse gerade nicht in Feierlaune ist und die Portemonnaies der Börsianer nur sehr zurückhaltend geöffnet werden. Richtig schlecht für die Aktie ist es, wenn diese Kapitalerhöhung erzwungen wurde – eben weil die Bank aufgrund einer Verletzung vereinbarter Kennziffern das vom Unternehmen verlangen kann. Der Kapitalmarkt mag solche Aktionen, im Englischen „forced equity raising" oder „forced capital increase" genannt, überhaupt nicht und straft die Aktie meist durch heftige Kursverluste im Vorfeld ab. **Hüten Sie sich also vor Aktien mit geringen Eigenkapitalquoten**, es sei denn, die Zeiten und Aussichten für Wirtschaft und Kapitalmarkt sind gerade eher rosig.

Schauen wir auch hier wieder auf die Ereignisse an der Börse. Ich habe die Erfahrung gemacht, dass Bilanzkennziffern welcher Art auch immer nur dann in Mode sind und beachtet werden, wenn wir gerade nicht in einem Bullenmarkt[22] sind, die Märkte also eher seitwärts oder nach unten tendieren. Nichtsdestotrotz kann man auch in guten Zeiten von der Outperformance von Aktien mit guten Bilanzdaten profitieren. In derselben Citigroup-Studie, die ich schon beim RoE zitiert habe, wurde auch die Performance von Aktien mit hoher Bilanzqualität versus Aktien mit schlechter Bilanzqualität untersucht. Die sich ergebenden Renditedifferenzen waren zwar kleiner (2,3 % p. a. für europäische Aktien, 5,4 % p. a. für britische Aktien) als beim RoE, sind aber dennoch signifikant positiv.

Noch ein letztes Wort, bevor wir weiter voranschreiten. Welche Eigenkapitalquoten oder Verschuldungsgrade sind eigentlich üblich und werden von den Banken akzeptiert? Das hängt in der Regel von der Art des Geschäftes ab, welches das betrachtete Unternehmen betreibt. Für Industrieunternehmen werden oft um die 30 % Eigenkapitalquote verlangt, denn hier ist das für den Betrieb notwendige Kapital oftmals in Maschinen und Gebäuden sehr langfristig gebunden. Bei Dienstleistungsunternehmen, die generell wenig Ausstattung brauchen, um ihr Geschäft zu betreiben, geben sich die Banken und Börsianer oft auch mit 15 bis 20 % zufrieden. **Unter 15 % sollten es aber meiner Meinung nach nie sein** – da sollten Sie hellhörig werden und bei weiteren Zweifeln lieber auf ein Investment in dieser Aktie verzichten.

Eine Ausnahme bei der Betrachtung der Eigenkapitalquote muss bei Unternehmen gemacht werden, die im Finanzwesen tätig sind – Banken, Geldanlagegesellschaften und Versicherungen beispielsweise. Dazu zählen in Deutschland Unternehmen wie die Allianz, Deutsche Bank oder Hannover Rück. Zweck dieser Unternehmungen ist es ja gerade, Geld anzunehmen und zu verleihen, und dementsprechend findet sich dieser Unternehmenszweck auch in den Bilanzen unter den Forderungen und Verbindlichkeiten wieder. Typischerweise haben Banken eher nur einstellige Eigenkapitalquoten, die bei 5 bis 8 % liegen (es gibt jede Menge regulatorische Vorschriften, die erfüllt und eingehalten werden müssen), in schlechten Zeiten aber auch noch niedriger sein können.

Es wäre unfair, Unternehmen anderer Branchen mit Finanzwerten zu vergleichen. Wie löst man dieses Dilemma? Man könnte Finanzwerten beim Vergleich einfach einen Durchschnittsrang zuweisen oder ihre Bilanzdaten ganz außer Acht lassen. So etwas wie Margen existiert für Finanzwerte leider auch nicht; auch hier darf kein Vergleich mit anderen Sektoren vorgenommen werden. Vergleichen lassen sich jedoch die Eigenkapital- und Gesamtkapitalrenditen – wenigstens etwas, an dem wir uns festhalten können.

Wenn Ihnen jetzt der Kopf schwillt und die Erklärungen zu Eigenkapitalrenditen und -quote zu lang und umständlich waren, kann Sie vielleicht das nächste Kapital begeistern. Hier fragen wir uns nach der Qualität des Geschäftsmodells – und finden eine ganz einfache Antwort.

Die Kapitalrendite: Einfacher geht's nicht

Assets (engl.): Aktiva, Anlagevermögen, Besitz[23]

Statt sich die Mühe zu machen und das „korrekte" Eigenkapital herauszusuchen (denn oft besteht dieses aus mehreren Positionen), um die Rendite des Unternehmers herauszufinden, können wir auch den Blick erweitern auf die komplette Kapitalbasis des Unternehmens. Dazu setzen wir beispielsweise den Jahresüberschuss ins Verhältnis zur gesamten Kapitalbasis. Und können anhand dieser Zahl sofort ablesen, wie attraktiv denn das Geschäftsmodell ist, für das sich unser Unternehmen entschieden hat. Im Englischen nennt sich diese Renditezahl **RoA** (**Return on Assets**) oder auch **RoIC** (**Return on Invested Capital**).

Aber was ist denn nun diese sogenannte „Kapitalbasis"? Da wird es dann doch ein bisschen schwieriger. Wir könnten es uns einfach machen und den Unternehmensgewinn in Relation zur Bilanzsumme setzen – das ist schließlich das im Unternehmen derzeit gebundene Kapital. Da die linke Seite der Bilanz im Englischen Assets genannt wird, berechnet sich der sogenannte Return on Assets wie folgt:

Tabelle 25: Kapitalrenditen			
Firma	Hedwigs Backwaren	SkiXpress	Bäckerei Müller
Inhaber	**Antonia**	**Reto**	**Anton**
Jahresüberschuss	32.299 €	5.040 €	31.675 €
Bilanzsumme	168.000 €	20.000 €	113.000 €
Kapitalrendite (RoA)	**19 %**	**25 %**	**28 %**

Was sagt uns nun diese Zahl? Offensichtlich hat Reto eine höhere Kapitalrendite als Antonia – was nicht verwunderlich ist, da er für seinen Unternehmensbetrieb ja kaum Kapital benötigt. Da leuchtet eine hohe Kapitalrendite entsprechend ein. Warum hat jedoch Anton einen höheren Return als Antonia, wo doch beide im selben Geschäft tätig sind und Antonia, wie wir schon gesehen haben, mit höheren Margen gesegnet ist? Das liegt daran, dass seine Betriebs- und Geschäftsausstattung, also die Möbel und Geräte, bereits stärker abgeschrieben sind, während sie bei Antonia noch neu sind und dementsprechend voll in der Bilanz stehen.

Das Schöne an einer hohen Kapitalrendite ist nicht nur, dass sie als Fettpölsterchen Sicherheit für schlechte Zeiten mit sich bringt, sondern auch einen **Hinweis gibt auf die Wachstumsmöglichkeiten des Unternehmens.** Denn sie gibt an, würde das Unternehmen expandieren, also irgendwo eine neue Filiale aufmachen, welchen Return wir auf das neu notwendige Kapital erhalten. Endlich haben wir also mal eine Unternehmenskennzahl, die auch relevant für die Wachstumsperspektiven des Unternehmens ist. Meiner Erfahrung nach sind Kapitalrenditen von 10 bis 15 % keine Seltenheit, ab 20 % wird es dann wirklich fett. Oft muss sich der Investor jedoch mit deutlich weniger zufriedengeben. Zahlen unter 5 % deuten entweder auf besonders schlechte Geschäftsmodelle oder hart umkämpfte Branchen hin. Derzeit ist beispielsweise das Tourismusgeschäft eines, das trotz oder vielleicht wegen des hohen Kapitaleinsatzes nur enttäuschende, je nach Jahr kaum über null liegende Renditen erwirtschaftet.

Passen Sie jedoch in Zukunft bei solchen Zahlen verstärkt auf. Den Gewinn in Relation zum dafür notwendigen Kapital zu setzen beinhaltet allerlei Spielraum. Welche Gewinnzeile ist die passende? Vielleicht das EBIT, das doch direkter mit dem operativen Erfolg des Unternehmens verknüpft ist, weil Steuern und Zinsen nicht berücksichtigt werden?

Und welches Kapital wähle ich? Schließe ich überschüssige Kassenbestände aus, die nicht zur Aufrechterhaltung des Geschäftsbetriebs notwendig sind, sondern sich einfach so angesammelt haben? Rechne ich Forderungen gegen Verbindlichkeiten auf? Auch das kann Sinn machen, weil beides im Prinzip ja nur durchlaufende Posten sind. Probieren wir es doch mal für Antonia:

Tabelle 26: Kapitalrendite mal anders	
Firma	Hedwigs Backwaren
Inhaber	**Antonia**
Sachanlagen	90.000 €
+ Vorräte	47.000 €
= zum Betrieb nötiges Kapital	137.000 €
operatives Vorsteuerergebnis (EBIT)	35.888 €
Kapitalrendite (RoIC)	**26 %**

So haben wir jetzt eine Art „operative Kapitalrendite" am Ende ihres ersten Jahres errechnet, die uns eine Idee gibt, welchen Return Antonia erwarten könnte, würde sie eine neue Filiale aufmachen. Wobei für eine neue Filiale höchstwahrscheinlich keine gebrauchte Inneneinrichtung infrage kommen würde … aber wir wollen hier nicht vom Hundertsten ins Tausendste kommen! Ich wollte Ihnen nur gern ein Gefühl – und ein paar Beispiele – vermitteln, wie sich solche Renditen errechnen lassen. Je nachdem eben, nach welcher Information gesucht wird. Geht es um die Frage, wie attraktiv das Geschäftsmodell als solches ist, eignen sich eher Kapitalrenditen – denn sie berücksichtigen das gesamte, im Unternehmen gebundene Kapital. Geht es hingegen um die Frage, wie hoch der unternehmerische Lohn in dieser Firma ausfällt, hilft ein Blick auf die Eigenkapitalrendite – denn das ist letztendlich der Teil, mit dem der Unternehmer für seine eingegangenen Risiken entschädigt und belohnt wird.

Flüssig oder nicht:
weitere Ausflüge in die Welt der Bilanzen

Jetzt tauchen wir etwas tiefer ein in die Welt der Bilanzen. Wir wollen ja verstehen lernen, wie die Schatzhausener Kantonalbanker an die Beurteilung von Unternehmen herangehen, und wie auch jemand als unbedarfter Kleinanleger in der Lage sein kann, gut aufgestellte von schlechten Firmen zu unterscheiden.

Zur Flüssigkeit gibt es den oder die Liquiditätsgrade. Das sind Kennziffern, die uns auf einen Blick helfen sollen, mögliche Zahlungsschwierigkeiten des Unternehmens zu erkennen. Und wie wir schon gelernt haben, können Zahlungsschwierigkeiten im schlimmsten Fall die Insolvenz des Unternehmens zur Folge haben – sehr unangenehm für Eigentümer und Gläubiger.

Die **Liquidität ersten Grades**, im Englischen auch kurz „Cash Ratio" genannt, setzt die liquiden Mittel des Unternehmens ins Verhältnis zu seinen kurzfristigen Verbindlichkeiten. Dahinter steht die Idee, dass kurzfristige Verbindlichkeiten, also z. B. Rechnungen vom Mehllieferanten oder die noch nicht getätigte Mietzahlung, eben recht bald fällig sind (daher das Wort kurzfristig). Deswegen sollten diese am besten von Mitteln gedeckt sein, die auch ganz kurzfristig, idealerweise jederzeit, verfügbar sind – und das sind eben unsere liquiden Mittel. Berechnen wir doch Antonias Cash Ratio:

$$
\begin{aligned}
\text{Liquidität Grad 1} \quad &= \quad \text{liquide Mittel :} \\
& \quad \text{kurzfristige Verbindlichkeiten} \\
&= \quad 33.299 \; € : 43.000 \; € * 100 \; \% \\
&= \quad 77,4 \; \% = 0,774
\end{aligned}
$$

Ich habe die Zahlen aus Antonias GuV und Bilanz am Ende ihres ersten Geschäftsjahres genommen, weil das schon „reale" Zahlen sind und nicht nur Schätzungen zu Beginn.[24]

Antonias Cash Ratio liegt also bei 77 %. Das bedeutet, dass die kurzfristigen Verbindlichkeiten nicht vollständig von den liquiden Mitteln gedeckt sind, denn sonst hätte dieser Liquiditätsgrad über eins bzw. über 100 % liegen müssen. Nichtsdestotrotz sind 77 % auch schon nicht schlecht, zumal wir davon ausgehen dürfen, dass die Kantonalbanker den Dispositionskredit, der Teil der kurzfristigen Verbindlichkeiten ist, nicht per sofort kündigen werden.

Jetzt geht es einen Schritt weiter auf der Treppe der Flüssigkeitsgrade. Der **Liquiditätsgrad Nummer zwei**, im Englischen Acid Test Ratio oder Quick Ratio, im Deutschen auch „Einzugsliquidität" genannt, hat ein ähnliches Ziel wie die Cash Ratio. Nur berücksichtigt die Liquidität zweiten Grades nicht nur die in der Kasse vorhandenen Mittel, sondern auch die kurzfristig fälligen Forderungen – also beispielsweise die Rechnungen von Hotels für große Feierlichkeiten, die die Hotels noch nicht bezahlt haben, obwohl sie schon bald fällig sind:

$$
\begin{aligned}
\text{Liquidität Grad 2} &= (\text{Umlaufvermögen} - \text{Vorräte}) : \\
&\quad\ \ \text{kurzfristige Verbindlichkeiten} \\
&= (83.299,02\,€ - 47.000\,€) : 43.000\,€ * 100\,\% \\
&= 84,4\,\% = 0,844
\end{aligned}
$$

Diese **Liquidität zweiten Grades sollte nun wirklich über oder in der Nähe von eins** liegen, um die Banker – und uns – ganz zu beruhigen. Wir sehen also, dass Antonia doch noch ein bisschen an ihrer Bilanz arbeiten muss, um möglichst perfekt auszusehen. Was könnte sie tun?

Nun, das Leichteste ist immer, kurzfristige Verbindlichkeiten in langfristige umzuwandeln, so dass es ihr nicht passieren kann, dass morgen plötzlich Geldgeber vor ihrer Tür stehen und mehr Geld wiederhaben wollen, als Antonia flüssig hat. Genau deswegen haben wir ja mit Antonia diese Liquiditätsgrade durchgerechnet. Es würde also Sinn machen, mit den Kantonalbankern den Dispositionskredit in einen längerfristigen Kredit für die Vorratshaltung umzuwandeln, so dass Antonia in Ruhe arbeiten kann.

Nach zwei Liquiditätsgraden kommt der dritte – und so ist es auch. Denn netterweise gibt es noch eine Zahl, die auch die Vorräte mit berücksichtigt. Man kann streiten, ob das Sinn macht oder nicht: Wie schnell wäre Antonia im Ernstfall in der Lage, die vorhandenen Zutaten oder unfertigen Brötchen fertigzustellen und zu verkaufen? Wenn ich der Gläubiger wäre, hätte meine Geldforderung sicherlich noch die Woche oder auch zwei Wochen Zeit, so dass Antonia auch ihre Vorräte in flüssige Mittel umwandeln kann. Allerdings, das muss hier kritisch angemerkt werden, wenn die Vorräte mit herangezogen werden müssen, um eine plötzlich fällige Forderung zu begleichen, stellt sich natürlich die Frage, was mit der weiteren Vorratshaltung geschieht? Denn um weiterhin Brötchen und Brote zu verkaufen, sind ja wiederum genau diese Vorräte nötig. Sie sehen also, auch das ist ein schwieriges, weil weites Feld. Ich will Ihnen dennoch der Vollständigkeit halber auch die **dritte Liquidität** namens Current Ratio vorstellen:

$$\text{Liquidität Grad 3} = \frac{\text{Umlaufvermögen :}}{\text{kurzfristige Verbindlichkeiten}}$$
$$= 83.299,02 \, \text{€} : 43.000 \, \text{€} * 100 \, \%$$
$$= 194 \, \% = 1,94$$

Sie sehen schon, hier sieht Antonia gleich viel besser aus. Und in der Tat: Die Liquidität dritten Grades sollte auf jeden Fall größer oder gleich eins sein; eine sogenannte „Bankers Rule"[25] erwartet hier eine Zwei vor dem Komma. Auch da ist Antonia ja dicht dran, also gibt es keinen Grund zur Besorgnis.

Alle drei vorgestellten Kennziffern helfen uns, sehr schnell zu erkennen, ob und wo ein Unternehmen eine knappe Stelle in Sachen Zahlungsfähigkeit besitzt. Leider werden solche Zahlen an der Börse oft nur in wirtschaftlich schlechteren Zeiten von den Anlegern beobachtet – da diese Zeiten jedoch regelmäßig wiederkommen, war es mir wichtig, sie Ihnen vorzustellen.[26]

Altman's Z-Score:
nicht der letzte im Börsenalphabet

In meiner eigenen Börsenpraxis habe ich es mir mit den Bilanzen besonders leicht gemacht. Dank einem Herren namens Altman ging das Ganze nämlich mit einer einzigen Kennziffer ab, dem sogenannten Altman-Z-Score. Diese Kennzahl (engl.: score) fasst mehrere Kennziffern in einer Formel zusammen, so dass sich anschließend die verschiedensten Unternehmen anhand dieser einen einzigen Zahl gut vergleichen lassen. Ja mehr noch: Die Idee des Altman-Z-Scores war ebenfalls, die Ausfallwahrscheinlichkeit eines Unternehmens anzugeben. Es ist zwar heute nicht mehr belegt, dass die aus den 70er-Jahren stammenden Grenzwerte funktionieren – eine Orientierung bieten sie jedoch allemal.

Falls Sie selbst mal Lust haben, so einen Wert zu berechnen (wir Fondsmanager hatten das Glück, die Zahlen von der Finanzsoftware Bloomberg gestellt zu bekommen), hier ist – der Vollständigkeit dieses Buches geschuldet – die Formel:

$$Z = 1,2\ A + 1,4\ B + 3,3\ C + 0,6\ D + 0,999\ E$$

A = (Umlaufvermögen –
  kurzfristige Verbindlichkeiten) : Bilanzsumme

B = einbehaltene Gewinne : Bilanzsumme

C = EBIT : Bilanzsumme

D = Marktkapitalisierung : Verbindlichkeiten

E = Umsatz : Bilanzsumme[27]

Und, fällt Ihnen was auf? Nun, wir entdecken ein paar alte Bekannte wieder. Die Variable C z. B. können wir als operativen Return on Assets verbuchen, setzt sie doch das operative Betriebsergebnis vor Steuern und Zinsen (EBIT) ins Verhältnis zur Bilanzsumme (den Assets). Die Marktkapitalisierung ist nichts anderes als der an der Börse täglich festgestellte Wert des Eigenkapitals, sich berechnend aus: Aktienanzahl mal Aktienkurs. Das beleuchten wir später, im Kapitel „Neue Besen kehren gut? Wir gehen an die Börse", noch ganz genau.

Die Idee von Herrn Altman mit seinem Z-Score war, eine einzige Zahl zu berechnen, die auf einen Blick die Wahrscheinlichkeit, dass dieses Unternehmen Konkurs gehen könnte, angab. Als er die Formel erfand, galt ein Wert von 1,8 als Grenze zwischen gut und schlecht. Unternehmen mit einem Altman-Z-Score unter 1,8 galten als hochgradig insolvenzgefährdet, Firmen mit einem Z-Score über 2,7 als quasi überhaupt nicht gefährdet. Heute gelten diese Schwellenwerte nicht mehr ganz so klar und es gibt auch ein paar andere Gewichtungen, um den Altman-Z-Score zu berechnen; man kann sich jedoch merken, dass die bilanzielle und damit finanzielle Situation eines Unternehmens umso besser ist, je höher der Altman-Z-Score ist. Das und weil er viele Sub-Kennziffern in sich vereinigt, machte diese Zahl für mich so hilfreich.

Echte versus unechte Gewinne: Wahlfreiheiten in der Bilanzierung und Berechnung von Gewinnen

Ein Mathematiker und ein Controller bewerben sich um eine Stelle. Der Vorstandschef bittet zuerst den Mathematiker herein und fragt: „Was ist zwei plus drei?" Der Mathematiker geht zum Flipchart, leitet das Ergebnis ordentlich ab und kommt zu dem Ergebnis „fünf". Der Vorstandschef bedankt sich für die Ableitung und bittet nun den Controller herein. Als der Controller die Frage vernommen hat, stürzt er zu den Fenstern, schließt die Rollos und fragt dann: „Was soll's denn sein?" Er hat den Job bekommen.

Unbekannt (gekürzt)[28]

Was will uns diese Parabel sagen? Offensichtlich hat ein Buchhalter einen gewissen Spielraum, was die Erstellung der wichtigen Zahlen, vor allem jedoch des Gewinns, angeht. Dieser Spielraum betrifft z. B. die jährlichen Abschreibungen auf das Anlagevermögen der Firma. Im Fall von Anton ist es ja so, dass das schöne Holzmobiliar seines Bäckereiladens jedes Jahr etwas weniger wert wird – durch Abnutzung oder Beschädigung oder einfach Alterung. Dem muss er in seiner Bilanz nun irgendwie Rechnung tragen. Wie, dafür gibt es in den meisten Ländern durchaus Wahlmöglichkeiten:

▶ **Lineare Abschreibung:** Es wird von vornherein eine feste Zeit festgelegt, nach der das Mobiliar wertlos ist, z. B. zehn Jahre. In diesem Fall reduziert sich der Wert in der Bilanz jedes Jahr um ein Zehntel des Anschaffungswertes. Damit, wie wir später an Antonias Beispiel sehen, wird während dieser zehn Jahre jedes Jahr ein gleich hoher Betrag an Wertverlust in der GuV berücksichtigt.

▶ **Geometrisch-degressive Abschreibung:** Hier verringert sich der Wert der Anlagen jedes Jahr um einen bestimmten Prozentsatz vom Vorjahreswert. Das bedeutet, dass der Abschreibungsbetrag jedes Jahr unterschiedlich ist; am Anfang am höchsten, und dann jedes Jahr etwas kleiner werdend. Dabei darf – zumindest in Deutschland – dieser Prozentsatz 25 % nicht übersteigen. So sichert man eine ebenfalls möglichst gleichmäßige Abschreibung über die jeweiligen Jahre.

▶ **Bewertung zu Marktpreisen:** Diese Art der buchhalterischen Bewertung ist nicht in allen Ländern und meist nur für bestimmte Gegenstände des Anlagevermögens erlaubt und üblich. Oft findet sie in der Bewertung von Wertpapieren Anwendung, da dort ein täglich abzulesender Marktpreis existiert. Diese Bewertungsmethode verursacht etwas mehr Aufwand, da jeweils zum Bilanzstichtag der Wirtschaftsprüfer eine Schätzung des Marktpreises vornehmen muss – also des Preises, den das Anlagegut an diesem Tag bei Verkauf am freien Markt erzielen würde. Das funktioniert natürlich besonders gut bei Gütern, die tatsächlich auf einem freien Markt gehandelt werden, wie z. B. Wertpapiere jeglicher Art. Im Fall von Antonias Mobiliar und Geräten ist es schon schwieriger. Hier könnte man vielleicht auf Verkäufe anderer Bäcker zurückgreifen oder auch mal bei eBay schauen, ob dort jemand ähnliche Möbel und Backgeräte versteigert hat. Dennoch ist eine Bewertung zu Marktpreisen hier nicht angebracht, denn jede Bäckereiausstattung ist individuell und an den Laden selbst gebunden, so dass ein echter Marktpreis nicht existiert. Nichtsdestotrotz werden wir das am Beispiel ausprobieren, um Vor- und Nachteile kennenzulernen.

Sehen wir uns Antonias Situation an. Angenommen, das Finanzamt lässt ihr die Wahl zwischen der linearen Abschreibung über zehn Jahre, weil so ein Bäckereiinterieur doch recht schnell altert und abgenutzt wird, und der marktorientierten Neubewertung in jedem Jahr. Dann würden sich folgende zwei Varianten ergeben: im Fall der linearen Abschreibung 10.000 € Abschreibung in jedem Jahr (ein Zehntel der Anschaffungskosten von 100.000 €), bis nach zehn Jahren der Wert ganz auf null geschrieben wurde:

Tabelle 27: Lineare Abschreibung Antonia				
Jahr	**Anfang**	**1**	**2**	**3–7**
Abschreibung:	*linear*	100.000 € : 10	10.000 €	10.000 €
Restwert:	100.000 €	90.000 €	80.000 €	...
Jahr	**8**	**9**	**10**	
Abschreibung:	10.000 €	10.000 €	10.000 €	
Restwert:	20.000 €	10.000 €	0 €	

Die Möglichkeit der marktorientierten Bewertung ist etwas schwieriger für Antonia, denn hier muss sie jedes Jahr aufs Neue den aktuellen Wiederverkaufswert schätzen lassen – und wie macht man das, wenn man nur eine von zwei Bäckereien in einem kleinen Dorf in den Schweizer Alpen ist? Nun, man sucht sich Vergleichsmöglichkeiten oder zieht einen Gutachter zurate, der idealerweise ein unabhängiger Wirtschaftsprüfer ist. Dieser wird beispielsweise bei Zwangsversteigerungen oder Aktionshäusern wie eBay nachschauen, welche Preise für welches Alter von vergleichbarem Bäckereimobiliar erzielt wurden. Möglich ist auch, die Einzelteile jeweils einzeln zu bewerten und dann die gefundenen Werte zu addieren. Ein Backofen allein verkauft sich vielleicht leichter als gleich ein ganzer Bäckereiladen.

Möglicherweise sehen Antonias Abschreibungen bei dieser Form der Gebrauchtwarenbewertung dann so aus:

Tabelle 28: Abschreibung nach Marktwert Antonia				
Jahr	**Anfang**	**1**	**2**	**3**
Abschreibung:	*Marktwert*	30.000 €	20.000 €	15.000 €
Restwert:	100.000 €	70.000 €	50.000 €	35.000 €
Jahr	**4**	**5**	**6**	**7**
Abschreibung:	10.000 €	–5.000 €	13.000 €	10.000 €
Restwert:	40.000 €	45.000 €	32.000 €	22.000 €
Jahr	**8**	**9**	**10**	
Abschreibung:	9.000 €	7.000 €	6.000 €	
Restwert:	13.000 €	6.000 €	0 €	

Sie sehen, dass hier der jährliche Abschreibungsbetrag immer wieder anders ist, je nachdem, wie sich der aktuelle Marktwert seiner Anlagen entwickelt hat. Ich habe das absichtlich ein bisschen volatil gestaltet, um den Unterschied zur linearen Abschreibung deutlich zu machen. Im ersten Jahr, also kurz nach dem Kauf und Einbau der Innendekoration, fällt diese schon um 30 % an Wert – das kennen Sie auch vom Unterschied zwischen Neu- und Jahreswagen bei Automobilen. Im fünften Jahr ohne Abschreibung war die benachbarte Bäckerei durch einen Brandunfall zu Schaden gekommen, und man hatte Antonia für ihren Laden daher den Preis von 45.000 € geboten. Antonia wollte zwar nicht verkaufen, aber für dieses eine Jahr konnte der Marktwert daher anhand dieses Gebotes festgesetzt werden.

Was hat das nun alles mit unserem Gewinn zu tun? Nun, die Abschreibungen belasten den Gewinn direkt, da sie doch vom Bruttoerlös abgezogen werden müssen. Denn Antonias schöne Holzinnenmöbel fallen ja im Wert, je mehr Kratzer und Schrammen hinzukommen oder mal ein paar Lampen oder Geräte ganz kaputtgehen. Der Restwert in der Bilanz soll ja auch Hinweis sein für den Investor, wann es eventuell wieder nötig ist, die Bäckerei aufwendig neu zu restaurieren – und ob Antonia die nötigen Mittel dafür beiseitegelegt hat. Kein Kunde möchte doch in einer dreckigen, verschrammten Bäckerei ein verbranntes Brot kaufen, weil der Ofen erste Macken hat!

Die Abschreibungen belasten also direkt den Gewinn und sind daher so wichtig. Denn ein und dieselben Umsatzerlöse können zu völlig unterschiedlichen Gewinnen führen! Nehmen wir also zur Verdeutlichung an, Antonias Betriebsgewinne (EBITDA) in den ersten zehn Jahren seien immer gleich groß gewesen und hätten sich pro Jahr um die 45.888 € bewegt. Wie sähe dann der Gewinn nach Abschreibungen – das uns schon bekannte EBIT – aus?

Im Fall der linearen Abschreibung, wo ja jedes Jahr der gleiche Betrag abgezogen wird, ist das noch einfach, und Antonia erzielt jedes Jahr ein EBIT von 35.888 €:

Tabelle 29: EBIT bei linearer Abschreibung Antonia					
Jahr	Anfang	1	2	3–9	10
EBITDA		45.888 €	45.888 €	45.888 €	45.888 €
Abschreibung:	linear	10.000 €	10.000 €	10.000 €	10.000 €
EBIT		35.888 €	35.888 €	35.888 €	35.888 €

Bei der Bewertung nach Marktpreisen wird es hingegen schon etwas schwieriger:

Tabelle 30: EBIT Abschreibung nach Marktwerten Antonia				
Jahr	**Anfang**	**1**	**2**	**3**	**4**
EBITDA		45.888 €	45.888 €	45.888 €	45.888 €
Abschreibung:	*Marktwert*	30.000 €	20.000 €	15.000 €	10.000 €
EBIT		15.888 €	25.888 €	30.888 €	35.888 €
Jahr	**5**	**6**	**7**	**8**	**9**
EBITDA	45.888 €	45.888 €	45.888 €	45.888 €	45.888 €
Abschreibung:	−5.000 €	13.000 €	10.000 €	9.000 €	7.000 €
EBIT	50.888 €	32.888 €	35.888 €	36.888 €	38.888 €

Sie sehen, dass hier der Gewinn nach Ab- und Zuschreibungen, das EBIT, deutlichen Schwankungen unterliegt. So gibt es Jahre mit kleineren Gewinnen (wie beispielsweise das erste) und ebenso andere Jahre mit hohen Gewinnen (wie das fünfte und neunte Jahr). Ein ganz anderes Bild, das der mögliche Investor da erhält – obwohl „unten drunter", also im tatsächlichen Unternehmen namens „Hedwigs Backwaren", nichts anderes passiert ist, als dass Antonia fleißig und konzentriert ihre Brötchen, Brot und Torten gebacken und verkauft hat.

Deswegen sind viele Börsianer den klassischen Kennziffern wie dem Vorsteuergewinn (EBIT), dem Jahresüberschuss (engl.: net profit) oder dem Gewinn je Aktie (engl.: EPS = Earnings per Share) skeptisch gegenüber eingestellt. Ich persönlich teile diese Skepsis nicht, unter anderem deswegen, weil sich immer mehr Unternehmen internationalen buchhalterischen Standards unterworfen haben, so dass die regionalen Unterschiede nicht mehr so zur Geltung kommen und Gewinnzeilen auch ganz verschiedener Unternehmen aus In- und Ausland immer besser miteinander vergleichbar geworden sind. Ehrlich gesagt, war ich immer ein Fan von EBIT und EPS – aufgrund ihrer Schlichtheit und klaren Aussage. Für skeptische Investoren gibt es jedoch andere Möglichkeiten, auf die sie sich stützen können. Davon berichtet das nächste Kapitel.

Nur Bares ist Wahres?
Wir führen den Cashflow ein

Cash (engl.): das Bargeld, die Barzahlung,
die Geldmittel, die Kasse,
der Kassenbestand, **flüssige Mittel**

Flow (engl.): der Abfluss, der Ablauf, die Bewegung,
der Durchfluss, der Fluss, die Strömung,
der Strom, die Verkehrsleistung[29]

Die Wahlfreiheiten, die ich Ihnen am Beispiel der Abschreibungen auf längerfristige Anlagen des Unternehmens demonstriert habe, existieren für die Buchhalter auch auf anderen Gebieten, beispielsweise bei der Berechnung von Pensionsverpflichtungen gegenüber den Arbeitern oder der Bewertung von Vorräten. Ein weiterer Grund, den Angaben für EPS (Gewinn je Aktie) oder EBIT (Vorsteuergewinn) zu misstrauen oder zumindest kritisch gegenüber eingestellt zu sein. Hinzu kommen nun noch regionale Unterschiede – z. B. bei Steuersätzen oder Abschreibungs- und Bewertungsverfahren. Wie soll man in diesem ganzen Durcheinander den Überblick behalten, geschweige denn verschiedene Firmen miteinander vergleichen können?

Deswegen konzentrieren sich viele Experten auf etwas, das sich nicht so leicht hin- und herschieben lässt: den tatsächlichen Fluss der Zahlungsmittel, auf Englisch kurz und prägnant „cash flow" genannt. Unterschieden wird dabei zwischen dem „operating cash flow", d. h. den Zahlungsströmen, die dem tatsächlichen Geschäft des Unternehmens zuzuordnen sind, und dem „financial cash flow", wo es um Zinszahlungen, Kredite, Kreditverlängerungen und Ähnliches geht.

Wie sähe nun der operative Cashflow aus in unserem Beispiel für Antonia? Wir ändern die Ausgangssituation, nämlich in der Art, dass Antonia von dem Schreiner, der die Inneneinrichtung ihrer Bäckerei hergestellt und installiert hat, keinen Lieferantenkredit bekommen hat, sondern stattdessen einen kurzfristigen Kredit von der Schatzhausener Kantonalbank zu deren Zinssatz von 8 % pro Jahr. Vereinbart wurde, dass Antonia ihre Einrichtung in den ersten drei Jahren abzahlt:

Tabelle 31: Cashflow Antonia Jahr 1 bis 3			
Jahr	1	2	3
Betriebsgewinn (EBITDA)	45.888 €	45.888 €	45.888 €
Kreditzahlungen	–33.333 €	–33.333 €	–33.333 €
operativer Cashflow	12.555 €	12.555 €	12.555 €
Zinszahlungen	–8.000 €	–5.333 €	–2.667 €
Steuern	–2.789 €	–3.055 €	–3.322 €
Netto-Cashflow	1.766 €	4.166 €	6.566 €

Danach, also ab dem vierten Jahr, kann Antonia demzufolge die Früchte ihrer Arbeit genießen, denn die Betriebs- und Geschäftsausstattung ist bereits komplett abgeschrieben und abbezahlt:

Tabelle 32: Cashflow Antonia ab Jahr 4			
Jahr	4	5	...
Betriebsgewinn (EBITDA)	45.888 €	45.888 €	45.888 €
Kreditzahlungen	0 €	0 €	0 €
operativer Cashflow	45.888 €	45.888 €	45.888 €
Zinszahlungen	0 €	0 €	0 €
Steuern	–3.589 €	–3.589 €	–3.589 €
Netto-Cashflow	42.299 €	42.299 €	42.299 €

Beachten Sie, dass sowohl die Kreditrückzahlungen als auch die Zinszahlungen natürlich wegfallen, wegen des dann höheren Gewinns aber die Steuern entsprechend steigen. Am operativen Gewinn (oder Betriebsgewinn) ändert sich nichts, da wir der Einfachheit halber von einem über die ersten zehn Jahre konstanten Umsatz sowie konstanten operativen Kosten ausgegangen sind.

Hat sich die Lage für den Investor nun wesentlich verbessert? Einerseits ja, andererseits nein. Einerseits ja, weil er nicht mehr in den Details von Antonias jährlichem Geschäftsbericht nach den gewählten Abschreibungs- und Bewertungsverfahren suchen muss. Andererseits nein, weil er nun, um Antonia fair zu bewerten und womöglich mit Reto zu vergleichen, gleich mehrere Jahre hinzunehmen muss. Denn der Blick auf nur ein einziges Jahr ist jetzt irreführend: So würde man in den ersten drei Jahren wahrscheinlich die Nase rümpfen ob der nur niedrigen Cashflows, die Antonia einfährt. Ab Jahr vier dann sieht die Welt plötzlich recht rosig aus für „Hedwigs Backwaren"-Geschäft, wenn man auf den Cashflow schaut. Wie alles im Leben hat eben auch dieses Konzept Vor- und Nachteile. Oftmals sind Zahlen zum Jahresüberschuss oder Gewinn je Aktie einfacher zu finden, so z. B. in den meisten Anlegerzeitungen. Die fortschrittlicheren unter den Börsenmagazinen veröffentlichen jedoch auch Daten zum Cashflow, so z. B. *Börse Online* in den Aktienlisten am Ende jedes Heftes.

Das Konzept des Cashflows ist im Übrigen bei vielen institutionellen Investoren recht beliebt, eben weil die „Fälschungs-" oder Schönrechnungsmöglichkeiten so viel geringer sind und man daher eher weiß, woran man mit dem Unternehmen wirklich ist. Außerdem erstellen die meisten von ihnen sowieso Modelle über mehrere Jahre, was die hohen Schwankungen zwischen den einzelnen Jahren gut ausgleicht.

Cashflow versus Buchgewinne: Was sagt die Börse eigentlich dazu?

Wie wir im vorigen Kapitel gesehen haben, haben beide Konzepte – der Fokus auf berichtete Gewinne (reported EPS[30] z. B.) ebenso wie die Konzentration allein auf die Zahlungsströme (Cashflow) ihre Vor- und Nachteile. Es gibt eben nirgendwo etwas umsonst – jede Medaille hat auch ihre „andere Seite".

Was sagt nun eigentlich die Börse dazu? Welches Konzept findet unter Investoren die meisten Freunde, und vor allem, welches Konzept favorisiert „der Markt", sprich die Mehrheit der Börsianer? Diese Frage wurde bereits 1996 von einem Wissenschaftler namens R. Sloan gestellt.[31] Er teilte die Aktien in zwei Gruppen ein: Firmen mit hohen Abgrenzungsposten (engl.: accruals), also großem Unterschied zwischen den berichteten Gewinnen und den tatsächlichen Zahlungsströmen, und Firmen mit niedrigen accruals, wo Cashflow und berichteter Gewinn eher dicht beieinanderliegen. Dann verglich er die Performance dieser beiden Aktienkörbe über einen Zeitraum von 31 Jahren und fand eine doch sehr deutlich eindeutige Antwort: In diesem Zeitraum gab es nur ganze drei Jahre, in denen die Aktien der Firmen mit hohen accruals die Aktien der Firmen mit niedrigen accruals outperformten. Mehr noch, die Renditedifferenz zwischen den Firmen mit niedrigen accruals und denen mit hohen accruals betrug im Schnitt über 10 % – und das ist ziemlich viel, wie wir später noch erfahren werden. Seine Ergebnisse **plädieren also für die Verwendung des Cashflows als Erfolgsindiz** – oder, genauer noch, für eine positive Bewertung von Firmen, bei denen sich der Betrag des Cashflows kaum vom Betrag des Gewinns unterscheidet.

Zu ähnlichen Ergebnissen kamen vier Jahre später Houge und Louhgran.[32] Sie machten es sich noch einfacher und verglichen Unternehmen mit hohem Cashflow mit Unternehmen mit niedrigem Cashflow miteinander. Hier betrug die Performancedifferenz knapp über 8 % zugunsten der Aktien mit hohem Cashflow.

Was lernen wir daraus? Nun, der **Fokus auf den Cashflow macht Sinn** und führt zur Auswahl von Aktienkörben, die den Keim zur Outperformance in sich tragen. Die Börse weiß eben starke Zahlungsströme zu honorieren. Das heißt noch nicht, dass die Auswahl nach Kurs-Gewinn-Verhältnissen nicht das Gleiche leistet – aber dazu später mehr.

Hilfe, die Kasse brennt!
Oder: Muss negativer Cashflow gleich ein Problem sein?

Wenn die Zeiten schlecht und die Wellen an den Börsen rau werden, braucht man Kennziffern, die relativ schnell beantworten können, wann und ob ein Unternehmen in ernsthafte Schwierigkeiten kommt. Unter anderem dafür haben wir uns die ganze Mühe mit Kennenlernen einer Gewinn-und-Verlust-Rechnung sowie der Bilanz gemacht. In diese wollen wir immer tiefer hinabsteigen, um die Edelsteine zu bergen – also die guten von den schlechten Unternehmen zu trennen.

Eine weitere Kennzahl, die sich direkt aus unserem Cashflow ergibt und vor allem bei jungen, hochinnovativen Forschungsunternehmen wie Biotechfirmen wichtig ist, ist der sogenannte **Cashburn**. Hier geht es tatsächlich darum, die Kasse zu „verbrennen" – denn solange diese

Firmen in der Forschungsphase sind, fallen oft nur Kosten an (für die Forschung und Entwicklung von Medikamenten z. B.), und die Erträge in Form von tatsächlichen Verkäufen lassen noch auf sich warten. Das Wort „Cashburn" meint nichts mehr als den negativen Cashflow, der in jedem dieser Jahre anfällt und die liquiden Mittel in der Unternehmenskasse entsprechend aussaugt.

Muss das immer gleich ein Problem sein? Das hängt davon ab, wie groß die Kasse ist. Deswegen gibt man den Cashburn auch gern in Jahren an – nämlich in der Anzahl der Jahre, die es dauert, bis jene Kasse leer ist oder das Eigenkapital aufgezehrt ist. Selbst Antonia hat ja in unserem geänderten Beispiel in den ersten Jahren mit niedrigem Cashflow zu kämpfen – aber er ist niemals negativ, also droht für Hedwigs Backwaren keine Gefahr.

Hätten wir ein anderes Unternehmen gewählt, beispielsweise eine junge Biotechfirma, und herausgefunden, dass deren Cashburn derzeit drei Jahre besteht, dann wüssten wir jetzt, dass in diesen drei Jahren etwas passieren muss – eine Forschungsentdeckung z. B., die dann zu möglichen Verkäufen oder Medikament-Umsätzen führt. Finden die jungen Spunde in der Zeit nichts, muss die Firma entweder liquidiert oder neues Kapital zugeführt werden – denn das bisherige Eigenkapital ist dann aufgezehrt. Im schlimmsten Fall kann das den Totalverlust bedeuten, wenn Sie Aktionär dieser Firma sind; meistens jedoch wird einfach nur eine Kapitalerhöhung notwendig. Das bedeutet, dass Sie und andere neue Aktien des Unternehmens erwerben können – was jedoch gleichzeitig auch zur Folge hat, dass sich nun noch mehr Eigentümer den irgendwann einmal anfallenden Gewinn teilen müssen. Ihr Gewinnanteil wird also kleiner! Man nennt diesen Vorgang daher auch Verwässerung, wenn nicht die Altaktionäre durch ein Bezugsrecht, mit dem sie bevorzugt Aktien erwerben dürfen, entschädigt werden.

Wir merken uns: Cashburn, also hoher negativer Cashflow oder eine geringe Zahl von Jahren, bis die Kasse aufgezehrt ist, muss kein Problem sein, ist aber in der Regel ein Alarmsignal, das auf bald nötige Kapitalspritzen hindeutet – die uns Aktionäre entweder Geld oder Anteile am Gewinn kosten. Beides ist unerfreulich.

Neue Besen kehren gut?
Wir gehen an die Börse

Zehn Jahre sind vergangen, seit Reto und Antonia beschlossen hatten, sich selbständig zu machen. Der Erfolg war bei beiden überwältigend. Vor allem Antonia hat die Zeit und den immer weiter steigenden Bekanntheits- und Beliebtheitsgrad von Hedwigs Torte genutzt, um auch in anderen Dörfern Bäckereien aufzumachen oder bestehende Bäckereien zu kaufen. Jetzt ist aus dem einstmals kleinen Laden ein richtig großes Unternehmen geworden, das 30 Bäckereiläden sein Eigen nennt. Aufgrund der Größe ist Antonia in der Lage gewesen, 5 % bei den Materialkosten einzusparen (denn jetzt ist sie bei Mehl, Zucker etc. so ein Großabnehmer, dass die Lieferanten höhere Rabatte einräumen) ebenso wie 2 % bei Strom und Gas. Im Durchschnitt arbeiten 2,3 Leute in ihren Bäckereien (die 0,3 entsteht durch Springer, die immer da eingesetzt werden, wo grad Not am Mann ist – auch ein Vorteil der Größe), die Antonia inklusive Sozialabgaben 2.300 € kosten. So sieht heute die GuV von Hedwigs Backwaren aus:

Tabelle 33: GuV Antonia nach 10 Jahren	
Umsatz	**18.177.906,60 €**
– Materialkosten	–14.682.337,02 €
= Bruttoergebnis	3.495.569,58 €
– Strom und Gas	–68.400,00 €
– Miete	–360.000,00 €
– Personal	–2.070.000,00 €
= Betriebsergebnis	997.169,58 €
– Abschreibungen	–300.000,00 €
= op. Vorsteuerergebnis	697.169,58 €
– Zinsen	0,00 €
= Vorsteuerergebnis	697.169,58 €
– Steuern (10 %)	–69.716,96 €
= **Jahresüberschuss**	**627.452,62 €**

Wieder spricht Antonia bei den Schatzhausener Kantonalbankern vor, die mit der Zeit zu ihrer Hausbank geworden sind, und sucht nach Hilfe und Begleitung zum Börsengang. Sie plant, ihr erfolgreiches Konzept in noch weiteren Bäckereiläden umzusetzen, und braucht dafür entsprechendes frisches Eigenkapital.

Die Schatzhausener Banker sind begeistert. Nicht nur wegen der Aussicht auf Gewinne und Provisionen, sondern auch, weil sie in den letzten zehn Jahren viel Vertrauen in Antonia und ihre Geschäftsfähigkeiten gesammelt haben. Die Hedwigstorte konnte noch von keinem Konkurrenten überzeugend kopiert werden, daraus erklärt sich Antonias Siegeszug.

Mit welchem „Preis" geht Hedwigs Backwaren nun an die Börse? Das ist bei einem Börsengang der ganz spannende Punkt. Überhaupt ist ein Börsengang für die meisten Investoren eine recht aufregende Sache, bei der sie gerne mitmachen. In der Fachsprache wird das Neuemission, auf Englisch auch IPO – von Initial Public Offering – genannt. Ich denke, hier regt sich vor allem der Spieltrieb der Investoren, denn im Vorfeld wird oft nur eine Preisspanne festgelegt; ein Preisband, innerhalb dessen dann die potenziellen Aktionäre Gebote abgeben. So wird der tatsächliche Verkaufspreis der neuen Aktien erst am Eröffnungstag, dem Tag des ersten Handels an der Börse, bekannt, und daher kommt es auch zu den bekannten hohen Ausschlägen, wenn die Börse eben doch anderer Meinung ist als die Emittenten des Papiers.

Wie bestimmen die Kantonalbanker nun den richtigen Preis, und was meint „Preis" überhaupt? Antonias Eigenkapital hat sich in den letzten zehn Jahren sehr gut entwickelt, es beträgt mittlerweile knapp 5 Mio. € dank der angefallenen Gewinne. Etwa dieselbe Summe will Antonia an der Börse einsammeln, um mit einem Schlag eine kleine Bäckereikette von ebenfalls 30 Läden zu kaufen, die ihr angeboten wurde. Nehmen wir an, Antonia verteilt das vorhandene Eigenkapital auf fünf Millionen Aktien, so dass jede Aktie den Nennwert 1 € hat. Das Wort Nennwert bezieht sich dabei auf den Anteil am Grundkapital – so wie das Eigenkapital in der Bilanz steht und dort zu lesen ist.

Zur Kapitalerhöhung für den Börsengang brauchen wir also weitere fünf Millionen Aktien. Können wir die nicht einfach für 1 € je Aktie an neue Aktionäre verkaufen?

Theoretisch ginge das natürlich. Dann würde Hedwigs Backwaren beim IPO genau 5 Mio. € einnehmen oder 1 € je Aktie. Was würde das bedeuten?

Nun, jedem Aktionär steht ja ein Anteil am Gewinn zu. Und zwar entsprechend der Aktienanzahl, die er besitzt. Angenommen, Hedwigs Backwaren würde mit den 30 hinzuzukaufenden Läden genauso viel Gewinn machen wie mit den 30 schon im Besitz befindlichen – dann würden sich nach dem IPO genau zehn Millionen Aktionäre einen Gewinn von 1,2 Mio. € pro Jahr teilen. Jeder Aktie ist also ein Gewinn pro Aktie (engl.: **EPS** für Earnings per $\underline{S}$hare) von

1,2 Mio. € : 10 Mio. Aktien = 0,12 € je Aktie

zugeteilt. Daraus berechnen die Banker und Börsianer jetzt eine Zahl, die sehr spannend und sehr wichtig ist: das **Kurs-Gewinn-Verhältnis**, kurz auch **KGV** genannt. Es liegt in unserem Beispiel, wo wir ja auch die neuen Aktien für 1 € pro Stück verkaufen wollten, bei

KGV = Kurs : Gewinn
     = 1 € : 0,12 €
     = 8,33

Das ist nun das, was an der Börse als der Preis der Aktie bezeichnet wird. Und jetzt die Preisfrage: Ist acht nun teuer oder billig?

Ganz einfach: ein KGV von acht bedeutet, dass ich, wenn ich in diese Aktie investiere und (mal angenommen) die Gewinne immer gleich bleiben, nach acht Jahren mein komplettes Einsatzkapital schon wieder raus hätte. Eine vergleichsweise kurze Zeit! Denn momentan, d. h. im gar nicht so heißen August 2009, während ich diesen Text schreibe, liegen die meisten Kurs-Gewinn-Verhältnisse deutscher Aktien um die 18.[33] Der Fünfjahresdurchschnitt liegt bei 14 – das ist auch ein guter langfristiger Mittelwert, wie ich aus meiner Praxis weiß. Alles darunter ist günstig; alles unter zehn sogar sehr günstig.

Antonias Aktien wären für einen Kurs von 1 € pro Stück also sehr viel günstiger, als Aktien derzeit sind. Das ist per se nicht falsch, denn die Börsianer kennen ihr Unternehmen ja noch nicht gut und verlangen daher in der Regel einen Rabatt für das Unbekannte. Wie würden die Schatzhausener Kantonalbanker nun vorgehen?

Um einen sinnvollen Preis für Antonias Aktien festzulegen, würden schlaue Banker nach Kurs-Gewinn-Verhältnissen vergleichbarer Unternehmen suchen und, für das eben beschriebene höhere Risiko, vielleicht noch einen Abschlag von 10 % oder 20 % vornehmen. Angenommen, die Schatzhausener Kantonalbanker stellen fest, dass ein

KGV von zwölf für Antonias Geschäft angemessen ist. Wie errechnen wir daraus jetzt den Kurs ihrer Aktien? Ebenso einfach, wie wir vorhin das Kurs-Gewinn-Verhältnis ausgerechnet haben:

$$\begin{aligned} \text{Kurs} &= \text{Gewinn} \cdot \text{KGV} \\ &= 0,12 \, € \cdot 12 \\ &= 1,44 \, € \end{aligned}$$

Es macht also viel mehr Sinn, die neuen Aktien zu einem Preis zwischen 1,40 € und 1,50 € anzubieten – das entspricht (genauso gerechnet wie eben) einem KGV-Band von 11,7 bis 12,5, und die von den Kantonalbankern gewählte Zwölf liegt fein säuberlich in der Mitte. Gehen wir noch einen Schritt weiter in der Geschichte. Bei einer Neuemission legen die Interessenten ihre Orders hinein wie Gebote bei einer Auktion; und dann ist es Sache der Banker, den Preis festzustellen, bei dem man auch alle Aktien verkaufen kann. Angenommen, das wären tatsächlich 1,44 € gewesen. Dann würde Hedwigs Backwaren über den Börsengang

1,44 € (Preis je Aktie) · 5 Mio. (Anzahl neue Aktien) = 7,2 Mio. €

zugeflossen sein. Das ist mehr, als sie beabsichtigt hat, denn für den Kauf der 30 neuen Läden waren ja nur 5 Mio. € geplant. Die 2,2 Mio. € Mehreinnahmen fließen in die Kapitalreserve – vielleicht tun sich ja bald noch irgendwo andere schöne Kaufgelegenheiten auf.

Jetzt können wir gleich noch eine Vokabel klären: die **Marktkapitalisierung** nämlich. Kompliziert ausgedrückt meint man damit den Marktwert des Eigenkapitals – also wie die Börse derzeit das Eigenkapital einer Firma bewertet. Einfach ausgedrückt ist es die Anzahl der umlaufenden Aktien multipliziert mit deren momentanem Kurs. Man spricht auch von der Größe des Unternehmens. Für Hedwigs Backwaren heißt das nach dem IPO:

$$\begin{aligned} \text{Marktkapitalisierung} &= 10 \text{ Mio. Aktien} \cdot 1,44 \, € \\ &= 14,4 \text{ Mio. } €. \end{aligned}$$

Dieser Begriff ist wichtig, und er wird uns noch häufiger begegnen.

Und nun noch die spannendste Frage von allen: Hätten Sie beim IPO von Hedwigs Backwaren mitgemacht? Hätten Sie versucht, für 1,44 € (oder auch mehr oder weniger) Aktien zu bekommen? Anders gefragt: Was rät uns die Börsenerfahrung, wie man sich bei einem IPO verhält?

Auch wenn diese Frage natürlich in jedem einzelnen Fall individuell beantwortet werden sollte, können wir doch auch zur Antwortsuche wieder einen Blick in die Statistik werfen. Eine Studie[34] untersuchte 2.895 IPOs, die von Risikokapitalfirmen (engl.: venture capital) zwischen 1968 und September 1998 an den Aktienmarkt gebracht wurden. Obwohl die Finanzmarkttheorie höhere durchschnittliche Renditen als Kompensation für die höheren Unsicherheiten erwarten ließe, zeigten die untersuchten Börsengänge im Mittel nur eine durchschnittliche, oftmals sogar eine negative Performance. Kein Argument also, bei Antonia in unserem Fall Geld anzulegen.

Ein Gegenargument kommt aus China.[35] Obwohl die Autoren sich auch dort darauf berufen, dass in den meisten Aktienmärkten neu emittierte Aktien in der Zeit nach dem IPO eher erst mal underperformen, konnten sie diese Eigenheit für den chinesischen Markt nicht feststellen. Ganz im Gegenteil: Die Neuemissionen performten besser als vergleichbare Aktien, die schon länger am Markt waren. China ist ein noch recht junger Aktienmarkt, und die Vermutung liegt nahe, dass er deswegen seine Besonderheiten aufweist. Auch der, wie ich glaube, hohe Anteil an Privatinvestoren, die vielleicht länger an den neu erworbenen Aktien festhalten als institutionelle Anleger, mag dabei eine Rolle spielen. Aber Antonia will ja ihre Aktien nicht in China verkaufen!

Aus meiner eigenen Erfahrung weiß ich, dass um die meisten IPOs viel zu viel Trubel gemacht wird. Meines Erachtens regt sich da der Spieltrieb der Investoren, denn es ist ja ein kleines Lotteriespiel, weil man erst am ersten Handelstag den tatsächlichen Preis der Neuemission erfährt und weil oft IPOs starke Ausschläge an jenem ersten Tag erleben. Ab dann, also nach den ersten zwei, drei Handelstagen, wird es jedoch recht ruhig um die Neuemission. Sie beginnt, eine „ganz normale" Aktie zu werden, bei der nicht nur die fundamentale Entwicklung des Unternehmens eine Rolle spielt, sondern bald auch das Abschneiden bei verschiedenen Kennzahlen, die wir zum Teil schon kennengelernt haben. Ich persönlich habe mich – aufgrund der vielen Studien, die eine Underperformance von IPOs vor allem in den ersten zwei Jahren aufzeigen, und auch, weil ich meinen eigenen Spieltrieb dämmen wollte – bei IPOs eher zurückgehalten. Schließlich entstehen viele Kennzahlen, die ich, wie Sie in Teil II noch erfahren werden, zur Aktienauswahl benutzt habe, auch erst, wenn eine Aktie ein paar Monate an der Börse gelistet war.

Moment mal: Momentum?

„Bei dem Momentum muss man einfach drinbleiben." „Der Newsflow hängt leider über der Aktie." „Das Momentum ist total raus, da geht höchstens noch ein dead cat bounce." Solche und andere Redewendungen kann man hören, wenn man an der Börse unterwegs ist. Und weil das Wort „Momentum" unter Börsianern so elementar ist, soll es, auch wenn es für dieses Buch nicht zwingend notwendig ist, nicht unerwähnt bleiben.

Im Englischen bedeutet **Momentum** so viel wie Eigendynamik, Schwung, Stoßkraft, Wucht[36], während das Wort im Lateinischen mehr für Augenblick, Bedeutung, Bewegung und Gewicht[37] steht. Das hilft uns mit Blick auf die Börse nur wenig weiter. Als ich selber diesen Begriff nach meinem Einstieg bei der DWS das erste Mal hörte, konnte ich mir überhaupt nichts darunter vorstellen. Auch heute noch fällt es mir schwer, eine korrekte Definition zu finden. Am besten „übersetzt" man Momentum vielleicht mit **Rückenwind**. Gern wird auch der Begriff „relative Stärke" dafür benutzt. Eine Aktie, deren Kurs einen guten Aufwärtstrend zeigt, d. h. stetig nach oben läuft, hat ein gutes Momentum; eine Aktie, die eher seitwärts läuft und nur hoch und runter schwankt, hat gar keines. Logischerweise hat eine Aktie, deren Kurs über die letzten Wochen und Monate eher am Fallen ist, ein negatives Momentum. Man benutzt dieses Wort also im Zusammenhang mit – und zur Beschreibung von – Trends.

Momentum können aber nicht nur Aktienkurse, sondern beispielsweise auch Gewinne haben. Auch diese zeigen ja, wenn man sie im Zeitablauf betrachtet, eine gewisse Richtung und Dynamik. Gehen sie steil nach oben, ist ihr Momentum sehr gut; gehen sie eher nach unten, ist es das nicht. Genauso gut bescheinigt man Fondsmanagern oder Vermögensverwaltern ein gutes Momentum, wenn deren Fonds oder Geldanlagen sich gerade auf den vordersten Plätzen tummeln und sie mehr und mehr die Aufmerksamkeit der Öffentlichkeit auf sich ziehen.

Ein anderes Wort, das Börsianer gern verwenden, handelt vom „Newsflow". Damit ist der Strom an Nachrichten gemeint, der zu erwarten ist und von dem man davon ausgeht, dass er die Kursentwicklung der Aktie beeinflussen könne. Erwartete schlechte Nachrichten können eine Belastung für die Performance der Aktie sein und das Momentum verschlechtern, während gute Nachrichten für Auftrieb sorgen können – so der dahinter stehende Glaube. Newsflow ist also nur etwas für Börsianer, die glauben, Nachrichten machen Performance. Ich gehöre nicht dazu.

Das unschöne Sprichwort vom „dead cat bounce" beschreibt im Übrigen eine Aktie, die derzeit nicht von Interesse für die Börsianer ist, weil sie andauernd fällt oder am Boden kleben bleibt. Hier ist das Momentum raus; aber mal ein kleiner Sprung nach oben, wie bei einer toten Katze, die, wenn sie aus dem Fenster gefallen ist, auch noch mal nach oben hüpft, bevor sie endgültig liegen bleibt, ist durchaus gelegentlich noch drin. Sie sehen, es sind bildhafte, jedoch nicht immer schöne Gleichnisse, die die Börsianersprache schmücken.

Wenn die Minderheit gewinnt: Analysten und ihre Empfehlungen

Wir lassen wieder ein paar Jahre vergehen. Dank mehrerer geglückter Akquisitionen (so nennt man Zukäufe in der Unternehmensfachsprache) ist aus Hedwigs Backwaren ein ansehnlicher Börsenteilnehmer geworden. Mehr und mehr Analysten wurden auf sie aufmerksam und haben Kommentare abgegeben. Aber wer sind sie überhaupt, diese Analysten, von denen man so oft hört?

Es gibt zwei Sorten von Analysten: Die einen arbeiten für große Investmentbanking-Häuser, wie Goldman Sachs, Morgan Stanley oder auch die Deutsche Bank. Die anderen arbeiten direkt für Fondsgesellschaften, das kann die DWS sein oder Union Investment oder auch eine ausländische wie Capital oder Fidelity. Beide eint die Aufgabe, einen bestimmten Korb an Unternehmen, meist eine gewisse Branche, genau zu beobachten und konkrete Vorhersagen für die Gewinn- und Kursentwicklung des Unternehmens zu machen. Das äußert sich dann in konkreten Empfehlungen, was mit der Aktie zu tun ist, z. B. „Kaufen", „Halten" oder „Verkaufen". Aber auch Bewertungen wie „Strong Buy" (deutsch: starkes Kaufsignal) oder „Underperform" (deutsch: niedrigere Performance als der Markt) sind dabei möglich. Diese Empfehlungen fließen bei den Analysten von Fondsgesellschaften dann meist direkt in die Entscheidungen der Fondsmanager mit ein. Analysten von Investmenthäusern hingegen müssen erst mit ihren Studien und Empfehlungen hausieren gehen, sprich sich Fondsmanagern, Vermögensverwaltern und anderen Geldanlegern präsentieren. Dafür werden ihre Studien und Empfehlungen auch veröffentlicht und in der Zeitung erwähnt, während die „Haus-Analysten" der Fondsgesellschaften nur für die eigenen Fondsmanager Empfehlungen abgeben.

Ich persönlich habe inhaltlich nie viel auf Analystenmeinungen gegeben. Nicht weil ich sie nicht fachlich respektiert hätte. Ich habe einfach ab einem gewissen Zeitraum den Glauben daran verloren, dass es möglich ist, präzise Vorhersagen über Jahresüberschüsse und Aktienkurse zu machen. Im Kapitel „Fundamental versus quantitativ: Welche Prognosen machen Sinn?" kommt diese Diskussion noch ausführlich zur Geltung.

Warum erwähne ich das Feld der Analysten dennoch? Ihr Konsens, also die Meinung, die mehrheitlich vertreten wird, stellt eine schöne Orientierung dar, wo man besser nicht investieren sollte. Der Durchschnitt der Analystenempfehlungen, u.a. bei Yahoo! Finanzen[38] ablesbar, liefert einen sehr guten Indikator ab, wo sich die Mehrheitsmeinung des Marktes gerade befindet – eben weil ihre Empfehlungen in die Gedanken und Positionen der Fondsmanager einfließen. Und da an der Börse leider nie die Mehrheit, sondern immer nur eine Minderheit gewinnt, ist dieser Wert ein schöner Kontraindikator. Soll heißen: Wenn der Durchschnitt der Empfehlungen „Sell" (deutsch: verkaufen) lautet, dann sollte man sich diese Aktie unbedingt näher anschauen. In dem für dieses Buch entwickelten Modell findet dieser Analystenkonsens daher entsprechende Berücksichtigung.

Das soll jetzt nicht heißen, dass die Analysten in der Summe immer unrecht hätten. Nach meinem Gefühl gilt auch hier das 80:20-Prinzip: In 20 % der Fälle hat die Mehrheit recht, und die Aktienkurse entwickeln sich wie von den Analysten erwartet, und in 80 % der Fälle geschieht irgendetwas anderes. Es geht an der Börse ja immer um die Differenz zwischen Realität und Erwartungen, und auf einer Aktie, deren Mehrheitsmeinung „Kaufen" ist, lasten dadurch schon so hohe Erwartungen, dass eine positive Überraschung kaum möglich ist. Wie viel einfacher ist das bei Unternehmen, denen viele Analysten und Fondsmanager bereits den Rücken zugekehrt haben. Und darum geht es mir hier, wenn ich den Analystenkonsens als Kontraindikator vorstelle: Er repräsentiert die Erwartungen der Börse. Und weil es über die lange Sicht immer besser ist, da zu investieren, wo die Erwartungen gerade niedrig sind und viel Raum für positive Überraschungen lassen, ist dieser Indikator so wertvoll.

Der DAX:
ein „Tier", das Aktien im Korb bündeln kann

Seit die ARD in den zehn Minuten vor Beginn der „Tagesschau" eine Liveschaltung zur Deutschen Börse nach Frankfurt macht, haben auch Sie sicher schon vom DAX (ausgesprochen wie das Tier Dachs) gehört. Vielleicht wissen Sie auch schon, was oder wer damit gemeint ist. Der Vollständigkeit halber erwähne ich es hier dennoch.

Die Idee, Aktien in sogenannten Indizes zu bündeln, stammt aus dem Ende des 19. Jahrhunderts. Der älteste noch bestehende Index ist, kaum überraschend, ein amerikanischer: der Dow Jones Transportation Average. Er hat jedoch in der Welt weniger Bedeutung als sein jüngerer Bruder (und damit zweitältester Index), der Dow Jones Industrial Average, kurz auch nur Dow Jones genannt. Er stellt mit den in ihm enthaltenen 30 größten Aktien Amerikas einen der wichtigen Leitindizes der Welt dar.

Sein deutsches Pendant ist der **DAX**. Die Abkürzung steht für „Deutscher Aktienindex". Er enthält ebenfalls 30 Aktien und wurde 1988 erstmalig berechnet und veröffentlicht.

Weil es mittlerweile an den meisten Börsen Tausende von Aktien gibt, die dort gelistet sind, lag der Wunsch nahe, einen Marktüberblick zu finden – d. h. eine Größe, die angibt, was denn gerade der jeweilige Aktienmarkt für eine Performance im Durchschnitt hat. Dazu helfen Indizes. Heute spielen sie auch noch eine wichtige Rolle beim Vergleichen von Performancedaten. So kann im Vergleich von DAX und Dow Jones beispielsweise die unterschiedliche Performance deutscher und amerikanischer Aktien gesehen und bewertet werden.

Dabei muss man vorsichtig sein, wenn man Indizes miteinander vergleicht. Denn sie können sehr unterschiedlich zusammengesetzt sein und auch ganz anders berechnet werden. Der DAX beispielsweise ist ein sogenannter Performanceindex, weil er auch die Dividenden der Unternehmen mitberücksichtigt. Fällt eine Dividende an, wird einfach so getan, als reinvestiere man diese in die jeweilige Aktie. Der Dow Jones hingegen ist ein Kurs- oder Preisindex, was bedeutet, dass er Dividenden nicht mit enthält. Angenommen, es vergeht ein Jahr, ohne dass sich die Kurse verändern, dann hat der Dow Jones dennoch gegenüber dem DAX eine um die durchschnittliche Dividendenrendite schlechtere Performance hingelegt – einfach so, aufgrund der Berechnung.

Ein weiterer Unterschied bei Indizes ist die Anzahl der enthaltenen Aktien. Wie schon gesagt, hat der Dow Jones wie der DAX auch jeweils 30 Mitglieder. Ein anderer, für den amerikanischen Aktienmarkt immer mehr an Bedeutung gewinnender Index, der S&P 500, enthält, wie der Name schon andeutet, 500 Aktien. Der global wichtigste Aktienkorb MSCI World liegt bei über 1.000 davon.

Und drittens ist noch zu beachten, nach welchen Kriterien die Aktien in dem Korb gewichtet werden. Theoretisch könnte man ja eine Gleichgewichtung aller enthaltenen Aktien vornehmen. Das würde bedeuten, dass an jedem Tag der Index neu startet mit einem Gewicht von z. B. ein Dreißigstel je Aktie (bei einem Index mit 30 Mitgliedern). Diese Art der Gewichtung ist jedoch sehr aufwendig. Indexfonds – das sind Fonds, die den Index nachbilden und somit einem Anleger ermöglichen, genau in den jeweiligen Index zu investieren – müssten täglich Handelsgeschäfte tätigen, um die durch die unterschiedliche Performance der Aktien unterschiedlichen Gewichtungen am Ende oder Anfang eines jeden Tages wieder auf eine Ebene zu bringen. Deswegen werden die Aktien in den meisten Indizes nach Marktkapitalisierung zusammengestellt. Das bedeutet, dass eine Aktie, die heute 10 Mrd. € Marktkapitalisierung hat, doppelt so hoch gewichtet ist wie eine Aktie mit 5 Mrd. € Marktkapitalisierung. Dadurch verändern sich die Indexgewichtungen im Gleichschritt mit der Performance der Aktie, und Indexfonds müssen nur dann Handelsgeschäfte tätigen, wenn eine Aktie aus dem Index ausgeschlossen und durch eine neue ersetzt wird oder sich Marktkapitalisierungen aufgrund von Kapitalerhöhungen oder -herabsetzungen verändern.

Weitere wichtige Indizes in Deutschland, von denen Sie mal gehört haben sollten, sind der MDAX und der SDAX. Wie der Name schon beinahe verrät, bündelt der MDAX insgesamt 50 mittelgroße Unternehmen in sich und setzt damit direkt unter dem DAX an. Der SDAX hingegen hat Platz für die ganz kleinen Firmen, denn das S steht für die englische Bezeichnung Small Caps: Aktien mit kleiner Marktkapitalisierung, sprich niedrigem Börsenwert. Wenn Sie also die Performance einer deutschen Aktie mit vielleicht 2 Mrd. € Börsenwert mit einem Index vergleichen wollen, würde der MDAX ein gutes Barometer darstellen. Bei unter einer Milliarde bietet sich der SDAX an.

Schön und wichtig ist auch, dass man Indizes benutzen kann, um den Erfolg oder die Leistung von Fondsmanagern und anderen Geldanlegern zu messen. Wenn Sie beispielsweise in deutsche Aktien investieren wollen und dabei die Aktienauswahl einem Profi überlassen wollen, dann haben Sie zwei Möglichkeiten:

▶ Sie investieren in ein Indexzertifikat oder einen Indexfonds. Das bedeutet, dass eine Bank für Sie den Index genauestens nachbildet – die Gewichtung der Aktien im Index entspricht der Gewichtung der Aktien im Fonds. Hier entstehen Ihnen nur sehr geringe Kauf- und Verkaufsgebühren. So hat ein Indexfonds meist übers Jahr gesehen nur 0,2 bis 0,5 % Managementgebühr, während ein aktiv gemanagter Fonds selten unter 1,2 % zu haben ist. Dafür muss die Bank im Fall des Indexfonds ja nicht viel machen, denn die DAX-Zusammensetzung ändert sich in der Regel nur zweimal im Jahr.

▶ Sie vertrauen Ihr Geld einem sogenannten aktiven Geldverwalter an. Das kann ein Fondsmanager oder ein Vermögensverwalter sein. Ein Fonds besteht in der Regel aus mindestens 50 Aktien, manchmal können es auch bis zu 100 oder mehr sein. Die Idee dahinter war, einem Privatanleger auch mit wenig Geld die Möglichkeit zu geben, in einen breiten Aktienkorb zu investieren. Hier kann der Fondsmanager jederzeit die Gewichtung der Aktien beliebig verändern, ebenso wie es ihm freisteht, bestimmte Aktien überhaupt nicht zu besitzen oder Aktien hinzuzufügen, die der Index nicht enthält. Solche Fonds habe auch ich gemanagt.

Wenn Sie sich für das Zweite entscheiden, dann zahlen Sie mehr. Neben den höheren Managementgebühren fällt oft auch ein sogenannter Ausgabeaufschlag an – eine einmalige Gebühr von 1 bis 5 %, die direkt beim Verkauf fällig wird und in der Regel eine Provision an den Vertrieb darstellt. Für diese höheren Gebühren, die ein aktiver Fondsmanager von Ihnen als Kunde verlangt, wollen Sie natürlich jetzt auch eine besondere Performance sehen, richtig?[39] Aber wie kriegen Sie raus, ob Ihr Fondsmanager besonders gut arbeitet? Genau dafür sind die Indizes da. Wenn Sie sich für einen deutschen Aktienfonds entscheiden und er schafft nicht die Rendite vom DAX oder MSCI Germany, den es auch noch gibt, dann kann es sein (muss aber nicht), dass der Fondsmanager kein glückliches Händchen bei der Aktienauswahl gehabt hat. Es kann aber auch an den äußeren Umständen gelegen haben. Zum einen, weil im Fonds höhere Gebühren anfallen, die der Fondsmanager erst mal verdienen muss. Zum anderen, weil vielleicht das Fondsvolumen ein gewisses Hemmnis darstellt. Generell ist es so, dass ein Fonds desto einfacher und erfolgreicher zu handhaben ist, desto geringer das in ihm investierte Kundenvermögen ist. Große Fonds ab 1 Mrd. € Fondsvermögen sind einfach weniger flexibel und beeinflussen die eigenen Kurse bei Käufen und Verkäufen sehr stark. Ich habe das am eigenen Leib erfahren.

Vokabeln ahoi:
ein Wissenstest zum Abschluss

Geschafft! Herzlichen Glückwunsch dafür, dass Sie den ersten Teil dieses Buches abgeschlossen haben. Denn jetzt haben Sie sich nicht nur das nötige Rüstzeug, sondern auch das richtige Vokabular erarbeitet, um verstehen und mitreden zu können, wenn es um Aktien geht. Jetzt reden wir gemeinsam eine Sprache, und damit sind Sie bereit für Teil II: die Achterbahnfahrt durch den Börsendschungel, auf der Suche nach Überrenditen[40] oder einfach nur einer vernünftigen Anlage für Ihr Vermögen. Schnallen Sie sich also an!

Vorher können Sie jedoch Ihr erworbenes Wissen auf die Probe stellen. Ich habe versucht, die wichtigsten Themen und Fragen in dem folgenden kleinen Quiz unterzubringen – anhand derer Sie sich selbst jetzt testen können. Blättern Sie aber nicht zu schnell weiter, denn die Lösungen erhalten Sie gleich im Anschluss an unser Quiz. Viel Spaß und Erfolg!

Das Quiz

Als Basis unseres kleinen Quiz dient uns wieder unser selbst ausgedachtes, also fiktives Unternehmensbeispiel. Wir bleiben unseren zwei Schweizer Geschwistern treu und betrachten diesmal Retos Situation zehn Jahre nach der Gründung. Auch sein SkiXpress hat Früchte getragen und konnte in mehrere andere Dörfer hin erweitert werden. Mittlerweile zählen genau 111 Skilehrer, fünf Büros und fünf Sekretärinnen zu seinen Angestellten, so dass Reto einen Umsatz von knapp 1 Mio. € macht:

Tabelle 34: GuV Reto nach 10 Jahren		
Umsatz	**999.000,00 €**	Margen
− Zulieferung Dritter	−666.000,00 €	
= Bruttogewinn	333.000,00 €	33,3 %
− Strom und Gas	−6.000,00 €	
− Miete	−60.000,00 €	
− sonstiges Personal	−46.000,00 €	
= Betriebsgewinn	221.000,00 €	22,1 %
− Abschreibungen	−4.000,00 €	
= op. Vorsteuerergebnis	217.000,00 €	21,7 %
− Zinsen	−5.000,00 €	
= Vorsteuerergebnis	212.000,00 €	21,2 %
− Steuern (10 %)	−21.200,00 €	
= **Jahresüberschuss**	**190.800,00 €**	19,1 %

Daraus ergeben sich jetzt folgende Fragen für unser kleines Abschlussquiz:

Nummer Frage

1)   Wie hoch ist Retos Bruttomarge?
       a) 22,1 %   b) 33,3 %   c) 19,1 %

2)   Wie hoch ist Retos EBIT-Marge?
       a) 19,1 %   b) 22,1 %   c) 21,7 %

3)   Ist das eine vergleichsweise hohe oder niedrige Marge?

4)   Welche Position unterscheidet das EBITDA vom EBIT?

5)   Retos Eigenkapital beträgt 0,5 Mio. €. Wie hoch ist sein RoE ungefähr?
       a) 38 %   b) 50 %   c) 42 %

6)   Was würden Sie sagen: Ist Retos RoE eher vergleichsweise niedrig oder recht hoch?

7)   Zum Börsengang wird Retos Eigenkapital in Aktien zu einem Nennwert von 1 € verkauft. In wie viele Aktien wird das Eigenkapital aufgeteilt?
       a) 5 Mio.   b) 0,5 Mio.   c) 1 Mio.

8) Wie hoch ist der Gewinn je Aktie (engl.: EPS)?

a) 0,38 €   b) 0,50 €   c) 0,44 €

9) Angenommen, im kommenden Jahr plant Reto einen Gewinn von 0,50 € je Aktie. Seine Aktie wird an der Börse derzeit mit einem Kurs von 10 € gehandelt. Welchem KGV entspricht das?

a) 10   b) 15   c) 20

10) Empfinden Sie Retos Aktie als eher teuer oder billig?

11) Mittlerweile gehört Retos SkiXpress zu den bekannten großen Schweizer Unternehmen und es gibt daher insgesamt 20 Analystenempfehlungen. Davon sind 13 mit „Kaufen", fünf mit „Halten" und zwei mit „Verkaufen" betitelt. Würden Sie Retos Aktie kaufen? Warum?

12) Was lässt sich an der Eigenkapitalquote eines Unternehmens ablesen?

13) Welche Aussage enthält die Kapitalrendite?

14) Sie können in zwei Unternehmen investieren. Eins hat einen Altman-Z-Score von 0,3, das andere von 3,4. Welches gefällt Ihnen besser und warum?

15) Was ist die Marktkapitalisierung und wie wird sie berechnet?

Zusatz 1 Ein Freund diskutiert mit Ihnen darüber, ob man statt auf das KGV nicht besser auf das KCV (Kurs-Cashflow-Verhältnis) schauen sollte. Was ist Ihre Meinung dazu?

Zusatz 2 Sie berechnen für Reto die Liquidität dritten Grades, auch Current Ratio genannt, und kommen auf einen Wert von 0,5. Was lesen Sie daraus?

Zusatz 3 Reto plant, an sich selbst eine Dividende in Höhe von 300.000 € auszuschütten. Was würden Sie dazu sagen?

So, das wären alle Fragen gewesen! Die richtigen Antworten zur Auflösung erhalten Sie auf den nächsten Seiten.

Die Auflösung

Nummer	Frage

1)   Antwort b (33,3 %) ist richtig. Die Bruttomarge ist der Teil am Umsatz nach Berücksichtigung von Materialkosten, der beim Unternehmer bleibt: Bruttomarge = Bruttogewinn : Umsatz.

2)   Antwort c (21,7 %) ist richtig. Das EBIT ist das Ergebnis vor Zinsen und Steuern (engl.: Earnings before Interest and Tax). Es ist das operative Betriebsergebnis, das am meisten zum Vergleich von Unternehmen genutzt wird.

3)   Eine EBIT-Marge von 21,7 % ist vergleichsweise hoch. Momentan (August 2009) liegen die Margen der DAX-Aktien (ohne Finanzwerte) im Durchschnitt bei 9,4 %;[41] langfristige Durchschnitte sind selten über 15 %. Retos SkiXpress steht also vergleichsweise gut da und ist für schlechtere Zeiten gut gerüstet.

4)   Das EBITDA (engl.: Earnings before Interest, Tax, Depreciation and Amortization) wird als Ergebnis vor Abschreibungen, Zinsen und Steuern berechnet. Es unterscheidet sich vom EBIT also durch die Position der Abschreibungen (und Zuschreibungen).

5)   Die Eigenkapitalrendite RoE (engl.: Return on Equity) berechnet sich (nach Steuern) aus:

RoE = Jahresüberschuss : Eigenkapital * 100 %

und beträgt in Retos Fall daher 38 %. Antwort a ist also richtig. Antwort c ist auch nicht völlig falsch, denn manche Unternehmen weisen die Eigenkapitalrendite vor Steuern aus.

6)   Ein guter Mittelwert für die Eigenkapitalrendite liegt bei den deutschen Unternehmen des DAX in den letzten drei Jahren um die 15 %. Mit 38 % gehört Retos Unternehmen also deutlich zu den besseren. Irgendwas scheint er richtig zu machen!

7)   Wenn 0,5 Mio. € Eigenkapital in Aktien à 1 € Nennwert ausgeteilt werden, dann gibt es

0,5 Mio. € : 1 € = 0,5 Mio. Aktien.

Somit ist Antwort b richtig.

8)   Auf die 0,5 Mio. oder 500.000 Aktien entfällt der Jahresüberschuss von 190.800 €. Demzufolge beträgt der Gewinn je Aktie:

EPS = 190.800 € : 500.000 Aktien = 0,38 €.

Antwort a ist also richtig.

9) Das Kurs-Gewinn-Verhältnis, kurz KGV genannt, berechnet sich aus

KGV = Kurs : Gewinn je Aktie
= 10 € : 0,50 € = 20

Antwort c ist hier richtig.

10) Ein KGV von 20 ist eher teuer. Der langfristige Mittelwert deutscher und europäischer Aktien liegt um die 15. Es würde 20 Jahre dauern, das eingesetzte Kapital durch Retos Gewinne wieder hereinzubekommen.

11) Nun, da eine so eindeutige Mehrheit die Aktie zum Kauf empfiehlt, sollten Sie sofort skeptisch werden. Es muss nicht unbedingt gleich bedeuten, dass die Aktie sehr schlecht performt; jedoch wird es für Retos SkiXpress einfach sehr schwierig sein, den Markt noch positiv zu überraschen, wenn die Mehrheitsmeinung bereits so optimistisch gestimmt ist. Der hier dargestellte Analystenkonsens „Kaufen" stellt für mich eher ein negatives Argument zu Retos Aktien dar.

12) Die Eigenkapitalquote gibt an, wie viel Prozent des Unternehmenskapitals (der Bilanzsumme) durch Eigenkapital abgedeckt sind. Übliche Größen liegen hier bei 20 bis 30 %. Bei Finanzwerten, die von der Verleihung und Einlage von Geld leben, sind Werte von 5 bis 10 % üblich. Je kleiner die Eigenkapitalquote ist, desto höher ist die Wahrscheinlichkeit, dass es im Konkursfall völlig aufgebraucht wird und die Aktionäre einen Totalverlust erleiden.

13) Die Kapitalrendite zeigt die Qualität des Geschäftsmodells an. Eine hohe Rendite bedeutet, dass Wachstum zu sehr attraktiven Returns möglich ist. Sie ist somit nicht nur Schutz vor schlechten Zeiten wie die Margen, sondern weist eventuell auf hochrentable Wachstumsmöglichkeiten hin.

14) Beim Altman-Z-Score gilt ganz einfach: Je größer er ist, desto besser ist die Bilanz. Also ist das Unternehmen mit der 3,4 attraktiver und sicherer einzuschätzen. Bei 0,3 ist hingegen die Gefahr einer Insolvenz recht hoch einzuschätzen, denn es liegt unter dem kritischen Wert von 1,8 – hier muss vor einer Investition die Bilanz ganz genau geprüft werden.

15) Die Marktkapitalisierung zeigt den Börsenwert des Eigenkapitals und damit des Unternehmens an. Es ist der Preis, zu dem das Unternehmen heute von einem Dritten gekauft werden kann. Die Berechnung ist sehr einfach:

Marktkapitalisierung =
Anzahl der ausstehenden Aktien · Aktienkurs

Zusatz 1 Der Fokus auf den Cashflow hat den Vorteil, dass wir echte Zahlungsbewegungen und Geldströme messen. Hier ist weniger Raum für „Schönfärbung" durch Nutzung verschiedener Grauzonen bei der Buchhaltung. Andererseits sind Cashflows volatiler, d. h. schwanken stärker über die Jahre. Wenn man also lieber KCVs als KGVs mag, sollte man in die Betrachtung mehrere Jahre mit einbeziehen. Als Auswahlkriterium für gute Aktien haben sich beide bewährt.

Zusatz 2 Die Liquidität dritten Grades sollte unbedingt größer als eins sein, idealerweise sogar um die Zwei. Retos Bilanz ist schlecht gerüstet, falls seine Gläubiger ihre kurzfristigen Verbindlichkeiten plötzlich zurückfordern. Er sollte seine Aktiva weniger langfristig binden oder kurzfristige Verbindlichkeiten in langfristige umwandeln.

Zusatz 3 Die von Reto geplante Dividende ist höher als der Jahresüberschuss. Das bedeutet, dass er sich aus der Substanz des Unternehmens, dem vorhandenen Eigenkapital, eine Zulage genehmigt. Das ist in der Regel nicht üblich, denn die Dividende sollte der Gewinnsituation des jeweiligen Jahres angepasst sein.

Wie viele Antworten hatten Sie richtig? Wenn es um die zehn sind, liegen Sie schon sehr gut und können getrost weiterlesen. Wenn es weniger als sieben oder acht sind, sollten Sie vielleicht noch einmal in den Kapiteln zu den Themen nachschlagen, wo ich eine andere Lösung als Ihre vorgeschlagen habe. So oder so freue ich mich, dass wir nun gemeinsam zu den richtig spannenden und aufregenden Tatsachen und Fakten rund um wirklichen Börsenerfolg mit Aktien durchstarten können. Das Abenteuer geht weiter!

TEIL II

Wie funktioniert Börsenerfolg wirklich?
oder
Wie Sie im Haifischbecken überleben und die besten Bröckchen abbekommen

Einführung

„An der Börse zu handeln ist ein Geschäft, Punkt. Du bist im Geschäft,
um einen Gewinn zu machen, und nicht für einen billigen Kick. Sicher
macht es auch Spaß und ist stimulierend, aber der eigentliche Akt des
Handelns ist und sollte langweilig sein."

Trading Tools Report[42]

Nun geht es ans Eingemachte: Wie funktioniert Börsenerfolg überhaupt?
Was muss man wissen, was können, um erfolgreich zu sein im rauen
Meer, das von Haien und Karpfen (ja, ich weiß, dieser ist ein Süßwas-
serfisch …) nur so wimmelt? Ist es überhaupt möglich für jedermann,
wo doch Millionen erfahrener Trader, Analysten, Fondsmanager und
Investmentbanker weltweit den besten Renditen hinterherjagen? Gibt
es die eine Methode, oder mehrere, um zum Ziel zu kommen – seien
das nun hohe Extragewinne oder ein stabiler, ruhiger Kapitalerhalt?
Welche Fehler muss ich vermeiden, um mein Ziel zu erreichen? Und
wie schaffe ich das überhaupt?

Unser in Teil I erworbenes Wissen legen wir vorerst für eine Weile
beiseite. Es kommt wieder zum Vorschein und zur Anwendung, wenn
wir die wichtigsten Fallstricke kennengelernt haben, die uns davon
abhalten, an der Börse richtig durchzustarten. Denn am Ende dieses
Abschnitts kombinieren wir das Wissen aus Teil I mit den Erkenntnissen
aus Teil II zu einem machtvollen Werkzeug: einer Checkliste nämlich,
die Ihnen sagen kann, ob Sie diese oder jene Aktie kaufen sollen oder
nicht. Sie wissen ja schon aus den vorherigen Kapiteln, dass ich nicht nur
glaube, dass es Methoden gibt zu systematischem Börsenerfolg, sondern
auch, dass jedermann diese erlernen und anwenden kann. Vorausgesetzt,
Sie sind bereit, sich als Mensch und Persönlichkeit weiterzuentwickeln.
Denn das wahre Geheimnis aller „Börsenzauberformeln" sind nicht
die darin enthaltenen Strategien und Regeln. Diese sind oftmals sehr
einleuchtend und einfach anzuwenden. Entscheidend und spannend ist
aber, ob Sie es schaffen, wirklich kontinuierlich und über einen längeren
Zeitraum die Ergebnisse bzw. Empfehlungen einer „Zauberformel" anzuwenden und umzusetzen. Auch und gerade dann, wenn's schwer wird
und man Verluste macht oder schlechter performt als der Markt (oder
gute Freunde, was noch viel schlimmer sein kann). Das geht meiner
Meinung nach nur, wenn Sie wirklich verstanden haben, warum diese
spezielle Strategie Sinn macht und funktioniert – nur dann können Sie

diese sauren Zeiten, die jede Formel unweigerlich auch mit sich bringen wird, überstehen und ihr dennoch die Treue halten.

Zusätzlich zu meinen eigenen praktischen Erfahrungen werde ich empirische Studien zitieren, die untermauern, warum meine Börsenzauberformel – und die anderer Investoren – so funktioniert und nicht anders. „Empirisch" meint dabei, dass sich Menschen – meistens Wissenschaftler – hingesetzt haben und den jeweiligen Zusammenhang in einem möglichst großen Zeitraum an den tatsächlichen Börsenkursen der Vergangenheit untersucht haben. Nun ist es nicht zwangsläufig so, dass das, was in der Vergangenheit funktioniert hat, auch in der Zukunft so funktionieren wird. In der Tat gibt es eine gewisse Lernfähigkeit des Marktes, auch wenn sie langsamer und schwerfälliger ist, als man meinen möchte. Deswegen waren für mich immer zwei Aspekte wichtig, um die Gültigkeit einer Studie für die Zukunft zu akzeptieren und in ein Modell einzubauen:

▶ Der gefundene Zusammenhang musste inhaltlich **Sinn machen** und logisch sein.
▶ Die jeweilige Studie sollte dem gefundenen Zusammenhang eine **signifikante Outperformance** bescheinigen können.

Ein Beispiel: Sollten Wissenschaftler herausgefunden haben, dass im aktuell laufenden Börsenjahr die Aktien am besten performen, die ein hohes Kurs-Gewinn-Verhältnis haben, dann wäre das nichts, das meiner Meinung nach in einem Modell Berücksichtigung finden sollte. Denn wenn zwei Unternehmen in allen Variablen identisch sind und sich nur durch ihren Preis, also ihr Kurs-Gewinn-Verhältnis, unterscheiden, dann ist es logisch und wirtschaftlich richtig, das billigere Unternehmen dem teureren vorzuziehen. Wenn die Investoren derzeit anderes tun, dann ist das in der Regel eine Anomalie, die sich mit der Zeit wieder beruhigt.

Der zweite Punkt betrifft die tatsächlich gefundenen Ergebnisse einer Studie. Hier ist es wichtig, die Daten richtig zu lesen. Aktienmarktanalysen können auf zweierlei Art gemacht werden:

▶ **Marktneutral:** Bei einer marktneutralen Studie interessiert uns die Renditedifferenz zwischen den besten und den schlechtesten Aktien. Deswegen kauft man beispielsweise zehn Aktien und verkauft zehn andere Aktien mit der gleichen Gesamtgewichtung dagegen. Wenn nun die zehn gekauften Aktien beispielsweise eine positive Rendite von im Mittel 10 % aufgewiesen haben und die zehn verkauften

Aktien um durchschnittlich 5 % gefallen sind, dann haben wir eine marktneutrale Gesamtrendite von

$$10\ \% - (-5\ \%) = 10\ \% + 5\ \% = 15\ \%$$

erzielt. Diese Rendite muss mit der Nulllinie verglichen werden, denn unser Gesamtportfolio[43] war ja marktneutral (d. h., wir hatten **netto** kein Geld in Aktien investiert). Bei solchen Analysen geht es also um die absolute Performance. Ein marktneutrales Portfolio hat dann eine „Überrendite" erbracht, wenn seine Performance größer ist als null.

▶ **Nicht marktneutral:** Man stellt beispielsweise ein Portfolio aus zehn oder 20 Aktien zusammen. Die Performance dieses Korbes wird nun mit einem dazu passenden Marktindex, idealerweise in derselben Geografie oder Branchengewichtung, verglichen. Bei obigem Beispiel könnten wir die Performance des sogenannten Long-Portfolios (die gekauften Aktien) vergleichen mit dem DAX, wenn es sich ausschließlich um deutsche Aktien gehandelt hat. Hätte der DAX im selben Zeitraum 3 % zugelegt, dann würde die Outperformance des gekauften Portfolios

$$10\ \% - 3\ \% = 7\ \%$$

betragen. Hier geht es also um die relative Performance eines Aktienkorbes. Diese kann immer nur im Vergleich zu einem passenden Index bewertet werden.

Achten Sie also beim Lesen solcher Studien darauf, was die Forscher jeweils genau gemacht haben. Ich werde mich ebenfalls bemühen, beim Zitieren genauestens darauf hinzuweisen.

Ein Appetitanreger vorneweg

Zur Appetitanregung zeige ich Ihnen gleich ein simples Beispiel vorneweg; eine Methode, die von zwei berühmten Investoren bereits in den 30er-Jahren des vergangenen Jahrhunderts entwickelt und angewandt wurde: Benjamin Graham und David Dodd. Sie haben zu ihrer Zeit die Idee eines Value-Investors[44] sehr konsequent umgesetzt und nur Aktien gekauft, die niedriger bewertet waren als der Liquiditätserlös, den ein Großanleger mit hoher Wahrscheinlichkeit erzielt hätte, wenn er das Unternehmen vollständig erworben und anschließend in seinen Einzelteilen liquidiert, also verkauft hätte:

Grahams Zahl = Umlaufvermögen – Verbindlichkeiten

Kauf der Aktie, wenn:
Marktkapitalisierung[45] < Grahams Zahl

Diese Kennzahl ist einfach zu berechnen und schnell aus der Bilanz zu ermitteln. Sie ist außerdem sehr vorsichtig und tut zur Sicherheit so, als würde der Liquidator für das Anlagevermögen der Firma, also Immobilien, Geräte, Fabrikanlagen, überhaupt kein Geld bekommen. Graham und Dodd wurden damit zu berühmten und auch heute noch bekannten Wall-Street-Ikonen[46]. Aber funktioniert dieser Ansatz denn heute noch, über 80 Jahre später?

Diese Frage hat sich 1988 der Universitätsprofessor Joseph Vu gestellt. Sein Forschungsergebnis zeigte, dass

> *„der Erwerb von Aktien, die für weniger als Grahams Zahl zu verkaufen waren, bei einer Haltedauer von zwei Jahren eine durchschnittliche jährliche Rendite von knapp über 24 % pro Jahr produzierte".*
>
> Dan Ferris, zitiert nach John Mauldin[47]

Damit kann man sich selbst bei Transaktionsgebühren[48] von vielleicht 1 % sehen lassen, denn es bleiben immer noch 23 % übrig, da nur alle zwei Jahre gehandelt wird. Ein Return, der sich auch mit Warren Buffett[49] messen lassen könnte.

Wie kann es sein, möchte man sich fragen, dass man mit so einer einfachen Methode Überrenditen erzielen kann – warum machen das nicht längst so viele andere, dass es nicht mehr funktioniert? Das ist sehr einfach: Unternehmen, die Sie mithilfe dieser Formel finden, weisen höchst pessimistische Zukunftsperspektiven auf. Jeder, ob nun Experte oder nicht, wird Ihnen glühend davon abraten, in so eine Aktie zu investieren. Sie selbst werden es nur mit Bauchschmerzen tun – außer, und das hoffe ich sehr, Sie haben nach dem Lesen dieses Buches genügend von der Börse verstanden, um sich schon wohler zu fühlen auch mit derlei Investments.

Im vorliegenden Beispiel möchte ich noch ergänzen, dass die zitierte Studie dazu bereits über 20 Jahre alt ist, und dass gerade in den letzten zehn Börsenjahren Aktien, deren Marktkapitalisierung unter Grahams Zahl handelten, recht selten geworden sind. Dafür gab und gibt es andere, einfache Strategien zum Börsenerfolg, wie wir noch feststellen werden.

Abspeichern können wir bereits, dass es **an der Börse auch recht entspannt zugehen kann**: Sie müssten, um bei obigem Beispiel zu bleiben, nur einmal Ihre Arbeit gründlich machen und die richtigen Aktien herausfiltern, dann folgen zwei Jahre Liegenlassen und Nichtstun, bevor ein Wechsel oder Austausch nötig ist. Wie schwierig es jedoch dem engagierten Börsianer fällt, mal nichts zu tun, und was er von Fußball-Torhütern daher dazulernen kann, erklärt ein spezielles Kapitel. Hier sollten Sie nur aufhorchen und sagen: Aha! Durch entspanntes Wenig-Tun kann man über die Jahre also ganz schön reich werden.

Hase und Igel: Wer oder was bestimmt nun wirklich den Lauf der Welt?

„Die Finanzmärkte können unmöglich die Zukunft korrekt diskontieren, weil sie die Zukunft nicht nur diskontieren; sie tragen mit dazu bei, sie zu formen."

George Soros[50]

Wenn Sie heute einen Ökonomen oder Marktteilnehmer fragen, wie sich denn Börsenkurse und tatsächliche wirtschaftliche Realität zueinander verhalten, dann wird dieser Ihnen höchstwahrscheinlich erklären, dass die Börsenkurse den tatsächlichen Verlauf der Wirtschaft um etwa sechs bis neun Monate vorwegnehmen; d. h. einpreisen. André Kostolany verwendete gerne das Bild von dem Mann (die Wirtschaft) und dem

Hund (die Börse): In diesem Bild läuft der Hund mal vorweg, mal gleichauf mit seinem Herrchen, aber immer ist es die Leine des Mannes, die seinen Lauf beeinflusst und begrenzt.

Als skeptischer Mensch sollten Sie einen „Beweis" für diese These fordern. Ein Ökonom würde Ihnen dann vielleicht ein Diagramm zeigen, in dem diese Tatsache sichtbar gemacht wird. Für Deutschland könnte man beispielsweise den DAX als Indikator für die Finanzmärkte heranziehen und mit der Entwicklung des sogenannten BIP vergleichen. BIP ist eine Abkürzung für das Bruttoinlandsprodukt[51], das den Gesamtwert aller im Inland produzierten Waren und erbrachten Dienstleistungen misst. Im Falle der Schweiz wären das auch die von Retos deutschen und italienischen Skilehrern geleisteten Unterrichtsstunden.[52]

Das BIP hat leider einen Nachteil: Es wird nur quartalsweise, d. h. alle drei Monate ermittelt. In einer schnelllebigen Zeit wie der unseren kann das für manche Unternehmen schon den Ruin bedeuten, wenn man drei Monate lang im Nebel, d. h. im Unklaren über die gesamtwirtschaftliche Entwicklung, stochern muss. Daher haben sich mittlerweile in fast allen Ländern mit einer aktiven Börsentätigkeit Institute herausgebildet, die aktuellere, weil zeitnahe Informationen herausgeben. Für Deutschland ist dies der sogenannte ifo-Indikator vom ifo Institut für Wirtschaftsforschung. Die Idee ist so einfach wie nützlich: Jeden Monat werden die Unternehmen direkt nach ihrer Einschätzung der momentanen Lage gefragt. Ebenso werden sie gebeten, ihre Erwartungen für die Zukunft mitzuteilen. In Deutschland nehmen an dieser wichtigen Umfrage rund 7.000 Unternehmen, darunter auch einige der großen DAX-Konzerne, teil. Daraus wird der „ifo-Geschäftsklimaindex" ermittelt (in der Grafik grau), ebenso wie zwei Unterkategorien, die Einschätzung der aktuellen Geschäftslage und die Beurteilung der Geschäftserwartungen, die hier nicht dargestellt sind.

Schauen Sie sich jetzt den Verlauf dieses Indikators (Schaubild 2, graue Linie) und des DAX (schwarze Linie) an. Wer läuft hier vor wem davon? Sie können ganz klar erkennen, wie die schwarze Linie, der DAX-Chart, ähnliche Schwankungen aufweist wie der ifo-Indikator. Nur müsste eigentlich der DAX schlauer sein als die Mehrheit der Manager, und dem ifo-Index vorneweg laufen. Tut er das? Nein. Im Gegenteil: Der ifo-Geschäftsklimaindex scheint ein sehr gutes Hilfsmittel zu sein, den Verlauf der deutschen Standardaktien vorherzubestimmen: So erreicht die Stimmung der Unternehmensmanager Anfang 2000 ein Zwischenhoch, um dann bis zum Ausklang des Folgejahres 2001 stetig zu fallen.

Schaubild 2: ifo-Geschäftsklimaindex und DAX-Performance

Der DAX findet seinen Höhepunkt zur selben Zeit, beginnt allerdings erst im März 2003, über ein Jahr später, einen Boden auszubilden. Jahre später erreicht der ifo-Indikator Ende 2006 Allzeit-Höchststände, die in der noch jungen Geschichte des ifo-Indexes einmalig sind, um von da an stark zu fallen. Der DAX lässt sich mit seinem Höhepunkt ein ganzes Jahr länger Zeit – um dann 2008 umso heftiger sein Mütchen kühlen zu müssen und abzustürzen. Ein Vorauslaufen um drei bis neun Monate, wie den Finanzmärkten oft unterstellt wird, ist hier keineswegs zu sehen. Wer ist nun Hase, wer Igel, im berühmten Wettlauf im Märchen? Zumindest im Vergleich mit dem hier vorgestellten ifo-Indikator, der monatlich aktualisiert auf der Website des ifo Instituts für jedermann zu lesen ist, gilt: Der DAX läuft bestenfalls im Gleichschritt, und meistens hinterher.[53]

Vielleicht sagen Sie jetzt, na ja, dass der DAX dem ifo-Indikator nicht voran läuft, ist sicherlich ein Argument gegen die These, dass der Finanzmarkt die Zukunft antizipiert, also vorwegnimmt und damit vorhersagt. Aber vielleicht sind ja auch nur die meisten Geldanleger so langsam, die echten Profis aber doch schneller? Auch das können wir wieder mit einer Grafik widerlegen. Sie zeigt den Verlauf der Gewinnschätzungen von Analysten sowie den Verlauf der echten Gewinne der Unternehmen im Zeitraum 1986 bis 2003[54]:

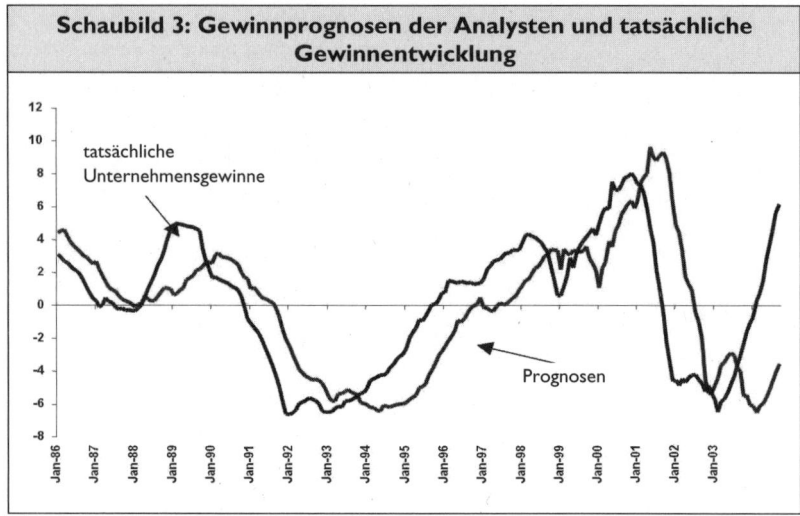

Schaubild 3: Gewinnprognosen der Analysten und tatsächliche Gewinnentwicklung

Dabei gibt die dunklere Linie die tatsächliche Entwicklung der Unternehmensgewinne wieder, und zwar ihre Dynamik im Jahresvergleich („–6" bedeutet –6 % gegenüber dem Vorjahr). Die hellere Linie bildet hingegen die Prognosen der Analysten ab. Auch hier wieder zeigt sich, dass es mit der Vorhersagekraft der Börsianer – und selbst der eingefleischtesten Experten, der Analysten nämlich! – nicht weit her ist. Denn die Linie der Prognosen läuft der Linie der realen Unternehmensgewinne bis zu einem ganzen Jahr hinterher.

Es bleibt dabei: Die Börse ist nicht der Igel, der durch cleveres Spielen den Wettkampf gewinnt; sie ist eher der Hase, der trotz mancher Anstrengung irgendwann einsehen muss, dass er nur hinterherrennt. Warum das so ist und dass uns das nicht am Erzielen von Überrenditen hindern muss, klären wir im nächsten Kapitel.

Reflexivität oder: Wer ist wirklich der Motor hinter den Ereignissen an der Börse?

„In bestimmten Fällen kann die Voreinstellung der Marktteilnehmer genau die Fundamentaldaten beeinflussen, welche eigentlich dazu gedacht sind, die Marktpreise zu bestimmen."

George Soros[55]

1994 hält ein Mann, der unter Spekulanten und Investoren schon seit Längerem aufgrund seiner außergewöhnlichen Erfolge an der Börse bekannt ist, eine Rede vor den bedeutenden Wissenschaftlern seiner Zeit. Er beginnt seine Rede mit den Worten:

„Ich stimme mit der vorherrschenden Wissenschaftsmeinung grundlegend nicht überein."

Und obwohl er seine Theorie, die von denen der Ökonomen und anderer Finanzmarktforscher deutlich abweicht, bereits 1987 in seinem Buch *The Alchemy of Finance*[56] erläutert hat, findet sie auch diesmal wenig Beachtung und Zustimmung in der breiten Öffentlichkeit. Warum?

George Soros, von dem hier die Rede ist, ist einer der bekanntesten, wenn nicht gar der derzeit bekannteste eigenständige Spekulant unserer Zeit. Seine Börsenerfolge basieren auf seiner „Theorie der Reflexivität", in der er davon ausgeht, dass die Ereignisse an den Börsen nicht von den Gedanken der Marktteilnehmer loszulösen sind – ja, mehr noch, dass es eigentlich die Erwartungen und Vorstellungen der Marktteilnehmer selbst sind, die, zumindest in bestimmten Situationen, die Marktpreise bestimmen, die sie – laut den gängigen Theorien der Wissenschaft – doch eigentlich vorhersagen sollen. So dass eine präzise Vorhersage nicht möglich ist – oder nur möglich ist unter Beachtung und Einbeziehung eben jener Erwartungen und Vorstellungen.

Was heißt das nun konkret? Angenommen, das Unternehmen Alpha sei gerade an der Börse sehr beliebt, was sich durch ein hohes Kurs-Gewinn-Verhältnis ausdrückt. Und weiterhin angenommen, es herrscht freundliches Börsenwetter und die Börsianer sind voller Risikobereitschaft und Geldanlegewilligkeit. Wenn nun Alpha eine Kapitalerhöhung macht, kann es neue Aktien dank des aktuell sehr hohen Kurs-Gewinn-Verhältnisses recht teuer verkaufen und also sehr viel mehr Geld einnehmen, als wenn dies in einem pessimistischeren

Marktumfeld geschehen wäre. Mit dieser satten Kapitalspritze kann sich Alpha nun nach Unternehmenszukäufen umschauen, die wiederum die Gewinne von Alpha steigern – so dass die hohen Erwartungen der Börse an die Zukunft von Alpha wie durch ein Wunder gerechtfertigt werden. Aber es ist eben kein Wunder, sondern einer der von Soros als Beispiel zitierten Umstände, in denen Reflexivität stattfindet: eine Interaktion zwischen Erwartungen und Realität derart, dass die Erwartungen genau die Realität erschaffen, die ihnen entspricht. Soros selbst hat das esoterische Element darin erkannt und wegen seines zeitweise als unseriös verschrienen Elementes gefürchtet.

Fakt ist jedoch, das haben wir schon im vorigen Kapitel gesehen, dass die Finanzmärkte mitnichten die Zukunft vorhersagen. Soros geht aber noch einen Schritt weiter: Weil sie eben diese Zukunft oftmals selbst mitgestalten, können sie sie gar nicht korrekt vorhersagen. Es sei denn … es sei denn, man bezieht die Erwartungen, Vorstellungen und auch Fehlurteile der Börsenteilnehmer in die eigenen Erwartungen ein und bildet sich daraus erst ein komplettes Bild. Regelmäßig erscheinen dann sogenannte dynamische Gleichgewichte. Sie entstehen, wenn die Mehrheit der Marktteilnehmer systematisch Fehler macht. Daraus entwickelt sich eine kontinuierliche Entwicklung in eine bestimmte Richtung – auch Trend genannt –, und zwar so lange, bis es zu einer Übertreibung kommt: der sogenannten „Ungleichgewichtssituation". Das kann eine Übertreibung nach oben (Blase), aber auch eine Übertreibung nach unten sein (Unterbewertung). So oder so muss sie korrigiert werden: Das heißt, die Blase platzt oder die Kurse erholen sich wieder, und am Ende des Vorgangs ist offen, was nun geschieht. Vorhersagbar ist jedoch der anfangs berichtete Trend, solange das dynamische Gleichgewicht hält, und das Platzen oder Wiederaufleben, sobald sich eine Ungleichgewichtssituation eingestellt hat. Auf diesen Beobachtungen hat George Soros seine Theorie gegründet und sie oft genug äußerst erfolgreich unter anderem an den Devisenmärkten angewendet. Unverständlich also, dass seinen Thesen so wenig Anerkennung zuteilwurde.

Ich persönlich kann ihm nur voll und ganz zustimmen. Nach meiner – viel kürzeren – Börsenerfahrung ist es ein fataler Irrglaube, dass die Aktienmärkte irgendetwas antizipieren würden. Stattdessen sind sie selbst der treibende Faktor hinter den meisten Geschehnissen. Stellen Sie sich die Wirtschaft wie einen Menschen vor, dann sind die Finanzmärkte das Herz dieses Menschen und sein ganzer Blutkreislauf. Ein kluger Investor kann wie ein guter Arzt aus dem aktuell am Markt herrschenden Ist-Zustand genug herauslesen, um zu wissen, woran der

Patient gerade krankt. Oder, um beim maritimen Vokabular zu bleiben, um herauszufinden, welches der auf dem Börsenmeer schwimmenden Boote am schnellsten ankommt. Dabei ist es meiner Meinung nach nicht oder nur sehr begrenzt möglich, die Geschwindigkeit der Schiffe selbst zu bestimmen. Wichtig ist nur, und das ist mit den hier im Buch vorgestellten Strategien möglich, herauszufinden, welches Boot ganz vorne ankommen wird im ewigen Rennen der Börsenschiffe. Anders formuliert: **Glauben Sie keinen Kurszielen oder Renditevorhersagen.** Mehr noch: **Unterlassen Sie es, irgendwelche konkreten Zielrenditen einfahren zu wollen.** Vertrauen Sie stattdessen auf Strategien, die Ihnen die besten Aktien aus einem gewählten Aktienuniversum (z. B. DAX oder Deutschland oder Europa) herausfiltern, so dass Sie **relativ zu dem Aktienuniversum überdurchschnittliche Renditen** erzielen können. Egal, was dabei „überdurchschnittlich" im Moment konkret bedeutet. Es ist – zumindest für Aktien – das einzig Sinnvolle und Stimmige.

Wenn Sie George Soros (und mir) nun zustimmen, dass es viele Situationen gibt, in denen die Gedanken und Handlungen der Börsenteilnehmer tatsächlich die Zukunft nicht etwa nur antizipieren, sondern selbst erzeugen, dann gibt es eigentlich nur eine Schlussfolgerung: Um an der Börse erfolgreich zu sein, müssen wir herausfinden, was so in den Köpfen der Investoren vor sich geht. Denn wenn es Prozesse oder Gedanken gibt, die in allen Köpfen der Marktteilnehmer systematisch stattfinden, dann gibt es auch die Möglichkeit zu systematischem Börsenerfolg – denn dann sind die Ereignisse an den Börsen keine Zufälle, sondern logische – und damit vorhersagbare! – Ergebnisse unserer Gedanken.

Die Zukunft vorherzusagen ist unmöglich – und unnötig

„Die, die Wissen haben, weissagen nicht.
Die, die weissagen, haben kein Wissen. "

Laotse[57]

Fassen wir noch einmal den Kerngedanken zusammen: Eine exakte Prognose darüber, wie es einem bestimmten Unternehmen finanziell zu einem bestimmten Zeitpunkt in der Zukunft gehen mag, ist unmöglich. Selbst wenn man es könnte, ließe sich daraus nicht genug ableiten, um auch die Kursentwicklung der Aktie dieses Unternehmens innerhalb des Zeitraums „heute bis zur Zukunftsmessung" präzise vorherzusagen. Und noch unmöglicher wird es, wenn man diese Kursentwicklung relativ zur Kursentwicklung anderer Aktien oder gar anderer Anlagealternativen wie Rentenpapiere oder Rohstoffe vorhersagen möchte. Wer immer Ihnen erzählt, er könnte das, lügt. So viel zu den schlechten Nachrichten. Sie finden Unterstützung in der Chaostheorie, die jedes komplexe System, das aus drei oder mehr nicht miteinander linear verknüpften Komponenten besteht, untersucht und eine wichtige Erkenntnis für alle solchen Systeme, also auch für die Finanzmärkte, formuliert hat:

„Eine wichtige Erkenntnis der Chaosforschung, vielleicht sogar die zen-
*trale Aussage, ist diese: **Verlässliche Langzeitprognosen sind unmöglich.***
Sie gilt uneingeschränkt für alle chaotischen Systeme, also auch für die
Märkte. Daraus folgt, dass Langzeitprognosen für einen Markt, so hart
dies auch klingen mag, einfach unseriös sind [...]. "

Hans Uhlig[58]

Die gute Nachricht ist: Um an der Börse Erfolg zu haben, brauchen wir derartige Prognosen nicht. Es reicht völlig aus, die Ungleichgewichtssituationen, von denen George Soros berichtet, herauszufinden, dann entsprechend zu handeln und von der Korrekturbewegung zum dynamischen und fundamental unterstützten Gleichgewicht hin zu profitieren. Die Börse handelt die Differenz zwischen Realität und Erwartungen, und wenn wir auch die Realität nicht präzise antizipieren können, können wir doch die Erwartungen des Marktes messen – und da, wo systematische Fehler auftauchen, aus ihrem Verschwinden Gewinne ziehen. **Wir suchen also Fehler:** Fehler in unserem eigenen Denken und im Denken der anderen, denn die Gedanken des Marktes steuern die zukünftige Realität systematisch mit.

Fehler sind das A und O: Warum 80 % plötzlich die Hälfte sind

Das erste und wichtigste Stichwort ist schon oft gefallen: die Fehler, die man machen kann und daher vermeiden muss. Denn um zu verstehen, wie einfach Börsenerfolg sein kann, muss man erst einmal nachvollziehen können, warum das so schwer ist. Erfolg setzt sich für mich aus zwei Zutaten zusammen: die richtigen Dinge zu tun und die falschen wegzulassen. Deswegen wird sich Teil II zum einen mit den richtigen Aktienauswahlkriterien beschäftigen. Zum anderen werde ich typische und systematische Fehler vorstellen, die wir Menschen machen, und wie wir sie vermeiden können und müssen auf dem Weg zum Börsenglück.

Dass wir alle Fehler machen oder auch mal unterdurchschnittlich begabt sind, ist einfacher gesagt als wirklich akzeptiert: Bei Umfragen unter größeren Gruppen, wer sich denn für einen überdurchschnittlich guten Autofahrer hält, antworten in der Regel etwa 80 % der Menschen mit „Ja" – obwohl rein mathematisch nur exakt 50 % über dem Durchschnitt (der ja der Mittelwert ist) liegen dürfen. Bei reinen Männergruppen liegt die Antwortzahl übrigens noch höher ... aber das kann natürlich auch biologische Ursachen haben und vielleicht sind wir Frauen im Schnitt tatsächlich die schlechteren Autofahrer(innen).

Ein ähnliches Bild ergibt sich, wenn man Kapitalanleger und Börsenteilnehmer fragt, ob sie ihre selbst erzielten Renditen denn für überdurchschnittlich halten: Auch hier antwortet eine deutliche Mehrheit mit „Ja". Die Schwäche der Menschen, ihre eigenen Fähigkeiten viel zu häufig als überdurchschnittlich anzusehen, nennt man **Überoptimismus**. Dieser Fehler ist der erste, den wir uns notieren sollten. Wir werden ihn später noch genauer beleuchten und sogar zeigen, dass er für die Finanzmärkte – d. h. für den Menschen am Finanzmarkt – nicht nur typisch ist, sondern sogar systematisch auftritt und zusätzlich eine notwendige Voraussetzung für eine erfolgreiche Teilnahme am Spekulieren ist.

Die Wissenschaft, die sich mit diesen systematischen Fehlentscheidungen im Finanzmarkt beschäftigt, ist noch vergleichsweise jung. Der englische Name „Behavioural Finance" lässt sich meiner Meinung nach am ehesten mit „verhaltensorientierter Börsenpsychologie" oder „Verhaltensökonomik" übersetzen. Obwohl die ersten Erkenntnisse bereits 20, teilweise 30 Jahre alt sind, gelangte die Behavioural Finance erst mit dem Nobelpreis 2002 an Daniel Kahneman und Vernon Smith in die Aufmerksamkeit einer breiteren Öffentlichkeit. Die Stärke dieser Disziplin liegt in ihrem realistischen Menschenbild: Statt, wie es die Ökonomen tun, einen rational agierenden und ausschließlich auf seinen persönlichen Zugewinn fokussierten „Homo oeconomicus" zu unterstellen, den es so gar nicht gibt, beschäftigt sich Behavioural Finance mit dem Menschen, wie er wirklich ist. Und mit den Folgen, die das für die Bewegungen der Kurse an der Börse hat. Die Ergebnisse von Experimenten wie die von empirischen Untersuchungen tragen also nicht nur dazu bei, die Entwicklungen an der Börse, wie z. B. das systematische Auftreten von Blasen und Krisen, zu verstehen, sondern auch, sich selbst besser kennenzulernen – und das finde ich persönlich ungemein spannend.

Theorie der Erwartungen: Durch welche Brille wir die Welt sehen

Der zweite – und einer der wichtigsten – Fehler, den wir Menschen als Anleger machen, ist, unsere Börsenereignisse durch die **Brille von Gewinn und Verlust** zu sehen. Wie ist denn das gemeint?, fragen Sie sich jetzt vielleicht, und denken daran, dass Sie doch genau deswegen an der Börse Ihr Geld anlegen, weil Sie Gewinn und keine Verluste machen wollen! Nun, ich gebe Ihnen ein Beispiel. Angenommen, Sie hätten vor einem Jahr, also im Spätsommer 2008, genau 50 Aktien von BASF gekauft, zum Preis von etwa 42 €. Heute, im August 2009, handeln die Aktien um die 36 €. Macht, durch die Brille von Gewinn und Verlust betrachtet, ein Ergebnis von

$$50 \cdot (36\ € - 42\ €) = -300\ €,$$

was faktisch einen Verlust von 300 € bedeutet. Autsch, sagen Sie sich jetzt vielleicht, wie ärgerlich. Ich warte einfach ab, bis ich wieder im

Plus bin, und dann verkaufe ich, sagt sich hier der typische Kleinanleger. Aber das ist allein Ihre Perspektive! Denn was haben die Zukunftsaussichten des Unternehmens BASF und seiner Aktie damit zu tun, dass Sie mal irgendwann ein paar Aktien zu irgendeinem Preis gekauft haben? Prinzipiell, d. h. in der Theorie, überhaupt nichts!

Faktisch, also in der Praxis, sieht es natürlich wieder anders aus. Eben weil die meisten Anleger durch diese Brille auf ihre Geldanlagen schauen und in diesen Kategorien denken, hat ihr Denken, dem ja oft Handeln folgt, Auswirkungen auch auf die Börse. Angenommen, es haben sehr viele Anleger vor einem Jahr Aktien zu 42 € gekauft (man kann z. B. bei OnVista Charts abrufen, die unterhalb des Verlaufs des Aktienkurses anzeigen, welches Volumen jeweils gehandelt wurde), dann stellt dieser Wert jetzt einen psychologischen Widerstand dar, an dem die Aktie, wenn sie sich wieder in einen Aufwärtstrend begeben sollte, erst mal herumzuknabbern haben wird. Denn diese vielen Anleger werden alle so froh sein, dass sie endlich nicht mehr im Verlust liegen, dass sie dort alle – egal wie sinnvoll das ist oder nicht – fröhlich ihre Aktien verkaufen und sich nicht mehr um BASF scheren. Selbst wenn jetzt die Ampeln für die Aktie auf leuchtend Grün stehen sollten.

Diese Einstellung der meisten Geldanleger, ihre Börseninvestitionen durch die Brille von Gewinn und Verlust zu betrachten, haben die Wissenschaftler Daniel Kahneman und Amos Tversky, die sie entdeckten, Prospect Theory genannt: zu Deutsch etwa „Erwartungstheorie".[59] Wenn man es sich recht überlegt, dann ist sie eine Erklärung, warum die Charttechnik[60] doch funktioniert – obwohl viele Ökonomen und Finanzmarktwissenschaftler diese Meinung ganz entschieden verneinen würden. Ich persönlich sehe jedoch einen klaren Zusammenhang zwischen unser aller „Gewinn und Verlust"-Brille und dem Auftreten von charttechnischen Unterstützungslinien (dort, wo ein Kurs nicht mehr weiter fällt) und Widerständen (dort, wo ein Kurs es schwer hat, drüberzukommen). Im Kapitel „Leinen los: der Ankereffekt" bekommen wir dafür übrigens noch weiteren Rückenwind aus Experimenten der Börsenpsychologen.

Wir merken uns also: **Fehler Nummer zwei ist die Brille namens „Gewinn und Verlust".** Besser wäre es, uns stünden diese Informationen überhaupt nicht zur Verfügung, und wir würden unsere Aktienentscheidungen allein auf rationale, also sinnvolle Kriterien – wie die hier bald vorgestellten – stützen. Daher empfehle ich Ihnen, **Einstands- und andere Kurse aus Ihrem Denken und Ihren Unterlagen zu löschen.** Fangen Sie gar nicht erst an, so zu denken!

Zwei Komma fünf –
die magische Zahl der Börse

„Tatsächlich betonen Kleinanleger in zahlreichen Gesprächen, dass die Angst, einen Verlust zu erleiden, einen wesentlichen Einfluss auf ihre Investitionsentscheidung hat."

Peter Kennig, Peter Mohr und
Hilke Plassmann[61]

Der dritte Fehler, den wir Anleger machen, ist die Art, wie wir Gewinne und Verluste bewerten. Dazu bitte ich Sie, mit mir ein kleines Spiel zu spielen!

> **Spiel 1: Münzwurf**
> Kopf: 100 € verloren
> Zahl: x € gewonnen
> Wie groß müsste x mindestens
> sein, damit Sie mitspielen?

Nehmen wir an, Sie träfen auf der Straße einen Münzspieler. Da die Sonne scheint und Sie noch etwas Zeit auf dem Weg zu Ihrem nächsten Termin haben, zügeln Sie Ihre Neugier nicht und hören sich an, was für ein Spiel er Ihnen anbietet: Er will eine ganz normale 1-€-Münze werfen. Bei Kopf haben Sie verloren und müssen 100 € zahlen; bei Zahl haben Sie gewonnen und erhalten einen Betrag x als Gewinn. Und jetzt wird's spannend: Wie groß müsste diese Zahl x mindestens sein, damit Sie mitspielen? Versuchen Sie wirklich, sich in diese Situation hineinzuversetzen und die Antwort zu finden, die ebenso Ihrem spontanen Bauchgefühl wie Ihrer Vernunft entsprechen könnte. Seien Sie einfach ehrlich mit sich selbst – danach können Sie weiterlesen.

Was haben Sie geantwortet? Wie viel muss man Ihnen als Gewinn bieten, damit Sie bereit sind, mitzuspielen? Ich wüsste es wirklich gern, aber ein Buch ist leider nur ein Kommunikationsmedium in eine und nicht in zwei Richtungen. Dafür kann ich Ihnen jetzt erzählen, was die Mehrheit der Menschen geantwortet hat, denen dieses Spiel angeboten wurde. Denn dieses Experiment wurde mit sehr vielen Teilnehmern durchgeführt, so dass man aufgrund der großen Zahl eine Aussage durchaus für die Allgemeinheit treffen konnte. Dabei stellte sich heraus, dass die Spielteilnehmer im Mittel 200 bis 250 € als Gewinn verlangen, um mitzuspielen – am meisten genau 2,5-mal so viel, wie sie verlieren könnten, wenn sie mitspielen.[62] Die **Zahl 2,5** hat man daher **die Kennziffer für Verlustaversion** genannt, die beschreibt, um wie viel höher die Aussicht auf Gewinn sein muss, damit der Anleger seine Angst vor einem Verlust überwindet und ein riskantes Geschäft, also ein Geschäft oder Spiel mit unsicherem Ausgang, wagt. Die Zahl 2,5 ist auch der Faktor, mit dem unser Bauch Verluste gegenüber Gewinnen bewertet. Das heißt also: **Obwohl rein rechnerisch 100 € Gewinn betragsmäßig genauso viel sind wie 100 € Verlust, empfindet unser Bauch die 100 € Verlust stattdessen wie 250 € Verlust!** Warum ist das so? Darüber lässt sich nur spekulieren. Eine mögliche Erklärung liefert die Gehirnforschung:

> *„Finanzielle Verluste werden in denselben Hirnregionen verarbeitet, die auf lebensbedrohliche Gefahren reagieren.“*

Jason Zweig[63]

Wenn es also um die Bedrohung des eigenen Lebens geht, macht es durchaus Sinn, nicht so risikofreudig zu sein. Das Gehirn „verwechselt" das reine Spiel mit Geld an der Börse mit einer lebensechten – und damit durchaus lebensbedrohlichen – Situation. Das sollten Sie wissen, wenn Sie an der Börse tätig sind!

Was hat das für Folgen? Selbst wenn Sie nur einen Teil Ihres Vermögens an der Börse einsetzen, bekommen Sie es bei Verlusten mit Gefühlen zu tun, die heftig und unangenehm sein können und werden. Unser Reptilienhirn aus der grauen Vorzeit kannte noch keine Börse und verhält sich in Anbetracht einer fehlerhaften Anlageentscheidung eher so, als stünde es noch höchstpersönlich dem Säbelzahntiger gegenüber. Kein Wunder also, dass Weglaufen in so einem Fall die erste Wahl der Mittel ist!

Denn das ist es, was die meisten Anleger im Angesicht eines möglichen Verlustes tun. An einem Beispiel wird das vielleicht deutlicher: Angenommen, Sie haben zwei Aktien in Ihrem Portfolio, G und V. Aktie G hat bisher einen schönen Gewinn eingebracht, Aktie V leider einen Verlust. Sie wollen nun Ihr Portfolio überarbeiten oder sind aus welchen Gründen auch immer gezwungen, eine der beiden Aktien zu verkaufen. Rational wäre es, V zu verkaufen und G weiterlaufen zu lassen – denn offensichtlich unterliegt G gerade einem positiven Aktienkursverlauf, während V einem negativen Trend unterliegt. Wie wir später noch sehen werden, kommen Trends an der Börse systematisch vor und können (und sollten auch!) daher als Argument für oder gegen eine Investitionsentscheidung verwendet werden. Tatsächlich entscheiden sich jedoch die meisten Anleger dafür, den verlockenden Gewinn von Aktie G einzufahren, so dass ihn die Börse nicht mehr wegnehmen kann. Stattdessen wäre es rational gewesen, in den sauren Apfel zu beißen und V abzustoßen – um so zu verhindern, dass der Verlust noch schlimmer wird. Eben weil die Vorstellung, einen Verlust zu machen, so viel mehr Bauchschmerzen verursacht als die Freude, wenn ein Gewinn eingefahren worden ist, machen das jedoch die wenigsten. Irrational, aber Fakt.

Der emotionale DAX: Wie sieht das Herz eines Anlegers charttechnisch aus?

Als die Zeiten an der Börse rauer wurden, weil die Kurse fielen oder die Schwankungen zunahmen, habe ich meinen Kunden gern einen Chart gezeigt, der ihnen verdeutlichen sollte, wie sehr unser Wohlbefinden darunter leiden kann. Denn jedes Mal, wenn Sie sich Ihren Vermögensstand anschauen, kommt die Verlust-Gewinn-Relation von 2,5 zu eins zum Tragen: Ist Ihr Vermögen gewachsen, seit Sie das letzte Mal den Depotstand angesehen haben, freuen Sie sich daran; ist es jedoch gefallen, leiden Sie emotional zweieinhalbmal so viel, wie Sie sich vorher freuen konnten. Ich habe versucht, das zeichnerisch umzusetzen. Im folgenden Chart sehen Sie zum einen den ganz normalen Verlauf des DAX (schwarze Linie), zum anderen den Verlauf der emotionalen Entwicklung dabei (genannt: eDAX), und zwar für einen Investor, der den DAX-Stand monatlich abruft (dunkelgraue Linie namens „eDAX monatlich"), sowie für einen anderen Investor (hellgraue Linie namens „eDAX halbjährlich"), der nur alle halbe Jahre (Ende Juni und Ende Dezember) mal hinschaut.

Erschrecken Sie nicht ob der starken Divergenz zum eigentlichen DAX-Chart selbst. Deswegen nenne ich ihn gern den „Chart der schlechten Laune". Wie Sie sehen, hat das Herz eines DAX-Investors selbst dann noch ganz schön zu leiden, als gegen Ende der 90er-Jahre ein schöner Bullenmarkt einsetzt und die Kurse nach oben zeigen. Denn die gute Laune unseres Anlegers mit der dunkelgrauen Linie, der jeden Monat auf sein Vermögen schaut, wird durch den kurzen Crash 1998 schon ordentlich vermiest. Die hellgraue Linie, unser geduldigerer Anleger, der nur zweimal im Jahr auf seinen Vermögensstand schaut, erholt sich auch deutlicher von diesem Schock. Allerdings leidet auch er unter den Verlustzeiten, jedoch deutlich weniger als der kurzfristige „Kollege". Die Verlustaversion erklärt eben auch, warum die positiven Effekte der Jahrhunderthausse am Ende der 90er-Jahre komplett verpufft sind und im Ergebnis eine ganze Generation von Neuaktionären sich verbittert und enttäuscht von der Börse zurückgezogen hat.

▶

Schaubild 4: Der emotionale DAX-Chart

— DAX — eDAX mtl. eDAX halbjährlich

Auch wenn diese Grafik ein bisschen überzeichnet sein mag und ich glaube, dass man nach einiger Zeit Erfahrung an der Börse mit Verlusten besser umgehen kann, so macht sie doch deutlich, welche Belastung für unser Nervenkostüm volatile Zeiten an der Börse sein können. Sie sollten das ernst nehmen. Es kann eben auch Gefahren und Unannehmlichkeiten mit sich bringen, wenn man sich entschließt, zum Spekulanten oder Aktieninvestor zu werden. Es nützt auch nichts, mit den Märkten zu hadern ob ihrer Schwankungen: Das ist eben so – und wird, da es zum Teil in der Natur des Menschen begründet ist, wohl auch so bleiben. Was wir daraus lernen können? Etwas, das wir mittlerweile schon wissen: Kontrollieren Sie Ihre Portfolioperformance nicht zu oft! Kontrollieren Sie hingegen, ob Ihre Aktien noch alle Kriterien aus Ihrer Checkliste erfüllen. Das – und vielleicht nach neuen Aktien für Ihr Modell Ausschau halten – können Sie hingegen gar nicht oft genug tun.

Was lernen wir daraus? **Das Investieren und Geldanlegen in Aktien fühlt sich schlimmer und riskanter an, als es tatsächlich ist.** Das liegt daran, dass Aktien nun mal tägliche Schwankungen aufweisen, und dass unser Bauch – oder unser Anlegerherz – negative Schwankungen (Verluste) um 2,5-mal stärker empfindet als positive Bewegungen nach oben (Gewinne). Es ist sehr wichtig, dass Sie sich das merken! Und dass Sie zu sich selbst und Ihren Gefühlen etwas Distanz einnehmen.

Wenn Sie in Aktien investieren, dann müssen Sie damit rechnen, auch mal Entscheidungen zu treffen, die schmerzhafte Verluste verursachen. Hören Sie auf, sich das selbst übel zu nehmen. Es ist nicht Ihr Fehler. Es gehört zum großen Ganzen einfach dazu. Und wenn Sie mal wieder sich selbst oder einen Bekannten über Aktien schimpfen hören, dann fragen Sie genauer nach, was eigentlich passiert ist. Am besten spielen Sie mit Ihrem Bekannten oder Freund das Münzwurfspiel aus diesem Kapitel – und er wird sofort im Bauch dankbar nachvollziehen können, welche Botschaft Sie ihm zur Klarstellung vermitteln wollten.

Überoptimismus und Realitätsunterschätzung: Wie passt das zusammen?

Den nächsten Fehler haben Sie schon in unserem Beispiel mit den Autofahrern kennengelernt. Hier geht es darum, dass wir Menschen notorisch dazu neigen, uns selbst, d. h. unsere Fähigkeiten und unser Wissen, zu überschätzen. Im Ergebnis führt dieser „Fehler" interessanterweise dazu, dass wir die uns umgebende Realität und das, was in ihr möglich ist, völlig unterschätzen! Aber auch dazu wieder ein Beispiel, das hoffentlich dieses Thema verständlicher macht.

Diesmal werden Sie gebeten, ein kleines Quiz aus fünf Fragen zu beantworten. Es sind hoffentlich Fragen, deren Antwort Sie nicht kennen – weswegen Sie gebeten werden, eine Schätzung abzugeben. Damit Sie einfacher in die Nähe des richtigen Ergebnisses kommen, geben Sie bitte diese Schätzung mithilfe eines Intervalls ab. Dieses Intervall sollte nun bitte so groß sein, dass die richtige Antwort mit an Sicherheit grenzender Wahrscheinlichkeit, nämlich genau 98 %, innerhalb dieses Intervalls liegt. Einfacher ausgedrückt: Geben Sie bitte zwei Grenzwerte an, zwischen denen Ihrer Meinung nach die richtige Antwort todsicher liegt. Eine mögliche Überraschung, bei der die Antwort nicht durch Ihr Intervall abgedeckt wird, darf nur in 2 % der Fälle vorkommen – also bei fünf Fragen überhaupt nicht.

Ein Beispiel: Auf die Frage, wie groß die Fläche Finnlands in Quadratkilometern ist, könnten Sie mit:

100.000 bis 2 Mio. km²

antworten. Das wäre ein Intervall, bei dem ich mich schon sehr sicher fühlen würde. Die richtige Antwort, nämlich 338.145 km², liegt Gott sei Dank auch, wie gewünscht, innerhalb des Intervalls.

Und nun die Quizfragen für Sie!

Wie gesagt, es ist wichtig, dass Sie als Schätzung ein Intervall angeben, von dem Sie der Meinung sind, dass die richtige Antwort mit einer Wahrscheinlichkeit von 98 % – was ja bereits an Sicherheit grenzt – innerhalb des Intervalls liegt. Machen Sie sich Ihre Notizen auf einem Zettel und blättern Sie bitte erst dann weiter!

Spiel 2: Quiz
1) Wie viele Kilometer beträgt die Entfernung Erde–Mond?
2) Wann wurde Leonardo da Vinci geboren?
3) Stellen Sie sich vor, Sie wüssten jeden Monatsanfang, welche Aktie im DAX die höchste Performance über den nächsten Monat hat. Am 31. Dezember 1997 haben Sie in diese Strategie 1 € investiert. Wie viel Vermögen hätten Sie daraus zehn Jahre später, am 31. Dezember 2007, ohne Berücksichtigung von Transaktionskosten?
4) Wie hoch ist der Messeturm in Frankfurt?
5) Wie viele Zahnärzte gab es in Deutschland 2004?

Hier nun die Antworten, für Sie zum Vergleich:

Und, wie verhält es sich mit Ihren Intervallen? Bei wie vielen Fragen waren sie breit genug, um die richtige Antwort zu enthalten, und wie oft wurden Sie von der richtigen Antwort überrascht? Ich habe einen ähnlichen Fragebogen von

> **Spiel 2: Quiz – die Antworten**
> 1) Entfernung Erde–Mond: 365.000 km
> 2) Geburtsjahr Leonardo da Vincis: 1492
> 3) Strategie der besten Aktie über zehn Jahre – aus einem Euro wurden: 431.551.898 €
> 4) Höhe des Messeturms Frankfurt: 256 m
> 5) Zahnärzte in Deutschland 2004: 64.997

Teilnehmern eines kleinen Seminars beantworten lassen, und die besten hatten drei, selten sogar vier Intervalle breit genug, damit die richtige Antwort hineinpasst. Wenn Sie also bei drei liegen, sind Sie schon sehr gut; bei zwei liegen Sie im Durchschnitt meiner Seminarteilnehmer.

Auch dieses „Spiel" wurde, mit anderen Fragen, von Kahneman und Kollegen mit vielen Seminarteilnehmern gespielt.[64] In der Regel ergeben sich 20 % „Überraschungen"; d. h., bei 20 % der Fragen liegen die richtigen Antworten nicht innerhalb der angegebenen Intervalle. Was bedeutet das? Nun, auf der einen Seite zeigt sich, dass **die Menschen ihr eigenes Wissen bedeutend überschätzen**. Denn wäre dem nicht so, müssten bei fünf Fragen, deren Antworten mit einer Wahrscheinlichkeit von 98 % erbeten wurden, alle fünf Intervalle groß genug sein für die richtigen Antworten![65] Sie können davon ausgehen, dass diese Selbstüberschätzung an der Börse noch viel häufiger stattfindet: Man würde sich doch gar nicht ins Haifischbecken wagen, wenn man nicht der Überzeugung wäre, klüger zu sein als die meisten anderen. Ein Grund übrigens, **warum ich von der Erstellung eigener Prognosen, sei es über Aktienkurse oder Gewinnentwicklungen bestimmter Unternehmen, generell abrate.** Sie werden niemals akkurat genug sein, um daraus wirkliche Mehrrenditen für Ihre Investitionen zu erzielen. Schlimmer noch: Je mehr Sie an Arbeit hineingesteckt haben und je sicherer Sie sich mit Ihrer Prognose fühlen, desto häufiger werden Sie in Wahrheit danebenliegen – traurig, aber schmerzhaft bezahlte Erfahrung.

Zum anderen ergibt sich aus unserem kleinen Quiz, dass die realen Ereignisse für die meisten Menschen viel mehr Überraschungen enthalten. Mehr noch: **Die Realität übertrifft unsere Erwartungen und Vorstellungen regelmäßig.** Es ist sehr wichtig, dass Sie sich das merken. Dies gilt auch für politische Ereignisse wie den friedlichen Fall der Ostblockstaaten – wer hätte sich das im Vorfeld je so vorstellen können? Erst recht **an der Börse ist nichts unmöglich und nichts undenkbar,** und wenn ich ganz ehrlich bin, war das immer ein Element, das ich persönlich sehr geliebt habe. Halbierungen eines ganzen Aktienmarktes innerhalb weniger Monate sind genauso schon geschehen wie Verzehnfachungen von Aktien völlig seriöser Unternehmen. Noch ein weiterer Grund mehr, sich niemals an früheren oder aktuellen Kursen festzuhalten, sondern immer anhand anderer Kriterien möglichst vorbehaltlos in die Zukunft zu schauen.

Bevor wir weitergehen und noch mehr „Fehler“, d. h. Voreingenommenheiten, Neigungen und Tendenzen zu kontraproduktivem Verhalten kennenlernen, die der Mensch als Aktienanleger so hat, lege ich mit Ihnen einen kleinen Ausflug zu spannenden Fakten rund um den deutschen Aktienmarkt ein. Lesen Sie, was man alles erreichen kann, wenn man sich nur auf einfache Fakten konzentriert und daraus konsequent Schlüsse für die eigenen Geldanlagen zieht.

Die (neue) Relativitätstheorie der Börse

Keine Sorge: Hier geht es nicht um Paralleluniversen, gekrümmte Räume oder schwarze Löcher (auch wenn uns manche Aktien gelegentlich so erscheinen mögen …); mit diesem Kapitel geht es um die Frage, auf welche Entscheidungen sich zu konzentrieren überhaupt Sinn macht. Anders gesagt: Schuster bleib bei deinen Leisten, und Äpfel mit Birnen zu vergleichen lohnt nur selten.

Als Fondsmanager, Vermögensverwalter wie auch Privatanleger haben Sie nicht nur die Wahl zwischen verschiedenen Aktien, Rentenpapieren, Rohstoffen oder Fonds, sondern auch die Möglichkeit, überhaupt nicht zu investieren und Kasse vorrätig zu halten. Eine Menge Entscheidungen, die zu treffen sind; eine Menge Möglichkeiten, die man sich ungern entgehen lassen mag?

Als kleinen Einstieg in dieses Thema bitte ich Sie jetzt, die nebenstehende Quizfrage zu beantworten. Kauf- und Verkaufsgebühren, in der Fachsprache auch Transaktionskosten genannt,

Quizfrage 3:
Wenn Sie am 31. Dezember 1997 genau 1 € in den deutschen Aktienindex DAX investiert hätten, wie viel Geld konnten Sie nach zehn Jahren Ihr Eigen nennen?

vernachlässigen wir dabei der Einfachheit halber. Machen Sie einfach eine kleine Schätzung aus dem Bauch heraus, was Aktien über zehn Jahre – die von mir gewählten, erst kürzlich vergangenen zehn Jahre – gebracht haben. Erinnern Sie sich: In dem Zeitraum ist viel passiert. LTCM und Russlandkrise, DAX-Höchststand im Jahr 2000, Platzen der Internetblase kurz darauf, anschließende DAX-Halbierung im Jahr 2002, die ihren Tiefpunkt Anfang 2003 fand. Dann die starke Aufholjagd und ein neuer Bullenmarkt bis Ende 2007, wo beinahe das alte Hoch wieder erreicht wurde. Schauen Sie noch mal auf die Frage und geben Ihre eigene Schätzung ab – aber schätzen Sie erst, und lesen Sie dann weiter – sonst nehmen Sie sich den ganzen Spaß!

Antwort 3:
Wenn Sie am 31. Dezember 1997 genau 1 € in den deutschen Aktienindex DAX investiert hätten, hätten Sie am 31. Dezember 2007 ca. 1,90 € Ihr Eigen nennen können.[66]

Was haben Sie geschätzt? Wenn Sie zwischen 1,50 € und 4 € liegen, lagen Sie gar nicht so verkehrt, finde ich. Dass es in dem gewählten Zeitraum genau 2 € sind, also eine Verdopplung des eingesetzten Kapitals über zehn Jahre bedeutet, ist ein bisschen Zufall. Andere Zeiträume hätten andere Ergebnisse eingebracht, manche vielleicht sogar eine negative Rendite.

Jetzt geht es weiter. Wir bleiben bei der ausgewählten Zeitperiode und stellen uns jetzt die Frage, wie viel mehr Rendite sich erzielen lässt, wenn man nicht ständig in Aktien investiert ist, sondern versucht, Bärenmärkte zu vermeiden, indem man sich einfach aus dem Markt heraushält und sein Geld beispielsweise unterm Kopfkissen parkt. Auch hier ignorieren wir wieder mögliche Transaktionskosten. Zusätzlich erfinden wir eine gute Fee, die uns jeden Monat **schon im Voraus** Bescheid gibt, ob der DAX diesen Monat positiv oder negativ abschneidet. So können wir in negativen Monaten einfach Kasse halten, in positiven jedoch investiert sein und die Rendite des DAX mitnehmen.

Die Tabelle auf der nächsten Seite zeigt an einem willkürlich gewählten Zeitraum (Ende Februar 2008 bis Ende Juli 2008), wie der Investor dank der guten Fee sein Vermögen investiert hätte. Sie sehen, dass der Rat der guten Fee bares Geld wert war: Ohne ihn hätte unser Investor ca. 7 % seines Geldes verloren (–6,94 %), doch dank des Rates der guten Fee erwirtschaftete er in nur fünf Monaten einen Gewinn von +6,31 % auf sein eingesetztes Kapital.

Tabelle 35: Gute Fee			
2008	**DAX**	**investiert in**	**Vermögen**
Start			1,00 €
Mrz	−3,16 %	Kasse	1,00 €
Apr	+4,95 %	DAX	1,05 €
Mai	+0,34 %	DAX	1,05 €
Jun	−9,61 %	Kasse	1,05 €
Jul	+0,95 %	DAX	1,06 €
Rendite	−6,94 %		**+6,31 %**

Ich hoffe, das ist einigermaßen verständlich, und dass die Quizfrage dadurch verstehbar geworden ist.

Quizfrage 4: Die gute Fee (zum Ersten)
Dieses Mal zählen Sie eine gute Fee exclusiv zu Ihren Beratern. Sie sagt Ihnen jeden Monat im Voraus, ob der DAX in diesem Monat steigen oder fallen wird. Dementsprechend investieren Sie: Geht der DAX rauf, sind Sie dabei; fällt er, hatten Sie Ihr Geld bar liegen gehabt und leiden nicht mit. Transaktionskosten vergessen wir auch hier wieder. Was schätzen Sie, wurde mithilfe der guten Fee aus dem 1 €, den Sie zum Schlusskurs des 31. Dezember 1997 investierten, über den Zeitraum von zehn Jahren?

Bitte machen Sie auch hier wieder eine ungefähre Schätzung aus dem Bauch heraus, und lesen Sie erst dann weiter zur Auflösung!

Na, was haben Sie getippt? 4 €? 8 €? Letzteres ist schon gar nicht schlecht. Aber die gute Fee ist noch mehr Geld wert: Hätten Sie so investiert, wie die gute Fee es Ihnen zugeflüstert hat – d. h., Sie haben nur die positiven Monate im DAX mitgenommen und die schlechten ausgelassen –, dann hätten Sie nach Ablauf der zehn Jahre bis zum 31. Dezember 2007 etwa 26 € Ihr Eigen nennen dürfen. Eine beeindruckende Rendite, wenn man bedenkt, dass Sie mit nur 1 € angefangen haben! Eine Versechsundzwanzigfachung Ihres Kapitals also. Die gute Fee ist wirklich Gold wert.

Antwort 4:
Wenn Sie am 31. Dezember 1997 genau 1 € mithilfe der guten Fee investiert hätten, hätten Sie am 31. Dezember 2007 ca. 25,95 € Ihr Eigen nennen können.

Natürlich ist es sehr unwahrscheinlich, dass Sie oder ich ein Modell entwickeln, das uns jeden Monat im Voraus exakt und unbeirrbar sagen kann, wohin die Reise des Aktienmarktes in diesem Monat geht. Jedes Modell wird auch Fehler aufweisen – aber zumindest haben wir so einen ersten Eindruck bekommen, was an der Börse möglich ist, wenn man seine Sache gut macht. Das eben diskutierte Beispiel entspricht jeden Monat einer Wahl aus zwei Alternativen (DAX oder Kasse). Wir hatten also über zehn Jahre exakt 120-mal die richtige Wahl eins aus zwei zu treffen.

Eine andere Möglichkeit und Quizfrage folgt. Der DAX hat genau 30 Mitglieder. Wenn Sie nun jeden Monat nur in die Hälfte davon investieren würden, entspräche dies einer ähnlichen Auswahl: Aus 30 wählen wir 15 aus. Wie sähe die Rendite aus, würden Sie dabei jeden Monat tatsächlich die besten 15 erwischen? Die Wahrscheinlichkeit dafür ist deutlich geringer – dennoch ist es nicht ganz unmöglich. Die Frage lautet: Wird die geringere Wahrscheinlichkeit auch durch eine höhere Rendite entlohnt?

Quizfrage 5: Die gute Fee (zum Zweiten)
Die gute Fee sagt Ihnen jeden Monat im Voraus, welche 15 Aktien aus dem DAX jeweils die beste Performance in diesem Monat ausweisen. Dementsprechend investieren Sie jeden Monat gleichverteilt in diese 15 besten Aktien. Transaktionskosten vergessen wir auch hier wieder. Was schätzen Sie, wurde mithilfe dieser guten Fee aus dem 1 €, den Sie zum Schlusskurs des 31. Dezember 1997 investierten, über den Zeitraum von zehn Jahren?

Überlegen Sie bitte auch hier wieder erst oder befragen Sie Ihr Bauchgefühl, bevor Sie zur Auflösung auf die nächste Seite schauen. Es ist natürlich schwieriger, jeden Monat 15 Entscheidungen „eins aus zwei" richtig hinzubekommen als nur eine Entscheidung eins aus zwei. Andererseits haben einzelne Aktien höhere Schwankungen als der Marktdurchschnitt, der in etwa durch den DAX repräsentiert wird – also sollten sich die besten Aktien auch deutlich vom DAX unterscheiden.

Allerdings sind Sie bei dieser Variante jeden Monat voll investiert, und keine Kassenhaltung beschützt Sie vor einem negativen Monat. Also: Was, glauben Sie, wurde diesmal aus dem Euro über zehn Jahre? Was haben Sie diesmal geschätzt? Interessant ist ja nicht nur die Zahl selbst, sondern auch, ob sie größer oder kleiner als der Wert ist, der bei der ersten guten Fee herausgekommen ist. In Seminaren vor Analysten und Investor-Relations-Managern, also Finanzmarktexperten, in denen ich diese Frage gestellt habe, wurde oft eine Zahl genannt, die kleiner war. Diese Börsianer gingen also davon aus, dass es einträglicher ist, zum richtigen Zeitpunkt keine Aktien zu haben, als immer einen Korb aus den jeweils besten Aktien zu besitzen. Ging es Ihnen auch so? Dann schnallen Sie sich bitte an.

Hätten Sie zwischen dem 31. Dezember 1997 und dem 31. Dezember 2007 in jedem Monat nur die 15 besten DAX-Aktien Ihr Eigen genannt, wären aus dem Anfangskapital von 1 € in etwa 374 € geworden. Das ist nicht nur etwas, sondern sogar deutlich mehr als die 26 € beim richtigen Kassenhalten. Was sagt uns diese Zahl? Dass es gar nicht nötig ist, die Richtung des Marktes insgesamt vorherzusagen. **Denn wenn wir in der Lage sind, die besten Aktien auszuwählen, erzielen wir nicht nur genauso viel, sondern eine noch viel höhere Rendite als mit dem Vermeiden negativer Monate.** Die Zukunft des Gesamtmarktes vorherzusagen ist also unnötig.

Antwort 5:
Wenn Sie am 31. Dezember 1997 genau 1 € mithilfe der guten Fee immer in die 15 besten Aktien des Monats investiert hätten, hätten Sie am 31. Dezember 2007 ca. **374 €** Ihr Eigen nennen können.

Na ja, sagen Sie jetzt vielleicht, während Sie auf die Ergebnisse schauen; das kann ja auch Zufall sein, oder der Zeitraum ist günstig gewählt oder der betrachtete deutsche Markt. Recht haben Sie – und gleichzeitig auch nicht. Ich kann Ihnen das Gegenteil nicht beweisen, weil es zu viel Mühe macht, alle möglichen Märkte und Zeiträume zu analysieren. Daher bitte ich Sie einfach, mir zu vertrauen. Meine Erfahrung von beinahe acht Jahren „jeden Tag Börse" in den verschiedensten Aktienmärkten aller Länder Europas hat mich gelehrt, dass es a) nicht nur **einfacher ist, die besten Aktien auszulesen als die Richtung des Aktienmarktes generell vorherzusagen,** sondern b) **auch viel sinnvoller,** weil mehr

Extrarendite dabei herauskommt. Vielleicht überzeugen Sie ein paar Extradaten:

▶ In den ganzen 120 Monaten, die der gewählte Zehnjahreszeitraum umfasst, gab es gerade mal 21 Monate, in denen die besten 15 Aktien des DAX im Mittel negativ – und damit schlechter als die Alternative „Kasse" – abschnitten. Das ist kaum mehr als ein Sechstel.

▶ Dafür lieferte die „bessere Hälfte" der Aktien in den anderen Monaten im Schnitt 3,9 % Mehrrendite gegenüber dem DAX ab – das entspricht kumuliert, also aufs Jahr hochgerechnet, fetten 58,9 %. Wer wollte dazu schon Nein sagen?

Sollten Sie also tatsächlich eine gute Fee treffen, die Ihnen zur Wahl lässt, ob Sie jeden Monat im Voraus die 15 besten DAX-Aktien erfahren oder den DAX-Stand am Monatsende, dann entscheiden Sie sich bitte für Ersteres – und schicken die Fee dann zu mir.

Ein ganz einfaches Aktienauswahlmodell gefällig – oder auch zwei?

Na, sagen Sie jetzt vielleicht, da hat die gute Frau mal mächtig übertrieben. Diese Renditen sind ja gut und schön – aber das ist doch alles nur auf dem Papier so fein, wie soll das denn in der Praxis gehen. Es ist doch unwahrscheinlich, dass man es schafft, die besten Aktien im DAX herauszufinden, und gleich noch jeden Monat. Ne, da lobe ich mir mein Sparbuch; das fällt wenigstens nicht im Wert.

Sie erwarten von mir natürlich nicht, dass ich Ihnen jetzt zustimme. Das tue ich auch nicht. Ich bitte Sie lediglich, noch etwas Geduld zu haben – denn in diesem Kapitel werden einige Strategien zur Sprache kommen, die in der Vergangenheit gut funktioniert haben, um die besten Aktien zu finden, und die aller Wahrscheinlichkeit nach auch in der Zukunft funktionieren werden, weil der Mensch nun mal nie ohne Fehler ist und sein wird. Um Sie aber bei der Stange zu halten und vielleicht eine kleine Mini-Beweisführung darüber vorzunehmen, dass es möglich ist, biete ich Ihnen hier ein ganz simples Stockpicking-Modell[67] an, mit dem man schon mal im DAX ein bisschen weiterkommt.

Was wäre, wenn Sie immer am Ende eines Kalendermonats einen marktneutralen Korb von Aktien kaufen, indem Sie darauf setzen, dass sich die Top- und Flop-Performer in diesem Monat so im kommenden Monat nicht wiederholen? Konkret gesagt: Was wäre, wenn Sie immer am Monatsanfang die fünf besten Aktien des Vormonats verkaufen und die fünf schlechtesten Aktien kaufen? Könnte das gehen, d. h. eine positive Performance abliefern? Bedenken Sie, dass wir hier ein marktneutrales Portfolio zusammenstellen, also eine Auswahlstrategie, die gar keinen Kapitaleinsatz erfordert und daher attraktiv ist, wenn ihre Performance über der Nulllinie liegt.

Solch eine Strategie würde man Reversal-Strategie nennen (reverse: engl. für umkehren, zurückdrehen), denn sie setzt darauf, dass sich ein Trend umkehrt, also nicht weiterläuft und sich stattdessen ins Gegenteil verkehrt. Aus meiner Erfahrung heraus sind solche Strategien nur für Unternehmen mit hoher Marktkapitalisierung empfehlenswert, da die kleineren häufiger lang anhaltenden Trends unterworfen sind. Die genannte Reversal-Strategie

long[68]: kaufe am Monatsanfang die fünf schlechtesten DAX-Aktien des Vormonats und

short: verkaufe am Monatsanfang die fünf besten DAX-Aktien des Vormonats

funktioniert beispielsweise im DAX hervorragend. Im Durchschnitt liegt die erzielte Performance im vorher schon verwendeten Zehnjahreszeitraum bei 0,30 % im Monat bzw. 3,7 % annualisiert (aufs Jahr hochgerechnet).[69] Also eine Strategie, die positive Erträge erwirtschaftet und gleichzeitig sehr einfach umzusetzen ist. Die Top/Flop-Performer im DAX für verschiedene Zeiträume finden Sie beispielsweise bei www. onvista.de[70]; Sie müssten sich nur noch am Ende jedes Kalendermonats hinsetzen und handeln. Nun haben wir hier natürlich Transaktionskosten wieder nicht berücksichtigt, die durchaus erheblich sein können, wenn man zehn Aktienpositionen eingehen und vielleicht sogar jeden Monat verändern muss. Ich wollte Ihnen aber damit dennoch erläutern, was schon mit ganz simplen Methoden möglich ist.

Warum es funktioniert, fragen Sie mich vielleicht noch. Nun, die Praxis jedes Fondsmanagers und Geldanlegers kennt auch den Kalender. Oftmals sind zum Monatsende und insbesondere zum Quartalsende Reports erforderlich, an den Vorgesetzten, die Kollegen oder gar die

Kunden. Um nicht als Idiot dazustehen, der die Marktentwicklung verschlafen hat, wäre es ja schön, zu diesen Stichtagen im Portfolio auch die jeweils besten Aktien des Zeitraumes ausweisen zu können, nicht wahr? Und so besteht immer zum Monatsende ein gewisser positiver Druck, die besten Aktien noch zu kaufen und die schlechtesten zu verkaufen. Mit dem Ablauf des Monatsendes lässt dieser künstliche, weil nicht mit Fundamentaldaten erklärbare Druck nach und die Performance normalisiert sich wieder, d. h., die schlechtesten Aktien laufen jetzt besser als die besten Aktien, um die künstliche Performancedifferenz zu schließen. Das ist der Effekt, von dem wir in diesem Beispiel profitieren. Und glauben Sie mir, selbst die souveränsten unter uns Fondsmanagern waren nicht immer frei davon, unsere Fonds zu Vorzeigeportfolios zu verwandeln, wenn der Stichtag zur Veröffentlichung kam. Traurig, aber wahr.

Wie, die angebotene Rendite reicht Ihnen nicht? Und unter Berücksichtigung von Transaktionskosten bleibt fast gar nichts mehr übrig? Und überhaupt – ein kleiner Vorgriff auf Teil III – wollen Sie keine Aktien short gehen, d. h. leer verkaufen, aus ethischen oder rein praktischen Gründen? Dann seien Sie nicht über Gebühr enttäuscht, denn ich habe noch eine andere, ganz einfache Strategie für Sie. Unser „einfaches Stockpicking-Modell Nummer zwei".

Was würde passieren, würden wir die Aktien aus dem Korb des DAX nicht nur nach der Einmonatsperformance auswählen, sondern nach ihrer Dreimonatsperformance? Indem wir in jedem Kalendermonat die Aktien nach ihrer Performance sortieren und einen Rang vergeben, so dass die beste Aktie Platz eins bekommt und die schlechteste Aktie Rang 30. Dann bilden wir aus drei Monaten einen Durchschnitt und kaufen nur die Aktien, deren Durchschnitt größer ist als 20 – die also in allen drei Monaten richtiggehend schlecht performt haben und im Mittel zum schlechtesten Drittel zählten. Was wäre, wenn wir Aktien so auswählen, und nur die kaufen, die dieses Kriterium erfüllen, egal wie viele es jeweils sind, und keine Aktien short gehen, also verkaufen? Bedenken Sie, dass wir diesmal kein marktneutrales Portfolio zusammenstellen, sondern uns mit diesen Aktien tatsächlich in den Markt hineinbegeben.

Was dann wäre, ist noch viel besser, zumindest in Sachen Performance. Ich habe es über den schon vorher benutzten Zehnjahreszeitraum von 1997 bis 2007 getestet. Nicht in jedem Monat gab es solche schlechten Dreimonatsaktien, manchmal waren es auch nur zwei oder drei. Über die lange Zeit jedoch hat solch ein Aktienkorb im Schnitt

2,07 % Performance im Monat erbracht (denn die ausgewählten Aktien wurden einen Monat lang gehalten), also aufs Jahr hochgerechnet 28 %. Was sagen Sie nun?

Wären wir dieser Strategie gefolgt, die ja ganz einfach umzusetzen ist, wenn man sich an jedem Monatsende hinsetzt und eine Performancerangliste speichert (wie sie z. B. bei OnVista erhältlich ist), um dann jeweils die Dreimonatsmittelwerte der Ränge bilden zu können; wären wir dieser Strategie also gefolgt und hätten den berühmten 1 € (ohne Berücksichtigung von Kauf- und Verkaufsgebühren) investiert, was wäre aus dem Euro geworden über die zehn Jahre? Schätzen Sie wieder gern, wenn Sie möchten; es ist diesmal leichter, da Sie ja die jährliche Prozentzahl kennen. Deswegen will ich auch um die Antwort nicht allzu viel Brimborium machen:

Es sind diesmal 6 €; eine Versechsfachung des eingesetzten Kapitals. Ein ganz ordentliches Ergebnis, wenn man bedenkt, dass der DAX in der Zeit „nur" auf 2 € gekommen wäre, und wie wenig Arbeit dahintersteckt. Sie müssten nicht mal die Unternehmen kennen, in die Sie investierten, geschweige denn irgendwelche Prognosen zum Wirtschaftswachstum und den Unternehmensgewinnen verfolgen oder gar selber aufstellen!

Was, Sie glauben mir nicht, dass es so einfach ist? Sie glauben, die Sache muss einen Haken haben? Nun, dass diese Strategie einen Haken haben „muss", ist nicht direkt plausibel. Denn sie ist sowohl

▶ logisch (siehe Verhalten der Großinvestoren) als auch
▶ empirisch nachgewiesen (siehe meine Nachrechnung).

Und beides waren ja die Bedingungen, die ich an eine Regel stelle, damit sie Sinn macht. Einen kleinen „Haken" gibt es dennoch:

Von den 120 getesteten Monaten waren nur knapp mehr als die Hälfte von Erfolg gekrönt: Denn nur in 67 Monaten war die erzielte Rendite höher, als wenn man einfach gleichgewichtet in die DAX-Aktien investiert hätte. Die guten Monate wogen jedoch aufgrund ihrer Performance die schlechten Monate mehr als auf, so dass über den langen Zeitraum die beschriebenen Überrenditen zustande kommen. Es ist meine persönliche Erfahrung auch mit meinem eigenen Ansatz, dass **quantitative Modelle[71] durchaus recht heftige Phasen von Underperformance erleiden – wer diese jedoch durchhält und nicht die Flinte ins Korn wirft, kann die über längere Zeiträume erwiesenen Überrenditen einfahren.** Die schlechten Phasen sind der eigentliche Grund, warum quantitatives Investieren manchmal schwer auszuhalten und umzusetzen ist, obwohl es von der Machart her doch so einfach ist.

Ich hoffe, dass diese Beispiele zeigen, wie leistungsstark quantitatives Investieren ist, wenn man es konsequent macht und durchhält. In meinem für Sie entwickelten Modell ist das beschriebene Dreimonatsreversal einer von mehreren Faktoren, die in die Auswahl der Aktien mit einfließen. Sie können das, wenn Sie wollen, auch so machen. Beachten Sie aber, dass solche Reversal-Strategien nur bei großen Aktien Sinn machen – dort, wo sich viele Geldanleger und Analysten tummeln und die beschriebenen „Window Dressing"-Effekte[72] in großem Umfang stattfinden.

Renditeträchtige Langeweile oder: Warum es so wichtig – und so schwer – ist, mal nichts zu tun

Sind Sie Fußballfan? Dann mögen Sie bestimmt auch Elfmeter. Wussten Sie, dass Sie als Fan mit Schuld daran tragen, dass der Torwart Ihres Heimatvereins nicht so viele Elfmeter hält, wie er halten könnte? Ja, Sie als Fan sind daran beteiligt, und warum das so ist und was das mit Ihrem Erfolg an der Börse zu tun hat, erklärt dieses Kapitel.

Lockruf des Geldes: Was fasziniert uns eigentlich daran, viel Geld zu verdienen?

Einige Strategien, die uns Überrenditen verdienen lassen, haben wir schon kennengelernt. Und noch mehr warten auf uns. Was fasziniert uns eigentlich daran, mehr Geld zu verdienen als andere?

So hoch entwickelt unsere Gehirne und technischen Hilfsmittel heutzutage auch sind, sind es dennoch oft Instinkte und Triebe, mithilfe derer wir uns durch die komplexe Welt, in der wir leben, navigieren. Gerade weil uns heutzutage so viele Wahlmöglichkeiten bei Entscheidungen offenstehen – man nehme allein die Anzahl der Joghurtsorten in einem durchschnittlichen Supermarkt –, müssen wir uns noch viel mehr auf Gefühle und Intuition verlassen als vielleicht unsere Vorfahren. Doch leben auch sie noch in uns fort.

Eines der elementarsten Bedürfnisse ist den meisten Menschen der Wunsch nach Fortpflanzung. Dafür braucht man in der Regel einen Partner. Was treibt uns nun dazu, den einen Partner zu wählen statt den anderen? Die meisten würden argumentieren, dass Sichverlieben doch keinen rationalen Überlegungen folgt – aber das ist weit gefehlt. In einer umfangreichen Studie unter über 10.000 Teilnehmern aus 33 Ländern in sechs Kontinenten testeten Psychologen um David M. Buss, welche Variablen Männer und Frauen in ihren Partnern als jeweils wichtig ansahen. Sie konzentrierten sich dabei auf fünf Kriterien: die Fähigkeit, für Einkommen zu sorgen, Ehrgeiz, junges Alter, physische Attraktivität und Unschuld (keine vorhergegangene sexuelle Erfahrung). Dabei wurden die Teilnehmer gebeten, diese Faktoren mit einem Rangsystem zu sortieren, derart, dass der ihnen wichtigste Faktor Rang eins, der zweitwichtigste Rang zwei etc. bekommt.

Was fanden die Forscher? Neben Unterschieden in den einzelnen Kulturen gab es eine Gemeinsamkeit: Im Durchschnitt war es den Frauen wichtiger als den Männern, dass ihre Partner gute finanzielle Perspektiven und Ehrgeiz besaßen. Mehr noch: Diese beiden Faktoren waren ihnen wichtiger als gutes Aussehen oder mögliche Unschuld. Wer jetzt noch meint, Partnerwahl sei reiner Zufall oder habe ausschließlich romantische Hintergründe, irrt vielleicht. Aus Sicht der Evolutionsbiologen geht es den Frauen vorrangig darum, ihren Nachkommen das Überleben zu sichern – und das geht umso besser, umso mehr ökonomische Ressourcen der traditionelle Ernährer der Familie anzubieten hat. Eine mögliche Erklärung für den Lockruf des Geldes ist also die Verbesserung der Chancen bei der Partnerwahl – zumindest für die Herren der Schöpfung. Die Emanzipation der Frauen hat die Bedeutung des finanziellen und Ehrgeizfaktors in den Industrieländern etwas sinken lassen, auch das lässt sich aus der Studie ablesen; dennoch sind auch dort beide Kriterien die wichtigsten für die Frauen.

Was bedeutet das? Im Klartext heißt das, ökonomische Ressourcen und Ehrgeiz sichern den Männern beste Chancen bei der Partnerauswahl. Beide Faktoren lassen sich durch Titel, Macht, Vermögen, aber vor allem doch durch das Einkommen „beweisen". Den Menschen wie im Sozialismus die Möglichkeit zu nehmen, sich durch unterschiedliches Einkommen hervorzuheben, hieße, den Menschen in seinen elementarsten Bedürfnissen zu unterdrücken – vielleicht einer der Gründe, warum diese Gesellschaftsordnung am Ende an sich selbst gescheitert ist.

Denn woran liegt das? Ganz einfach: Ihr Torwart möchte natürlich seine Sache so gut wie möglich machen, wenn beim Elfmeter das ganze Stadion den Atem anhält und alle die Augen ausschließlich auf ihn und sein Tor richten. Die Wissenschaftler Bar-eli, Azar, Ritov, Keidar-Levin und Schein[73] haben im Jahr 2005 weltweit insgesamt 286 Elfmeter von wichtigen Spielen, d. h. Landesligen oder Meisterschaften, ausgewertet. Dabei haben sie sich zwei Fragen gestellt:

▶ Erstens: Welche der drei möglichen Reaktionen, die ein Torwart zeigen kann, nämlich sich nach links zu werfen, nach rechts zu springen oder in der Mitte stehen zu bleiben, hat die höchste Wahrscheinlichkeit für den Torwart, den Ball zu halten?
▶ Und zweitens: Wie sieht denn die Realität aus, d. h., für welche Variante entscheiden sich die Torhüter tatsächlich?

Was glauben Sie? Halten Sie doch kurz inne und finden Sie Ihre eigene Antwort oder Vermutung, bevor Sie weiterlesen.

Um Frage eins zu beantworten, mussten die Wissenschaftler erst einmal klären, wohin die Elfmeterschützen am liebsten zielen. Dabei stellte sich heraus, dass die Schützen gar keine richtige Lieblingsecke hatten: 39 % schossen nach rechts (aus Sicht des Torwarts), 32 % nach links, und die verbliebenen 29 % setzten den Ball einfach in die Mitte. Das ist fast eine Gleichverteilung, denn jede der drei Varianten wurde mit einer Wahrscheinlichkeit von ca. einem Drittel gewählt. Diese Information stellte also noch keine Hilfe für den Torwart dar!

Zur Beantwortung von Frage eins war jedoch noch eine weitere Information vonnöten. Angenommen, der Torwart hatte die richtige Ecke oder Mitte erwischt, für die sich der Elfmeterschütze entschieden hatte: Wie oft war es für ihn möglich, den Ball auch zu halten und nicht ins Tor hindurchzulassen? Denn, das kennen Sie sicher aus Ihrer eigenen Fußballerfahrung, der Sprung in die richtige Ecke garantiert noch keinen Elfmeter-Abwehrerfolg. Also analysierten die Wissenschaftler auch diese Frage und kamen zu folgendem Ergebnis: Hatten sich beide die linke Ecke ausgewählt, konnte der Torwart in 30 % der Fälle den Ball auch halten. In der rechten Ecke waren es immerhin noch 25 %, also ein Viertel. Blieb der Torwart jedoch in der Mitte stehen und hatte recht mit seiner Wahl, dann gelang es ihm, deutlich mehr als die Hälfte aller in die Mitte gezielten Bälle zu halten: nämlich exakt 60 %.

Was bedeutet das nun für die Wahl des Torhüters? Das Spannende am Elfmeterschießen ist ja, dass aufgrund der recht kurzen Distanz sich der Torwart schon für eine Ecke oder die Mitte entscheiden muss, bevor der Schütze überhaupt den Ball getroffen hat und man vielleicht irgendwie erkennen kann, wohin der Schuss gehen wird. Erfahrungen aus absolvierten Spielen oder gar Hilfen aus der Wissenschaft sollten also hoch im Kurs stehen!

Um den Torhütern mit einer guten Empfehlung zu dienen, brauchten die Wissenschaftler nur noch diese beiden Zahlen zusammenzubringen:

Tabelle 36: Haltewahrscheinlichkeiten Elfmeter			
Tor	**Vom Schützen gewählt**	**Ball tatsächlich gehalten**	**Haltewahrschein-lichkeit**
Links	32 %	30 %	32 % · 30 % = 9,6 %
Mitte	29 %	60 %	29 % · 60 % = 17,4 %
Rechts	39 %	25 %	39 % · 25 % = 9,8 %

Wie ist diese Tabelle nun zu bewerten? Recht einfach: Die höchste Wahrscheinlichkeit, einen abgeschossenen Ball tatsächlich zu halten, also den Elfmeter zu verhindern, hat der Torwart, wenn er in der Mitte stehen bleibt. Denn von dem Drittel aller Bälle, das dort landet, kann er mehr als die Hälfte halten. In genauen Zahlen ausgedrückt, bedeutet das: In der Mitte „stehen zu bleiben" hat die höchste Wahrscheinlichkeit zur Verhinderung des Elfmeters, und zwar mit exakt 17,4 %.

Aber was machen die Torhüter nun wirklich? Das war die zweite Frage, die sich die Wissenschaftler in ihrer Untersuchung gestellt haben. Intuitiv, d. h. als Ergebnis langer Erfahrungen aus echten Spielen, sollte den Torleuten bekannt sein, dass die Mitte die besten Chancen bietet, den Ball zu halten und das gegnerische Tor zu verhindern. Demzufolge müssten sie sich eigentlich in allen Fällen tatsächlich auch für das In-der-Mitte-Stehenbleiben entscheiden.

Sie ahnen schon an der Art der Fragestellung, dass die Realität ganz anders aussieht. Sonst wäre es auch gar nicht so interessant gewesen, diese Studie überhaupt zu veröffentlichen. Und tatsächlich: Nur in ganzen 6,3 % aller untersuchten Elfmeter hatte sich der Torwart für die Mitte entschieden. Das ist nicht mal ein Zehntel der Schüsse – weit entfernt von dem „mehr als ein Drittel" oder gar 100 % der Fälle, das rational, also vernünftig, gewesen wäre. Am beliebtesten war stattdessen die linke Ecke mit fast der Hälfte aller Fälle (49,3 %); die rechte Ecke wurde mit immerhin 44,4 % beinahe ebenso oft gewählt.

Bewaffnet mit diesen Zahlen konfrontierten die Wissenschaftler nun 32 Torleute aus den beiden Topligen in Israel mit einem Fragebogen. 25 von ihnen, also die Mehrheit, waren der Meinung, dass es „normal" sei, in die linke oder die rechte Ecke zu springen. Offensichtlich waren sich die Torleute der tatsächlichen Wahrscheinlichkeiten in keiner Weise bewusst – oder sie unterlagen einer unausgesprochenen Norm: dass nämlich springen, also sich zu bewegen, vom Publikum und allen anderen höher geschätzt wurde, als in der Mitte zu bleiben. Die Vorstellung, beim „Einfach-nur-Stehenbleiben" in zwei Drittel der Fälle zuzuschauen, wie der Ball links oder rechts ins Tor rollt, ist offensichtlich so unerträglich, dass die höhere Wahrscheinlichkeit, den Ball in der Mitte halten zu können, ignoriert wird oder nicht als Entschädigung ausreicht. Das ist ein Problem, das auch an der Börse und unter Fondsmanagern und anderen Geldverwaltern auftaucht: In schwierigen Situationen ergibt sich ein besseres Gefühl, wenn man „etwas getan" hat, als wenn man nichts getan hat – obwohl, wie wir noch gleich sehen werden, an der Börse das „Nichtstun" in vielen Situationen zu höheren Renditen führt.

Denn auch dort existiert ein sogenannter „Action Bias": eine natürliche Tendenz dazu, lieber zu handeln, als nicht zu handeln. Schlimmer noch: nicht nur, dass zu oft auf eigentlich unwichtige Nachrichten hin gehandelt wird. Viele Börsenteilnehmer neigen auch dazu, in ruhigen Zeiten Geschäfte zu machen, die weder notwendig noch sinnvoll sind und sich lediglich aus einer gewissen Langeweile heraus erklären. Man nennt solche Geschäfte daher auch „boredom trades": Handel aus Langeweile. Dazu ein Zitat aus einem Internet-Blog:

> *„Schlimmer noch, viele Trader gehen Positionen aus purer Langeweile heraus ein; sie erzwingen ein Handelsgeschäft und sind dann den Rest der Zeit damit beschäftigt, es zu rechtfertigen."*
>
> Boris Schlossberg[74]

Ich kenne keine Zahlen dazu, wie viel Geld (oder eher Performance) auf diese Weise vernichtet wird. Es gibt jedoch eine sehr groß angelegte Studie aus den USA, die einen deutlichen Zusammenhang zwischen hohem Handelsumsatz und geringerer Rendite bei Privatanlegern zeigt. Die Wissenschaftler Barber und Odean untersuchten im Jahr 2000, inwieweit sich ein häufiger Umschlag im Depot auf die Performance auswirkt, und fanden einen eindeutig negativen Zusammenhang: So erzielte die Gruppe mit dem niedrigsten Handelsumsatz eine um etwa 53 % höhere Rendite als die Gruppe mit der höchsten Anzahl Trades.[75]

Woran liegt das? Nun, so zeigt eine weitere Studie von Terry Odean, die zwei Jahre früher entstand: Oftmals, wenn ein Privatanleger eine Aktie in eine andere tauscht, ergibt sich dadurch keine bessere, sondern eine schlechtere Rendite. Im Durchschnitt verliert ein Anleger 3,4 % im ersten Jahr nach dem Tausch, und das noch ohne Berücksichtigung von den Gebühren, die bei Kauf und Verkauf anfallen. Auch für den Privatanleger zahlt sich also eine größere, geduldigere „Langeweile" an der Börse aus. Lassen Sie sich also in Zukunft etwas mehr Zeit und Muße für Ihre Aktienentscheidungen, und **lassen Sie sich vor allem von kurzfristigen Schwankungen, Nachrichten oder anderen Bewegungen nicht aus der Ruhe bringen, sondern bleiben Sie konsequent bei Ihrer eigenen Strategie** – diese Botschaft aus den boredom trades ist mir am wichtigsten.

Die beiden Studien, die ich zuletzt erwähnt habe, werden übrigens oft herangezogen, um zu zeigen, dass Frauen die besseren Investoren sind. Das stimmt rein mathematisch zwar, liegt aber lediglich darin begründet, dass wir Frauen generell weniger handeln – „unser" Handelsumsatz liegt laut der Studie von Barber und Odean etwa 38 % unter dem der Männer. Nur dadurch gelingt es den Frauen auch, eine höhere Rendite zu erzielen – kein Beweis also, dass wir auch die besseren Aktienpicker wären! Nichtsdestotrotz: Beide Studien zeigen ganz klar, wie wichtig es ist, nur dann zu handeln und tätig zu werden, wenn wirklich Bedarf ist – ein Plädoyer für das richtige Maß an Langeweile an der Börse. Wir merken uns: **Geduld und Langmut sind ganz wichtig für den Börsenerfolg.** Manche quantitativen Strategien tragen die besten Früchte, wenn man die Aktien über drei Jahre hält! Also: **Im Zweifel lieber für den „Angeklagten"** – handeln Sie nur, wenn Ihre selbst gewählte Strategie tatsächlich ein Kauf- oder Verkaufssignal liefert.

Blasen im Labor: Was passiert, wenn man die Langeweile nicht aushält

„Das meiste der Handelsaktivitäten, die die Formation von Blasen begleiten, in Märkten, in denen Spekulation erlaubt ist, ergibt sich aus der Tatsache, dass für die Teilnehmer des Experiments keine andere Aktivität verfügbar ist."

Vivian Lei, Charles Noussair, Charles R. Plott[76]

„Spekulative Blasen gibt es immer wieder und ... bisher sind sie noch alle geplatzt."

Hans Uhlig[77]

Die Konsequenzen von Langeweile – oder Handelsgeschäften, die in der Langeweile geboren wurden – sind, wie wir im vorigen Kapitel gesehen haben, beträchtlich und spielen eine erhebliche Rolle für Erfolg oder Misserfolg an der Börse. Jahrelang derselben Strategie treu zu bleiben – in guten wie in schlechten Zeiten – kann nicht nur schwer sein, es ist eben mitunter auch sehr langweilig, wenn monate- oder auch jahrelang nichts passiert und nichts zu tun ist. Dass die meisten Investoren eben dennoch handeln, schadet interessanterweise nicht nur der eigenen Kasse, sondern auch anderen Anlegern im Markt – durch die Entstehung von Blasen.

Getestet und herausgefunden wurde dieses Anlegerverhalten unter anderem von den Wissenschaftlern Lei, Noussair und Plott.[78] Experimente dazu gab es jedoch auch schon früher. In allen wird ein fiktives Wertpapier in einer vorgegebenen Anzahl von Runden gehandelt. Dieses Wertpapier zahlt mit einer gewissen Wahrscheinlichkeit jede Runde eine bestimmte Dividende, und zwar derart, dass der fundamentale Wert des Wertpapiers von Runde zu Runde linear, also entlang einer geraden Linie, abnimmt. Das ist den Spielteilnehmern zu Beginn und auch während des Experiments voll bewusst.

Nun gibt es zwei Möglichkeiten, dieses Experiment zu gestalten: In einem Setting ist Spekulation erlaubt, d. h., die Spielteilnehmer dürfen die Aktie, die den Marktpreis dieses Wertpapiers widerspiegelt, kaufen und verkaufen. In einem anderen Spiel darf die Aktie nur ein einziges Mal irgendwann gekauft werden, d. h., ein Weiterverkauf ist nicht erlaubt. Somit wird Spekulation unterbunden – sollte man meinen!

Die Ergebnisse sind dennoch nicht weit voneinander entfernt und leider recht eindeutig:

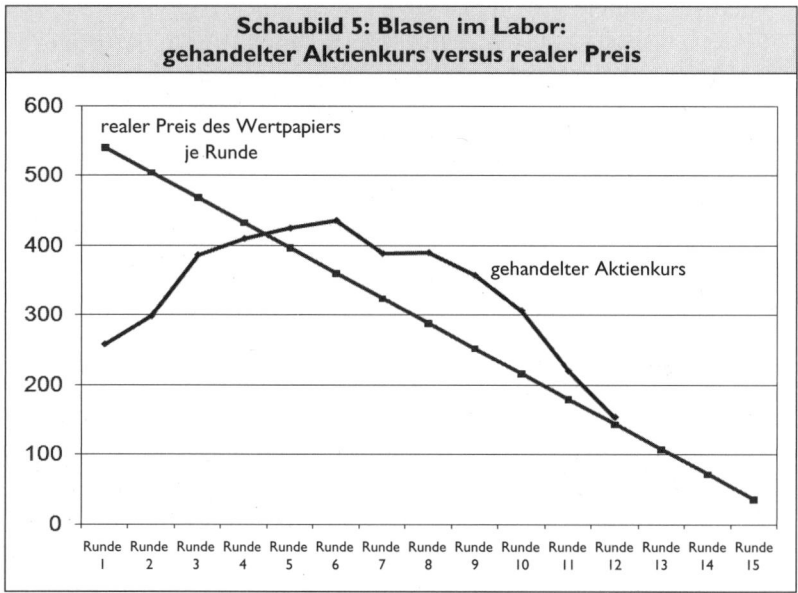

Schaubild 5: Blasen im Labor: gehandelter Aktienkurs versus realer Preis

realer Preis des Wertpapiers je Runde

gehandelter Aktienkurs

Was bedeutet das? Nun, wären die Investoren risikoneutral, müsste sich der Preis der Aktie entlang der dunkelgrauen, geraden Linie bewegen, die den fundamentalen Wert des Papiers repräsentiert. Dies ist nicht der Fall, wie die schwarze gekrümmte Linie beweist, die den tatsächlichen Verlauf des Kurses des Wertpapiers wiedergibt. Mehr noch: Der Verlauf des Aktienwertes ist bei allen Spielen recht ähnlich. Meist beginnt die Aktie in den ersten Runden unter ihrem echten Wert zu liegen, um dann gegen Mitte der Spielzeit ihren Höhepunkt über diesem Wert zu finden und zum Ende sich wieder in Richtung ihres echten Wertes zu bewegen. Bemerkenswert ist, dass das auch in jenen Experimenten geschah, in denen ein Weiterverkauf der Aktien untersagt war! Warum, so fragt man sich, kaufen Spielteilnehmer bewusst zu teuer ein, wenn sie diese Fehlentscheidung nicht mehr korrigieren können?

Die Phase, in der der Kurs der Aktie deutlich über dem tatsächlichen Wert liegt, nennt sich Blase. Wie ein Heißluftballon, der sich aufbläht, so sind bei Blasen Preise bestimmter Wertpapiere aufgebläht, d. h. weit entfernt von ihrem tatsächlichen, inneren Wert. Es ist immer schwer, eine Blase genau zu lokalisieren, denn Investoren und Marktteilnehmer haben zu jeder Zeit auch immer Argumente bereit, die solch eine Preisbildung völlig zu rechtfertigen scheinen. Hinterher, wenn die Blase geplatzt ist, sind wir alle immer schlauer, nicht wahr?

Eine weitere Erkenntnis der Experimente zum Auftreten von Spekulationsblasen ist die, dass solche Blasen nichts mit dem Spekulantentum an sich zu tun haben. Soll heißen: Auch wenn nur „normale" Investoren an der Börse unterwegs wären, würden sich Blasen herausbilden:

> *„Die experimentellen Ergebnisse deuten an, dass Spekulation nicht nötig ist, um Blasen zu erzeugen. Das bedeutet nicht, dass Spekulation in Blasen nicht auftreten kann, sondern dass Blasen eben auch ohne Spekulanten auftreten können."*
>
> Lei, Noussair und Plott[79]

Mir ist wichtig, dass Sie sich merken, **dass Blasen zum Anlegen an der Börse gehören wie die Fettaugen in der Suppe.** Ihr Auftreten und vor allem ihr Platzen ist immer sehr unschön, lässt sich aber kaum verhindern. Langeweile der Investoren und Freude am Nervenkitzel sind vermutlich einige ihrer Ursachen, aber auch der kollektive Rausch, in denen Gruppen von Investoren verfallen können, ist hier zu nennen. Die älteste bekannte Blase ist die Tulpenblase in Holland zwischen 1634 und 1637. Binnen eines kurzen Zeitraums verdoppelten, verdreifachten, ja teilweise verzehnfachten sich die Preise seltener Tulpenzwiebeln. Das Platzen der Blase löste schließlich eine längere Depression aus. Zu den jüngeren Blasen gehören die Internet- und Dotcom-Werte aus dem Jahr 2000 ebenso wie natürlich die globale Finanzkrise, die das Jahr 2008 bestimmte. Jede solcher Blasen und Krisen zieht neue Regelungen nach sich, die verhindern sollen, dass sich erneut irgendwo Blasen bilden. Das ist gut so und auch notwendig; nur wird es wenig am Spiel- und Spaßtrieb der Menschen ändern. Deswegen glaube ich, dass Blasen zum Börsenbetrieb einfach dazugehören, und dass es umso wichtiger ist, seine eigenen Investitionsentscheidungen nicht unter Euphorie- und Rauschgefühlen zu treffen. Es bedeutet auf der anderen Seite, **auch mal ein Handelsgeschäft auszulassen, bei dem man sich nicht wohlfühlt, und lieber ruhig und entspannt auszuharren.** Das ist die wahre Kunst erfolgreicher Geldanlage.

Leinen los: der Ankereffekt

Wie lautet Ihre Telefonnummer? Nein, das ist nicht als indiskrete Frage gedacht – es ist nur der richtige Einstieg in dieses wichtige Kapitel. Schreiben Sie sich bitte auf einem kleinen Blatt die letzten drei Ziffern Ihrer Telefonnummer auf, addieren Sie die Zahl 400 und notieren das Ergebnis. Wir werden später noch darauf zurückkommen. Die nächste Quizfrage betrifft Ihr historisches Wissen. Ich möchte gern von Ihnen wissen, wann Attila, der Hunnenkönig, besiegt wurde. Dabei hoffe ich sehr, dass Sie es nicht genau wissen, sondern einfach eine Schätzung abgeben müssen – das ist wichtig für die Auswertung unseres kleinen Quiz. Am besten schreiben Sie sich Ihre ungefähre Schätzung auch auf das kleine Blatt, wo hoffentlich noch Platz dafür ist. Fertig? Dann können Sie weiterlesen und schauen, was es mit diesen Fragen – und vor allem mit Ihren Antworten darauf – auf sich hat.

Dieses Experiment wurde mit Hunderten von Teilnehmern gespielt.[80] Dabei fand sich ein interessanter Zusammenhang:

Lagen die drei Ziffern der Telefonnummer plus die Zahl 400 zwischen 400 und 599, dann lautete die durchschnittliche Schätzung für Attilas Niederlage 629 nach Christus. Lagen die drei Ziffern der Telefonnummer plus die Zahl 400 hingegen höher, z. B. zwischen 800 und 999, wurde der Kampf gegen Attila etwa im Zeitraum um das Jahr 789 nach Christus vermutet. Im Überblick dargestellt ergaben sich folgende „Zusammenhänge" zwischen den Telefonnummernberechnungen und der historischen Schätzung:

Tabelle 37: Telefonnummer und Attila-Schätzung	
Die letzten drei Ziffern der Telefonnummer plus 400 liegen zwischen …	Durchschnittliche Schätzung, wann Attila besiegt wurde
400 und 599	629 nach Christi
600 und 799	680 nach Christi
800 und 999	789 nach Christi
1000 und 1199	885 nach Christi
1200 und 1399	988 nach Christi

Faszinierend, finden Sie nicht? Es ist deutlich zu sehen, dass je höher die Zahl aus den letzten drei Ziffern der Telefonnummer ist (plus der konstanten Zahl 400), desto höher ist auch die Schätzung für den Zeitraum, wann Attila seine entscheidende Niederlage einstecken musste. Schauen Sie bitte jetzt auf Ihren Zettel. Finden Sie sich auch in einer der obigen Zeilen wieder und erkennen das Experiment der Wissenschaftler wieder? Wenn nicht, sind Sie vielleicht sogar einen Schritt freier als die meisten Spielteilnehmer und Investoren. Denn was hat, bitteschön, eine Telefonnummer mit einer historischen und so weit zurückliegenden Tatsache zu tun? Die Antwort darauf ist einfach und hat ihre Ursache im sogenannten Ankereffekt:

> *„Sobald Ihre Intuition eine Zahl erfasst – irgendeine Zahl –, bleibt diese Zahl [als Anker] ‚kleben‘ …"*
>
> Jason Zweig[81]

Das bedeutet: Obwohl Telefonnummern nichts mit dem Ausgang historischer Schlachten zu tun haben, steigt die durchschnittliche Schätzung im Gleichschritt mit der Telefonnummer (letzte drei Ziffern plus 400) an. **Die erstgenannte Zahl wirkt als Anker, an dem die nächste Zahl unbewusst und völlig unbemerkt ausgerichtet wird.** Lassen Sie sich das mal in Ruhe durch den Kopf gehen: Irgendeine Zahl, nur weil sie direkt vor der Entscheidung oder Prognose, die wir unter Unsicherheit abzugeben haben, genannt wurde, dient als Orientierung für das Unterbewusstsein – selbst wenn beide thematisch überhaupt nichts miteinander zu tun haben!

Bestätigt wurde dieser Effekt auch in anderen Experimenten. James Montier präsentiert eine Grafik, in der Immobilienmaklern die gleiche Immobilie zum Verkauf angeboten wird, allerdings mit zwei unterschiedlich hohen Preisvorstellungen seitens des Verkäufers. Es stellt sich heraus, dass nicht nur der vom Immobilienmakler geschätzte Wert der Immobilie höher ist, wenn die Preisvorstellung des Verkäufers höher ist, sondern sogar der am Ende tatsächlich erzielte Verkaufspreis bzw. das erhaltene höchste Gebot eines Käufers.[82] Sie sehen also, der Ankereffekt hat auf viele Bereiche der Wirtschaft großen Einfluss. Vielleicht ist jetzt auch eine Urlaubserfahrung aus arabischen Ländern, wo auf den Märkten noch richtig um den Preis gefeilscht wird, besser zu verstehen: Oft beginnt der Verkäufer die Preisverhandlungen gerade gegenüber Touristen mit einer absurd hohen Summe, und man wundert sich und fragt sich natürlich, ob man für sehr dumm gehalten wird. Letzteres mag der Fall sein oder nicht – der Ankereffekt ist hier jedenfalls auch am Werk, so dass die zuerst vom Verkäufer genannte Zahl in der Luft liegt und die weitere Verhandlung mitbestimmt; ob man nun will oder nicht. Einziges Gegenmittel (außer nicht zu kaufen): Als Gegenangebot eine absurd niedrige Zahl nennen und so den Anker in die gewünschte Richtung ziehen! Im Übrigen lässt sich dieser Effekt auch bei Gehaltsverhandlungen zielführend einsetzen. Haben Sie auch hier den Mut, erst mal eine unwahrscheinlich hohe Zahl zu fordern, so dass diese für den Rest der Verhandlung im Raum steht. Selbst wenn Sie und Ihr Vorgesetzter sich der Zahl nicht mal im Entferntesten nähern, wird doch das neu verhandelte Gehalt höher sein, als wenn sie „von unten" angefangen hätten.

Noch viel einschneidendere Konsequenzen hat der Ankereffekt jedoch für die Börse. Hier, wo es jeden Tag um Zahlen und Vergleiche geht, ist der Ankereffekt überall zu finden. Vor allem Analysten, deren Aufgabe es ist, Kursziele für Aktien zu nennen, unterliegen ihm immer wieder. Bei der Abgabe ihrer eigenen Schätzung spielt beispielsweise der momentane Aktienkurs immer wieder eine Rolle – obwohl er nichts zu tun haben muss mit dem realen Wert eines Unternehmens zu einem bestimmten Zeitpunkt in der Zukunft. Dennoch wirkt der derzeitige Kurs als Anker, und immer wieder stellt man fest, dass die meisten Kursziele sich in einem Korridor von −20 % bis +20 % um den aktuellen Kurs herumbewegen. Das wiederum hat zur Folge, dass sich Trends bei Aktien relativ lange halten, denn wenn die genannten 20 % Kursgewinn oder -verlust aufgetreten sind, sind die Analysten gezwungen, ihre Kursziele neu zu überdenken. So arbeiten sich ihre Empfehlungen in Trippelschritten voran, und immer, wenn eine neue kommt, erhält die Aktie erneute Aufmerksamkeit und meist einen weiteren Schub in die richtige Richtung. Dieser Aspekt ist sehr wichtig, denn es gibt Wissenschaftler, die behaupten, der Kursverlauf verschiedenster Wertpapiere sei lediglich ein Zufallsprodukt – eine These, die ich aus eigener Erfahrung vehement verneine. Denn da, wo systematisch Fehler gemacht werden, sind auch die Ergebnisse dieser Fehler, also die Kursverläufe, systematischer und damit nicht zufälliger Natur. Merken wir uns also: **Das menschliche Gehirn neigt dazu, sich an aktuellen Zahlen oder Zahlen aus der Vergangenheit festzuklammern, und unterstützt so das Auftreten von länger anhaltenden Trends** an der Börse. Für eine Aktiencheckliste, die wir später erstellen wollen, um die richtig attraktiven Aktien zu finden, sollte also der momentane Trend einer Aktie, d. h. die Richtung, in die sie sich bewegt, und ob diese schon seit längerer Zeit ausgeprägt ist, eine Rolle spielen.

Diese Schlussfolgerung wurde ebenfalls bereits empirisch, d. h. durch eine Untersuchung mit tatsächlichen Börsenzahlen, bestätigt. Andreas

Oehler hat Strategien, die sogenannte Gewinner-Aktien (Aktien mit einem positiven Kurstrend über einen bestimmten Zeitraum) kaufen und Verlierer-Aktien (Aktien mit einem negativen Kurstrend über den gleichen Zeitraum) verkaufen, im deutschen und amerikanischen Aktienmarkt getestet. Seine Ergebnisse sind eindeutig: Für mittelfristige Zeiträume, d. h. sechs bis zwölf Monate, liefern solche Strategien klare Überrenditen. So konnte eine Strategie, die immer die besten Aktien über sechs Monate gekauft und die schlechtesten über diesen Zeitraum verkauft hat, bei einer Haltedauer von ebenfalls sechs Monaten in Deutschland eine jährliche Überrendite von 9 % in Deutschland und 12 % in den USA erzielen. Ähnlich gut waren die Ergebnisse über zwölf Monate.[83] Wir merken uns also: **Die Auswahl von Aktien mit dem besten Kursmomentum über sechs und zwölf Monate lieferte in der Vergangenheit Überrenditen ab.**

Eine andere Folge des Ankereffektes ist das Auftreten von Unterstützungen und Widerständen bei Aktien. Wir haben das schon im Kapitel „Theorie der Erwartungen: Durch welche Brille wir die Welt sehen" diskutiert. Den Wissenschaftlern ist die Charttechnik ein rotes Tuch, weil sie keine ökonomische Logik finden können, warum das Zukunftsvorhersagen aus Linienziehen um vergangene Kursverläufe herum funktionieren sollte. Es gibt ja auch keine ökonomische Logik dafür, aber eben sehr wohl eine psychologische Logik. Eine davon ist der beschriebene Ankereffekt. So bilden gerade Einstandskurse – wie bei einer Neuemission z. B. – sehr wichtige Unterstützungs- oder Widerstandslinien.

Mein Tipp – als Konsequenz dieser Gehirneigenart namens Ankereffekt – ist, sich von der Betrachtung von Kursen überhaupt zu lösen. Der wichtigste Kurs, den Sie unbedingt aus Ihren Dateien und vor allem aus Ihrem Gedächtnis löschen müssen, ist Ihr eigener Einstandskurs; der, zu dem Sie die Aktie gekauft haben. Weg damit! Selbst Profis unterliegen, ohne es zu merken, solchen Effekten – weswegen die meisten institutionellen Investoren wie auch ich Einstandskurse nicht in ihren Tabellen verwenden. Am Ende geht es auch hier darum, zu lernen, die Dinge relativ zu betrachten, d. h. die richtigen Aktien zu finden und zu behalten – und zwar so lange, bis die Indikatoren ins Negative drehen, und nicht nach einem bestimmten Kursanstieg. Lösen Sie sich davon. **Löschen Sie Einstandskurse – und am besten auch die aktuellen Kurse – aus Ihren Dateien und Ihrem Gedächtnis.** Und passen Sie auf, wenn Ihnen jemand so wie ich mit der Frage nach Attilas historischer Niederlage einen Streich spielen will. Die richtige Antwort ist übrigens 451 nach Christus.

Langeweile heißt nicht Trägheit:
über die Macht des Status quo

Haben Sie schon mal darüber nachgedacht, Ihre Organe zu spenden? Und wenn nein, kennen Sie jemanden in Ihrem Umfeld, der sich dazu bereit erklärt hat? Nein? Beides ist, zumindest in Deutschland, nicht überraschend. Denn die überwältigende Mehrheit der Deutschen (88 %) hat sich, wie die folgende Grafik zeigt, dagegen „entschieden"[84], und nur die verbleibenden 12 % der deutschen Bevölkerung wollen ihre Organe spenden:

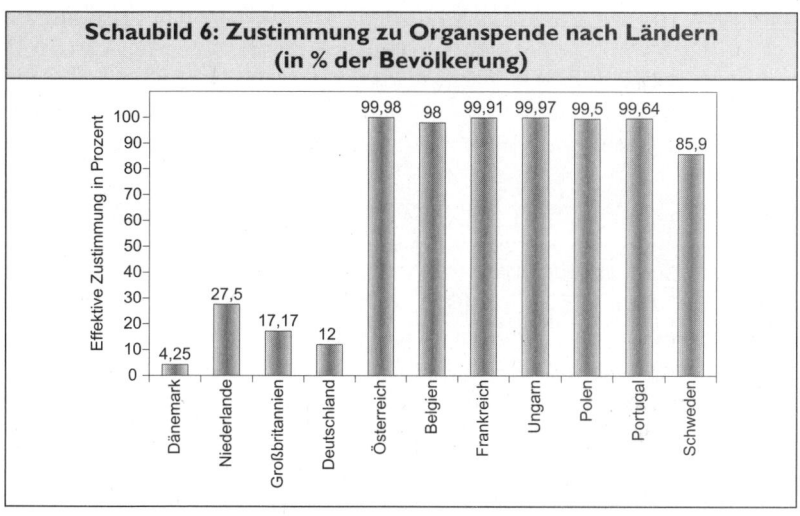

Schaubild 6: Zustimmung zu Organspende nach Ländern (in % der Bevölkerung)

Warum habe ich das Wort „entschieden" in Anführungszeichen gesetzt? Nun, weil diese Mehrheit in Wahrheit gar keine aktive Entscheidung getroffen hat. Denn in Deutschland ist derzeit der Status quo, dass Ihnen keine Organe entnommen werden dürfen, wenn Sie nicht selbst ein entsprechendes Dokument unterschreiben.

Was ist anders in den Ländern wie Österreich, Frankreich, Ungarn oder Portugal? Warum liegt dort die Zustimmungsrate bei beinahe 100 %? Ganz einfach: In diesen Ländern ist es andersherum. Wenn Sie dort kein entsprechendes Papier unterzeichnen, wird davon ausgegangen, dass Sie Ihre Organe spenden wollen. Sie sehen also: Der Status quo, d. h. die Situation, die jetzt und hier vorliegt, entscheidet mit darüber, wie meine Entscheidung ausfällt! Weil es natürlich viel bequemer ist, sich über solche Sachen gar keine Gedanken zu machen und einfach die Option zu „wählen", die der jeweilige Staat vorgibt.

Was bedeutet das für die Börse? Nun, hier ist der Status quo unser derzeitiges Portfolio. Eine Aktie zu verkaufen stellt für uns ein kleines Hindernis dar, denn wir verlassen den Status quo. Ich habe oft bei Kollegen und auch bei mir selbst beobachtet, wie selbst die diszipliniertesten Fondsmanager schwach werden und eine Aktie nur deshalb nicht so scharf analysieren oder bewerten, weil sie sie schon im Portfolio haben. Denn Verstand genauso wie **Unterbewusstsein neigen dazu, den Status quo zu bevorzugen.** Wenn Sie Ihr Aktienportfolio betrachten, werden Ihnen also immer ein paar Gründe einfallen, alles so zu lassen, wie es ist. Das einzige Mittel dagegen lautet: **Konsequenz. Und die ist z. B. mithilfe einer konkreten Checkliste zu erzielen** – einer Liste mit Kriterien, die erfüllt sein müssen, damit Sie eine Aktie kaufen oder behalten. Wer die Kaufkriterien nicht mehr erfüllt und stattdessen Verkaufskriterien trifft, muss wieder verkauft werden! Versuchen Sie, Ihr Portfolio wie das eines Ihnen fremden Menschen zu betrachten, und fragen Sie sich jedes Mal, wenn Sie Ihr Portfolio überprüfen, ob Sie diese Aktien heute auch noch kaufen würden. Wenn nein, bleibt Ihnen nur der Verkauf übrig.

Die Bevorzugung des Status quo ist, gemeinsam mit der Überschätzung der eigenen Prognosefähigkeiten und dem Ankereffekt, mit dafür verantwortlich, dass sich längere Trends an der Börse herausbilden. Denn alle drei führen dazu, dass beim Eintreffen neuer Informationen die Investoren und damit der Aktienkurs erst mit großer Zeitverzögerung angemessen reagieren:

> *„Investoren, denen neue Informationen z. B. in Form eines Gewinnrückganges zugehen, glauben zunächst, dass diese Meldung eher vorübergehenden Charakter hat: Der Glaube an die Güte ihrer eigenen Informationen und Analysen lässt die Entscheider auf ihrer eigenen Einschätzung beharren, sie überschätzen ihr eigenes Wissen bzw. ihre früheren Erwartungen [...] oder unterliegen einem Konservatismus ([...] Aufrechterhaltung des Status quo), der für verzögerte Anpassungsreaktionen verantwortlich ist."*
>
> Andreas Oehler[85]

Diese Zeitverzögerung bei der Anpassung an die neue Situation lässt sich, wenn man selbst konsequent ist und schneller umschaltet, auch nutzen, um Überrenditen zu erzielen – wenn denn die Überraschung, auf die der Markt zu langsam reagiert, eine positive ist. Dazu mehr im nächsten Kapitel.

Surprise, Surprise: Welche Art Überraschungen die Börse gern hat

Jetzt haben wir bereits eine ganze Menge Fehler und Neigungen kennengelernt, mit denen unser Gehirn uns davon abhält, so richtig an der Börse durchzustarten. Vielleicht schwirrt Ihnen schon der Kopf und Sie fragen sich, wie Sie das alles berücksichtigen sollen auf dem Weg zu einem erfolgreicheren Anleger. Machen Sie sich keine Sorgen, denn am Ende führen wir alles auf ein paar ganz einfache Regeln zurück, deren Anwendung das möglich macht.

Im Kapitel „Überoptimismus und Realitätsunterschätzung: Wie passt das zusammen?" haben wir gelernt, dass der Mensch die Möglichkeiten der Realität systematisch unterschätzt. Das bedeutet im Umkehrschluss, dass uns mehr Überraschungen begegnen, als wir erwarten. Und für die Börse heißt dies: Wenn wir herausfinden können, wo uns positive Überraschungen erwarten, dann müssten wir eigentlich unsere Performance verbessern können, oder nicht?

Daten der Citigroup-Strategen[86] bestätigen dies. Sie haben einen eigenen „Earnings Surprise Score" (auf Deutsch etwa: Gewinnüberraschungs-Punktzahl) entwickelt und mit einem marktneutralen Portfolio in den Jahren 1995 bis 2007 getestet. Im Ergebnis schneiden die 20 % besten Aktien gegenüber den 20 % schlechtesten in der Kursperformance um 3 % pro Jahr besser ab (Daten für Europa), in Großbritannien sogar um satte 10,2 %. Diese Daten und Punktzahlen stehen jedoch leider nur institutionellen Großanlegern zur Verfügung.

Was nun? Wie können wir als Kleinanleger auch nach solchen Überraschungen suchen? Die wichtigste Zahl, die ich in meiner Laufbahn kennengelernt habe, sind die sogenannten Gewinnrevisionen. Hier geht es darum, zu schauen, bei welchen Aktien die Analysten gezwungen sind, die von ihnen geschätzten Gewinne nach oben anzupassen, d. h. zu verändern. Als einzelne Zahl habe ich dies so noch nicht im Internet gefunden, jedoch weist die Zeitschrift *Börse Online* in den Tabellen am Ende des Heftes mit Dreiecken, die nach oben oder nach unten gerichtet sind, Aktien aus, bei denen sich zumindest die Gewinnschätzungen der *Börse Online*-Redaktion entsprechend verändert haben. So können Sie gezielt nach Aktien mit einem nach oben spitz zugehenden Dreieck suchen – also Aktien, die positive Gewinnrevisionen aufweisen. Wie stark dieser Faktor ist, zeigen uns wieder die Daten von Citigroup. Marktneutrale Portfolios, die so gewichtet sind, dass die 20 % Unternehmen mit den besten positiven Gewinnrevisionen gekauft und dagegen die 20 % Unternehmen mit den geringsten positiven oder sogar schon negativen Gewinnrevisionen verkauft werden, erzielten im Zeitraum 1995 bis 2007 eine Performance von jährlich 8,3 % in Europa und 7,6 % in Großbritannien.[87] Das sind Zahlen, mit denen man gut arbeiten kann! Das Fazit lautet also: **Positive Gewinnüberraschungen bringen Überrenditen.**

Es gibt aber noch einen anderen Weg, um nach angenehmen Überraschungen zu suchen. Meines Wissens wird dieser Faktor nicht oft in quantitativen Modellen angewandt, weil er etwas mehr Mühe beim Erfassen macht. Umso wirkungsvoller ist er jedoch. Ich rede von der **Reaktion einer Aktie auf die Veröffentlichung der Quartalszahlen** des dahinterstehenden Unternehmens. Stellen Sie sich das Ganze wie eine Art „Wahltag" vor. Denn für diesen einen Tag, nämlich den, an dem die lang ersehnten Quartalszahlen herauskommen, sind alle Scheinwerferlichter der Börsenwelt auf diese eine Aktie gerichtet. Durch ihre Reaktion auf diese Zahlen stimmen die Investoren auch über die Zukunft der Aktie ab. Denn positive Überraschungen führen in der Regel dazu, dass die Analysten ihre Gewinnschätzungen nach oben revidieren werden, während eine Faustregel bei negativen Überraschungen besagt, dass in drei von vier Fällen weitere unangenehme Gewinnneuigkeiten folgen.

Für mich war dieser Faktor einer der wichtigsten. Dabei waren mir die Zahlen des Unternehmens selbst völlig egal; mich interessierte nur das Echo des Marktes. Es ist leicht zu berechnen: Stellen Sie sich vor, BMW bringt Quartalszahlen, die Aktie fällt 5 % an einem Tag, an dem der DAX 2 % fällt. Dann ist die relative Reaktion der BMW-Aktie am Tag der Veröffentlichung ihrer Quartalszahlen genau –3 %. Was vergleichsweise negativ ist und uns eher zu Zurückhaltung gegenüber der Aktie anhalten sollte. Ein anderes Beispiel: Nehmen wir an, die SAP-Aktie veröffentlicht ihre Zahlen, die Aktie steigt 1 %. Positiv, möchte man meinen – nur ist an diesem Tag der DAX beispielsweise ganze 3 % gestiegen, d. h., die SAP-Aktie hat netto 2 % underperformt: Ihre relative Reaktion betrug –2 % und ist damit ebenfalls negativ. Sie sehen, dass es ganz wichtig ist, die Reaktion relativ zu dem zu betrachten, was der Markt gerade macht – wie ein Boot, das sich aus eigener Kraft der Ruderer, aber auch durch den Strom des Flusses bewegt, auf dem es schwimmt. Wenn Sie die Geschwindigkeit der Ruderer herausrechnen wollen, müssen Sie die Fließgeschwindigkeit des Flusses berücksichtigen.

Wir merken uns: Die momentane Erwartungssituation der Investoren lässt sich anhand der **Reaktion der Aktie relativ zum Gesamtmarkt am Tag der Veröffentlichung ihrer Quartalszahlen** herausfinden. Wenn Sie also eine Aktie interessiert, sollten Sie sich die Mühe machen, nach dem letzten Veröffentlichungstag und seinem Kursverlauf zu suchen: sowohl von der Aktie selbst als auch von einem passenden Index zum Vergleich (in Deutschland bietet sich für große Unternehmen der DAX an, für kleinere der MDAX). Bitte stöhnen Sie nicht: Die Mühe lohnt sich wirklich. Gerade im Fall kleiner Aktien hat mir dieser Faktor oft geholfen, möglichst schnell Aktien abzustoßen oder noch am Tag der Veröffentlichung zu kaufen – schneller, als die Analysten mit ihren Modellen sind, die die Zukunft ohnehin eher schlecht als recht vorhersagen können. Denn denken Sie daran: **Eine Überraschung kommt selten allein.**

Studien zu diesem Phänomen gibt es eine ganze Menge. Teilweise scheinen sie sich zu widersprechen: Während die einen zeigen, dass Aktien mit positiven Überraschungen bei den Quartalszahlen Aktien mit negativen Überraschungen in den zwei Monaten nach Bekanntgabe bis zu 4 % outperformen können, zeigen andere Studien sogar eher eine Überreaktion der Aktienkurse auf Quartalszahlen auf. Meine persönliche Erfahrung deutet auf eine Unterreaktion insbesondere bei kleineren Aktien hin, auf die sich nur wenige Anleger konzentrieren, so dass die Informationsverbreitung im Markt entsprechend lange dauert. Aber auch bei größeren Firmen **liefert die Aktienkursreaktion auf die Quartalszahlen wertvolle Hinweise bezüglich der zukünftigen Performance.** Wenn Sie mit mir übereinstimmen, dann sollten Sie sich bei allen Aktien, die Sie interessieren, unbedingt anschauen, wie diese Aktien auf die Quartalszahlen reagiert haben, und zwar relativ zum Gesamtmarkt an diesem Tag. Nach meiner Erfahrung folgen auf negative Überraschungen noch einige weitere, ebenso wie die Unternehmen oft positive Überraschungen ein paarmal fortsetzen können.

David gegen Goliath: Warum es einen Unterschied macht, ob wir ein großes oder ein kleines Unternehmen betrachten

Nachdem ich die ersten zwei Jahre bei der DWS hinter mich gebracht hatte und schon die ersten Fondsmanagementerfahrungen hatte sammeln dürfen, ergab sich aufgrund des Weggangs einer Kollegin die Chance, den DWS Provesta zu übernehmen. Dieser Fonds investiert europaweit in sogenannte Small und Mid Caps und hatte zum Zeitpunkt meiner Übernahme ein Volumen von über 1 Mrd. €. Solche Fonds werden in der Regel als Flaggschifffonds bezeichnet, und dementsprechend stolz war ich, als man mir im Herbst 2002, noch zu so jungen Jahren, die Verantwortung dafür übertrug. Leider war, wie Sie schon im Vorwort lesen konnten, der Start mit diesem Fonds alles andere als erfreulich, und es brauchte etwa zwei Jahre, bis ich eine gute Performance hinlegen konnte. Jede Phase an Niederlagen und Fehlern kann aber auch eine Chance sein. Ich hatte zwei Lektionen gelernt: zum einen, dass ich mir in dem riesigen Universum an Aktien, die dem DWS Provesta in Europa zum Investieren zur Auswahl standen, vom Computer helfen lassen müsse, und zweitens, dass das Anlegen von Geld in diesen sogenannten Small und Mid Caps anderer Strategien bedarf als bei den Large Caps. Aber genug der Fremdworte und hin zu den Erklärungen.

Das englische Wort „Cap" ist die Abkürzung für „Capitalization" – da finden wir die schon bekannte Marktkapitalisierung wieder, auch Börsenwert genannt. Small und Mid Cap bezeichnen also eine Klasse an Unternehmen mit einem kleinen oder mittleren Börsenwert. Die großen, verbleibenden Unternehmen, die den DAX oder den Euro Stoxx 50 bevölkern, sind dann die Large Caps. Wo genau die Grenze liegt, das schwankt mit den Jahren und ist auch je nach Datenanbieter oder Fondsgesellschaft unterschiedlich. Innerhalb des Small- und Mid-Cap-Teams bei der DWS, dem ich angehörte, zogen wir die Grenze zwischen Small und Mid bei 1 Mrd. € Marktkapitalisierung, die Grenze zwischen Mid und Large dann bei 5 Mrd. € Börsenwert. Für den DWS Provesta hingegen war ich etwas flexibler aufgestellt und investierte auch in Aktien mit bis zu 6 oder 7 Mrd. € Börsenwert.

Was unterscheidet nun diese beiden Aktienkategorien voneinander? Fundamental haben Unternehmen, die kleiner sind, auch mehr

Risiken zu tragen. So sind sie in der Regel viel abhängiger von Einzelpersonen, beispielsweise dem Gründer oder einem Topverkäufer. Das Gleiche gilt auf der Kundenseite: Weil auch hier die Anzahl kleiner ist, ist die Abhängigkeit von einzelnen Kunden umso größer. Fällt einer der Kunden aus, ist das Unternehmen vergleichsweise stärker geschädigt, als wenn es auf eine breite Kundenbasis zurückgreifen könnte. Denselben Vergleich können wir bei den Produkten anstellen. Oftmals sind kleinere Unternehmen regelrechte Einproduktunternehmen, und wenn es da mal ein Problem gibt, erzittert gleich die ganze Firma. Wir merken uns also: **Kleinere Unternehmen sind höheren Risiken ausgesetzt.**

Die höheren Risiken werden aber durch entsprechend höhere Chancen meist mehr als wettgemacht. Denn wenn so eine Firma das richtige Produkt zur richtigen Zeit hat, dann trägt die Welle des Marktes so ein kleines Boot natürlich viel höher und weiter als die dicken, unbeweglicheren Konzernschiffe. Das macht das Investieren in die Kleinen eben auch spannend. Wichtig für den Aktionär ist aber vor allem, dass bei den Small und Mid Caps viel ausgeprägtere Trends entstehen und beobachtbar sind. Wir haben damals in einer eigenen Analyse einige Aktien gefunden, die das Wunder vollbracht hatten, ganze sechs oder sogar sieben Jahre in Folge (!) ihren Vergleichsindex hinter sich gelassen zu haben, ihn also outperformten. Genauso deutlich etablieren sich auch negative Trends. Woran liegt das?

Betrachten wir ein Beispiel dreier Aktien aus ein und dergleichen Branche: Software in Deutschland.

▶ SAP, das größte Unternehmen seiner Art hierzulande, hat aktuell (d. h. im August 2009) einen Börsenwert von 40,5 Mrd. €. SAP ist Mitglied im DAX, gehört also zu den 30 nach Marktkapitalisierung größten Unternehmen Deutschlands. Laut dem Finanzportal OnVista[88] gibt es 40 Analysten, die Empfehlungen zu dieser Aktie abgeben (im Mittel derzeit übrigens bei „Halten", also weder besonders optimistisch noch pessimistisch).

▶ Die Software AG hingegen gehört mit einer Marktkapitalisierung von derzeit 1,56 Mrd. € „nur" zum TecDAX (ein Index für auf Technologie konzentrierte Small und Mid Caps) und wird von 22 Analysten beobachtet. Auch hier ein Halten derzeit.

▶ Die ATOSS Software AG ist das kleinste der drei Unternehmen mit einem Börsenwert von derzeit nur 45 Mio. €. Gerade mal ein Analyst ist bei OnVista verzeichnet.

Von welchem Unternehmen lesen Sie am öftesten in der Zeitung, von welchem nur sehr selten? Es ist nicht nur meine Erfahrung, sondern fast schon eine Tatsache, dass die Größe und der damit verbundene Bekanntheitsgrad der Firma auch die Aufmerksamkeit bestimmt, die sie in den Tages- und Finanzzeitungen einnimmt. Auch die Anzahl der Analysten trägt dazu bei: 40 Analysten wie bei SAP wollen ja gehört werden. Mehr Analysten, mehr Aufmerksamkeit, mehr Nachrichten, heißt das im Klartext. Neue Informationen, die vielleicht etwas an der Einschätzung der Börse zu dieser Aktie ändern könnten, gelangen so recht schnell zu den Betroffenen – und finden sich dementsprechend schnell in den Kursen wieder.

Beim extremen Gegenbeispiel, der kleinen Firma ATOSS Software, gibt es gerade mal einen Analysten, der sich um die Aktie kümmert. Wie viel Zeit wird er haben, um die vielen Fondsmanager und Vermögensverwalter auf Änderungen seiner Einschätzung aufmerksam zu machen? Sie sehen schon, je weniger Analysten es gibt, desto länger dauert es, bis relevante neue Informationen ihren Weg zu den Investoren finden. Denn in der Regel sind es die Analysten, die die Trommel für oder gegen eine Aktie rühren. Und das geht eben umso schneller, je größer ihre Schar ist.

Die Langsamkeit der Informationsausbreitung bei den kleinen Aktien hat zur Folge, dass es eben auch länger dauert, bis wirklich alle Informationen in den Kursen enthalten sind. Das ist empirisch erwiesen. Im Klartext bedeutet das: **Bei Small und Mid Caps gibt es viel länger anhaltende Trends** – und zwar in beide Richtungen. Denn gerade wenn sich negative Nachrichten andeuten, kann ein kleineres Unternehmen diese viel länger verschleiern und verheimlich als ein großes, das damit rechnen muss, täglich in den Printmedien aufzutauchen. Diese Eigenheit der kleineren Aktien muss ein Aktienauswahlmodell daher berücksichtigen. Eine Möglichkeit ist, zwar dieselben Faktoren für beide Aktienklassen zu verwenden, aber mit unterschiedlichen Gewichtungen. Und Reversal-Faktoren, also Faktoren, die auf eine Trendumkehr spekulieren, bei den Small und Mid Caps entsprechend nicht zu verwenden. Bei der Vorstellung meines Modells werde ich darauf noch genauer eingehen. Merken Sie sich jedoch jetzt schon: **Ein sauberer Aufwärtstrend ist bei einem Small oder Mid Cap immer ein Pluspunkt zum Investieren** – nie ein Grund dagegen.

Das Reisen will uns eines lehren: Das Schönste ist stets, heimzukehren?

Wir haben in den vorangegangenen Kapiteln gelernt, dass die Anleger über das rationale Maß hinaus risikoavers, also risikoscheu sind. Das führt dazu, dass Anlageentscheidungen systematisch mit Fehlern behaftet sind. Ein weiterer dieser Fehler ist der sogenannte „Home Bias" – die Bevorzugung einheimischer Aktien und Fonds. Dahinter steckt, wie diesmal drei deutsche Wissenschaftler herausgefunden haben, nichts anderes als Angst. Wahrscheinlich Angst vor dem größeren Unbekannten, das „fremde" Unternehmen und ihre Aktien darstellen. So wurden entsprechende, unter anderem für Angst zuständige Gehirnareale bei einem Experiment im Magnetresonanztomografen deutlich stärker aktiviert, wenn der Spielteilnehmer zwischen Fonds einer deutschen und einer ausländischen Fondsgesellschaft zu wählen hatte.[89] Bei der Wahl deutsch-deutsch oder ausländisch-ausländisch hingegen blieben diese Gehirnbereiche vergleichsweise ruhig. Die Wissenschaftler schlussfolgerten daraus, dass eine Entscheidung zwischen der Heimat und der Fremde größeren Stress im Gehirn auslöst, weil das Unbekannte, weniger Vertraute mit mehr Angst besetzt ist.

In der Tat ist der „Home Bias" bemerkenswert stark ausgeprägt. Selbst wir Fondsmanager waren nie ganz frei davon, wenn man sich einmal die Ländergewichtungen der meisten Aktienfonds ansah. So hatten auch unsere europaweit und global anlegenden Fonds oft ein Übergewicht in Deutschland, das aus der besseren Kenntnis und der größeren Nähe zu deutschen Unternehmen herrührte. Ein ähnliches Bild bot sich bei unseren Kunden. Aus meiner Erfahrung mit unseren Europa-Fonds weiß ich, dass wir unter anderem mithilfe von auch in Deutschland bekannten Unternehmensbeispielen Vertrauen in die europaweite Anlage herstellen konnten. Wenn Anleger jedoch selbst in Aktien investieren, so wählen sie zu mindestens 77 % einheimische Aktien aus, wie Zahlen der Wissenschaftler zwischen 1990 und 1996 in Deutschland, Japan, den USA und Großbritannien zeigen.[90] Werfen Sie doch mal einen Blick auf Ihr eigenes Portfolio. Wie sieht es da mit den Heimataktien aus?

Nun ist das Übergewichten einheimischer Aktien an sich kein großes Problem. Wäre da nicht die Rendite, die man vielleicht verpassen könnte. Es gibt nämlich nicht nur Unterschiede in der Performance von Aktien, sondern auch von Ländern untereinander. Durch die Globalisierung laufen zwar mittlerweile viele Bewegungen und Zyklen harmonisch im Gleichklang, dennoch haben regionale Besonderheiten wie Zinssätze oder Bevölkerungswachstumsraten ihre Folgen auch an der Börse. Zudem bewegen sich eben doch nicht immer alle Länder und Kontinente immer gleichzeitig in dieselbe Richtung – und deswegen lassen sich bei breiterer Streuung der Anlagen sogenannte Diversifikationseffekte realisieren. Diversifikation bedeutet geringeres Risiko durch breitere Verteilung.

Was fehlt dem heimatverbundenen Anleger also nun? Die zitierten Wissenschaftler sagen, es waren immerhin 5 % pro Jahr, die einem deutschen Anleger zwischen 1980 und 2001 verloren gegangen sind – bzw. vorenthalten wurden. Auch wenn ich persönlich glaube, dass die Zahl deswegen so hoch ist, weil Deutschland als Land und Aktienmarkt in jenem Zeitraum zu geringerem Wirtschaftswachstum und daher zu schlechterer Kursperformance neigte als andere Länder, wollte ich Ihnen diese Tendenz nicht vorenthalten – und Ihnen Mut machen, auch mal jenseits der abgesteckten und viel betretenen heimischen Pfade zu investieren. Wenn eine ausländische Aktie die von Ihnen gewählten Kriterien erfüllt, sollte der fremde Heimatort kein Hindernis zum Kauf dieser Aktie darstellen.

Geld oder Liebe: Schließen sich Börsengewinne und gute Gefühle gegenseitig aus?

Manche Börsenexperten sagen, um Erfolg an der Börse zu haben, würden sie regelmäßig wider ihre Gefühle investieren. Sie würden da kaufen, wo sie Angst empfinden, und sich von einer Aktie verabschieden, wenn plötzlich Euphorie aufkommt. Im jüngsten Kapitel zum „Home Bias", der Bevorzugung von Aktien und Anlagen im Heimatland, haben wir gelernt, dass ein Anleger mehr Angst empfindet, wenn es sich um fremde Aktien handelt – und dadurch eine Zusatzrendite verpasst, die im Ausland möglich gewesen wäre. Schließen sich Geld verdienen und gute Gefühle haben also gegenseitig aus?

Generell hängen Gefühle nicht nur davon ab, was mir am Tage so passiert, sondern auch, wie ich das, was geschieht, bewerte. Gleiches gilt für die Börse. Wenn Sie – vielleicht dank des Wissens, das Sie durch dieses Buch erworben haben – Ihre Einstellung zu Ihren Börsengewinnen und -verlusten ändern können, dann können Sie es beispielsweise schaffen, Ihren Verlustaversionskoeffizienten von 2,5 auf vielleicht 1,5 zu verändern. Anders formuliert: Wenn Sie wissen, dass Fehlinvestitionen zur Börse gehören wie die Fettaugen zu einer Brühe, dann machen Sie sich vielleicht selbst weniger Vorwürfe, wenn ein Verlust eingetreten ist, und verkaufen leichter. Noch einen Schritt weiter könnten Sie gehen, indem Sie gar nicht mehr auf Einstandskurse und aktuelle Notierungen schauen, sondern nur noch darauf, was Ihnen Ihr Modell empfiehlt. So legen Sie die „Brille von Gewinn und Verlust" einfach ab und leiden auch nicht mehr darunter, wenn ein Verlust eingetreten ist.

Und wie steht es nun mit Angst und Euphorie? Weil beide Gefühle keine guten Ratgeber sind, sollten Sie lernen, etwas Distanz dazu zu gewinnen. Das geschieht automatisch, je mehr Sie, hoffentlich durch gute Erfahrungen, lernen, Ihrem Modell zu vertrauen. Deswegen sollten Sie, wenn Sie die in diesem Buch vorgestellten Aktienauswahlstrategien anwenden wollen, dieses „Experiment" auf mindestens drei Jahre veranschlagen. Nur dann lernen Sie wirklich Stärken und Schwächen dieses Ansatzes kennen, können mal unterschiedliche Gewichtungen und Faktoren ausprobieren und ein wirkliches Gefühl für das jeweilige Modell sammeln. Nur dann besteht auch eine genügend große Wahrscheinlichkeit, dass Sie Überrenditen erzielen, selbst wenn Sie einen ungünstigen Einstiegszeitpunkt erwischen sollten. Besser sind allerdings noch mindestens fünf Jahre; und ansonsten, das wissen Sie ja, sind Aktien Langzeitanlagen, für die man eigentlich zehn und mehr Jahre Zeit haben sollte.

Geld verdienen und gute Gefühle dabei haben schließen sich also nicht aus. Beides kann man durch Erfahrung lernen und trainieren. Noch besser fühlt es sich an, wenn Sie in die Geldanlage auch Ihr Umwelt- und Nachhaltigkeitsbewusstsein mit einbeziehen – z. B. so, wie es die letzten beiden Kapitel dieses Buches erklären.

Reue ist ein echter Schmerz:
von der Theorie des Bedauerns

„Financial decision making is not about making money."

Daniel Kahneman[91]

(Deutsch: Bei finanziellen Entscheidungen geht es nicht darum, Geld zu verdienen.)

Nach diesem Hammerzitat musste ich mich erst mal setzen – aber vielleicht habe ich damals auch schon gesessen. Es war im Oktober 2004, und dank der DWS sowie der Kontakte einer guten Freundin durfte ich in Oxford einen Tag lang mehrere Präsentationen zum Thema Behavioural Finance verfolgen, darunter die des gerade vor zwei Jahren mit dem Nobelpreis „geadelten" Daniel Kahneman. Ein ganz bescheidener, freundlicher älterer Mann, der seine Erkenntnisse in wenigen Folien und knappen, aber präzisen Aussagen unterzubringen vermochte. „Bei finanziellen Entscheidungen geht es nicht darum, Geld zu verdienen" – dieser Satz leuchtet weder ein noch erscheint er auf den ersten Blick vernünftig. Worum soll es denn sonst gehen, wenn nicht um Geld? Das werden Sie auf den folgenden Seiten und verstärkt in Teil III lernen können – wenn Sie es nicht aus eigener Erfahrung mit sich selbst vielleicht schon ein bisschen ahnen.

Stellen Sie sich vor, Sie hätten zu Jahresbeginn zwei neue Aktien entdeckt. Wir wollen diese hier K und N nennen. Nach einiger Analyse kommen Sie zu dem Schluss, dass K ein interessantes Investment darstellt, und verkaufen eine andere Aktie A, die Sie schon länger halten, um damit den Kauf von K zu finanzieren. Bei N sind Sie sich hingegen nicht so sicher. Das Geschäftsmodell klingt spannend, aber die Presseartikel, die Sie gefunden haben, zeigen wenig Gutes. Also entscheiden Sie sich aus Vorsicht, den Restbestand an A zu halten, und N nicht zu kaufen.

Ein Jahr später – denn Sie haben ja mittlerweile gelernt, dass ein erfolgreicher Anleger Geduld üben muss und schauen nicht mehr so oft Ihr Depot an – vergleichen Sie die Performance der drei Aktien. Dabei stellt sich heraus, dass leider beide Entscheidungen falsch waren: Hätten Sie K nicht gekauft und stattdessen A behalten, wären Sie am Jahresende um 5.000 € reicher gewesen. Hätten Sie hingegen N gekauft und zur Finanzierung denselben Betrag an A dafür verkauft, hätten Sie ebenfalls 5.000 € mehr Ertrag verbuchen können. Wozu nun diese Fragestellung? Nun, mit beiden Entscheidungen haben Sie sich um jeweils 5.000 € möglichen Gewinn gebracht. Welche der beiden Entscheidungen jedoch bereuen Sie mehr? Überlegen Sie nicht lang, sondern hören kurz auf Ihr Bauchgefühl – und wenn Sie es gefunden haben, dürfen Sie weiterlesen.

Obwohl beide Entscheidungen dasselbe Ergebnis, nämlich einen entgangenen Gewinn von 5.000 € erzielen, unterscheiden sie sich doch in einer wesentlichen Eigenschaft: Einmal geht es darum, eine Handlung durchgeführt zu haben, d. h. ein Wertpapier gegen ein anderes zu tauschen (A in K), bei der anderen geht es hingegen darum, nicht zu handeln (A behalten, N nicht kaufen). Die meisten Menschen, so ergaben es Umfragen und Experimente unter anderem von Daniel Kahneman, bereuen den Gewinn mehr, der ihnen durch ihr Handeln entgangen ist, statt mit dem entgangenen Gewinn zu hadern, den ihr Nichthandeln produziert hat.[92]

Wie sah es mit Ihnen aus? Stimmten Sie dem zu? Hätten Sie auch den Kauf von K mehr bereut als den Nichtkauf von N? Wenn ja, empfinden Sie ähnlich wie die Mehrheit der Investoren. Was hat das Ganze aber nun zur Folge? Die Frage habe ich mir ganz persönlich auch gestellt, vor allem mit Blick auf meine eigenen Erfahrungen. Es ist natürlich verständlich, dass der Mensch Fehlentscheidungen mehr bereut, die er aktiv getroffen hat, als sich über etwas zu ärgern, was quasi unbeteiligt neben ihm passiert ist. Obwohl er faktisch mit dem Nichtkauf von N auch eine aktive Entscheidung getroffen hat – aber eben eine, die nicht mit Handeln verbunden war. Aus Sicht der Wissenschaft hingegen ist es unlogisch, zwei Aktionen mit unterschiedlichen Gefühlen zu belegen, die am Ende das gleiche Ergebnis hatten – zumindest aus monetärer Sicht. So viel zu Theorie und Praxis.

Was lernen wir nun daraus? Kann man, wenn man mit Aktien umgeht, Reue und Bedauern überhaupt vermeiden? Ich glaube, nein. Man muss lernen, mit diesen Gefühlen zu leben, sonst wird man mit Aktien überhaupt nicht glücklich. Allein am deutschen Aktienmarkt sind über 1.000 Unternehmen gelistet, an denen Sie als Anleger prinzipiell Anteile kaufen können. Da werden Sie immer wieder in die Verlockung kommen, noch bessere Aktien zu finden als die, die Ihr Depot gerade bewohnen. Genauso gut wird es immer ein paar Raketen geben, die Sie verpasst haben – und die im Nachhinein so scheinen, als hätten Sie es eigentlich vorher geahnt, dass ausgerechnet diese Aktien so gut performen. Denn das ist die zweite Erkenntnis der Theorie des Bedauerns:

Oft schleicht sich hinterher in die Wahrnehmung der Betroffenen ein „ich habe es ja geahnt" oder „ich wusste, dass es so kommen würde" ein – selbst wenn im Vorfeld überhaupt nicht klar war, wie sich die jeweilige Aktie entwickeln würde. Auch das führt zum „Schmerz der Reue", weil man sich selbst, und zwar ungerechtfertigterweise, einredet, die Gabe der Vorhersehung gehabt zu haben, und demzufolge eine Entscheidung als Fehler einstuft, die man in Wahrheit gar nicht besser hätte fällen können.

Wie geht man nun damit um? Nun, Daniel Kahneman empfiehlt zwei Möglichkeiten. Entweder, Sie machen Ihre Arbeit, d. h. die Analyse der Unternehmensaussichten, des Finanzmarktes und der speziellen Aktie so gründlich, dass Sie zumindest vor sich selbst mit gutem Gewissen dastehen und sagen können: Ich habe alles mir Mögliche getan, und besser konnte ich es nicht. Oder aber Sie entscheiden sich, möglichst wenig in die Entscheidung zu investieren. Das heißt, Sie arbeiten, so wie ich in den letzten Jahren bei der DWS, nahezu ausschließlich quantitativ (was das ist, erklärt das nächste Kapitel), also mit fest definierten Auswahlfaktoren, die Ihnen die Entscheidung quasi abnehmen und wo man nicht in die Tiefe geht, was das Unternehmen nun eigentlich ausmacht und wie es fundamental um seine Zukunft bestellt ist. Denn dann brauchen Sie eine Entscheidung nicht zu bereuen, weil Sie in diese einzelne Entscheidung nicht viel Arbeit investiert haben, um die es Sie nun leid sein könnte. In Kurzform heißt das: Entweder werden Sie ein gründlicher Fundamentalinvestor oder ein konsequenter „Quant". Ich selbst habe mich, nachdem ich das Erste vier Jahre lang probiert hatte, für das Zweite entschieden. Vielleicht auch, weil man durch das konsequente Durchschauen des gesamten Aktienuniversums weniger Raketen verpasst und weil, selbst wenn es so ist, der Schmerz der Reue entsprechend kleiner ist. Aber sehen wir doch einmal genauer hin, was den fundamentalen Investor vom quantitativen Stockpicker unterscheidet.

Wenn es nicht nur um Geld geht: Welche Motive treiben uns in Wahrheit zum Börsenerfolg?

Wie schon Daniel Kahneman, Vorreiter der Behavioural Finance, feststellen musste, drehen sich Entscheidungen an den Finanzmärkten nur selten um den nüchternen Grund, Geld verdienen zu wollen. Stattdessen übt Geld eine Ersatzfunktion aus – erhoffte Ersatzbefriedigung für all das, was wir „auf normalem Wege" nicht zu bekommen vermögen. Das kann der Wunsch nach Sicherheit sein, den ein großer Geldhaufen symbolisiert; Sicherheit, zukünftige Bedürfnisse erfüllen zu können, und Freiheit von Angst. Bei manchen ist Reichtum Kompensation für ein Selbstwertgefühl, das sie nie wirklich kennengelernt haben, oder erhofftes Mittel, um Macht zu gewinnen, über sich und andere. Wieder anderen mag es lediglich um den Nervenkitzel gehen, und die Freude am Spekulieren, Rechthaben und Gewinnen. Diese zuletzt genannten Motive sind noch am ehesten an der Börse unterzubringen, die anderen Hoffnungen stellen sich jedoch schnell als Irrglaube heraus. Wer hofft, durch Geldansammeln Existenz- und andere Ängste zu vermindern, wird bald feststellen müssen, dass er am Gelde hängt wie ein Knecht an seinem Herrn. **Werden Sie sich also der wahren Motive bewusst, aus denen Sie ganz persönlich sich der Börsenspekulation widmen wollen,** und fragen Sie sich, ob es realistisch ist, diese Wünsche über den Gewinn von möglichst viel Geld befriedigen zu können. Am einfachsten können Sie sich an sich selbst annähern, wenn Sie sich fragen, welche Summe für Sie denn „genug" wäre – und ob nicht auch ein kleinerer Betrag Sie heute schon ebenso glücklich machen würde. Hellhörig sollten Sie werden, wenn es so etwas wie ein „Genug" für Sie gar nicht gibt; denn dann ist meistens Gier im Spiel.

„Wer sich [jedoch] von Gier leiten lässt, ist immer schlecht beraten und hat schlechte Karten wie auch derjenige, der aus Not heraus handelt."
Ruediger Dahlke[93]

Ich selbst hatte mein ganz eigenes Motiv, an der Börse tätig zu sein: Ich wollte verstehen, wie man dort systematisch Geld verdienen kann, und einmal die Nummer eins sein in dem, was ich tue. Beides hatte ich nach acht Jahren bei der DWS erreicht – nur, um feststellen zu müssen, dass ich am Gipfel meines Erfolges auch einen Gipfel in der eigenen Unzufriedenheit erreicht hatte. Vielleicht kann mein persönliches Schicksal Ihnen eine kleine Warnung sein, auch bezüglich der Macht, die Geld über uns gewinnen kann. Es ist gesünder, in den Dingen, die uns umgeben, genau das zu sehen, was sie sind. Und Geld diente ursprünglich nur als Recheneinheit sowie Tausch- und Wertaufbewahrungsmittel für materielle Güter.

Fundamental versus quantitativ: Welche Prognosen machen Sinn?

„Das Preisniveau der Standardaktien wird mehr durch ihre aktuellen Gewinne bestimmt als von deren langfristigem Mittelwert. Diese Tatsache ist zum großen Teil für die hohen Schwankungen der Aktienkurse verantwortlich [...]. Offensichtlich ist der Aktienmarkt recht irrational, die Bewertung von Unternehmen proportional entlang der zeitweisen Änderungen der berichteten Gewinne zu variieren."

Benjamin Graham[94]

Es gibt zwei Lager unter den Experten, die an der Börse Geld anlegen: die Fundamentalisten und die Quant-Fonds. Manche Investoren betreiben auch einen Mischstil aus beidem. Ich möchte gern kurz auf beide Richtungen eingehen, denn von Bedeutung ist, wie und was man an der Börse tut, und auf welche „Fakten" oder Nichtfakten man sich konzentriert.

*„Die **Fundamentalanalyse** versucht, den fairen oder angemessenen Preis von Wertpapieren (‚innerer Wert') zu ermitteln. Im Gegensatz zur Chartanalyse basiert sie nicht auf einer Betrachtung von Börsenkursen, sondern auf betriebswirtschaftlichen Daten und ökonomischem Umfeld eines Unternehmens, den sogenannten Fundamentaldaten."*

Wikipedia[95]

Das ist das offizielle Zitat eines (hoffentlich) fachkundigen Autors bei Wikipedia. Ich selbst würde es so beschreiben: Der fundamentale Investor versucht, sich einen Überblick über die Zukunftsaussichten des Unternehmens zu verschaffen, um dann anhand dieser Informationen über Kauf oder Verkauf der Aktie zu entscheiden. Oft redet er mit dem Vorstand, verschafft sich Überblick über Wachstumsraten, Marktanteile und andere Fakten, die für dieses Unternehmen und seinen Erfolg ganz wichtig sind. Am Ende dieser Arbeit steht meist eine Excel-Tabelle, in der Gewinnschätzungen für die nächsten Jahre gemacht werden. Dann werden diese erwarteten Gewinne hinunterdiskontiert[96] auf heute – denn eine Million Jahresüberschuss heute ist attraktiver als erst in fünf Jahren – und wird so eine Art „fairer Wert" für die Aktie bzw. das Unternehmen ermittelt. Liegt nun der momentane Aktienkurs weit darunter, beispielsweise 20 %, dann lohnt es sich, die Aktie zu kaufen und zu hoffen, dass der Kurs dieses „Bewertungsloch" schließt. Liegt der Aktienkurs jedoch weit über dem ermittelten fairen Wert, lässt der fundamentale Investor die Finger davon – oder verkauft, falls er noch Aktien davon hat.

Damit das Ganze so funktioniert, müssen allerdings drei Voraussetzungen erfüllt sein: Zum einen muss der Investor in der Lage oder wenigstens davon überzeugt sein, die Zukunft des Unternehmens einigermaßen korrekt vorherzusagen. Zum anderen muss er davon ausgehen, dass andere das nicht so gut können wie er – denn sonst wären ja all die Informationen und Berechnungen, die er gemacht hat, bereits im Kurs der Aktie enthalten und es gäbe keine „Bewertungslücke", wie wir Experten sagen, die es ihm ermöglicht, ein paar Extragewinne einzustreichen. Drittens – und das ist jetzt ein bisschen gemein, aber wichtig – muss gegeben sein, dass der Aktienkurs irgendwie von den fundamentalen Informationen und Nachrichten abhängt; dass also ein Zusammenhang zwischen der finanziellen Entwicklung des Unternehmens und dem Verlauf des Aktienkurses existiert. Dieser Zusammenhang muss dergestalt sein, dass der Aktienkurs der betrachteten Firma irgendwann ungefähr den Wert erreicht, den der Investor für den richtigen Wert – oder, um in der Fachsprache zu bleiben, den sogenannten „fairen Wert" – hält. Erst dann nämlich kann der fundamentale Investor die Früchte seiner Arbeit ernten und die Aktie mit Gewinn an jemand anderen weiterverkaufen.

Was glauben Sie: Sind diese Gedanken realistisch? Oder anders gefragt: Wie sehen Sie sich selbst? Glauben Sie, Ihre Fähigkeit zur Zukunftsvorhersage – auch Prognose genannt – ist höher einzuschätzen als die von anderen Marktteilnehmern, und glauben Sie auch, dass niemand mehr oder bessere Informationen besitzt als Sie, auf deren Basis er eine treffsicherere Prognose als Sie aufstellen wird? Und schließlich: Glauben Sie, dass der Aktienkurs der fundamentalen Unternehmensentwicklung folgt, und zwar in der Weise, dass Sie mithilfe Ihrer Informationen die Entwicklung des Kurses vorhersagen können?

Sie sehen schon an der Rhetorik meiner Fragen, dass ich persönlich dem sogenannten fundamentalen Investieren gegenüber sehr skeptisch eingestellt bin. Das heißt nicht, dass Sie das überhaupt nicht tun sollten. Wir kommen später noch auf die Frage zu sprechen, welche Informationen denn wirklich sinnvoll und zielführend sind. Die folgenden Abschnitte werden meine Zweifel am Erfolg fundamentalen Investierens untermauern; zur emotionalen Beruhigung und Stärkung kann es jedoch sehr sinnvoll sein, einen gewissen Grundstock an fundamentalen Informationen über das Unternehmen zu besitzen.

„Der Begriff **quantitatives Management** *bedeutet die Anwendung von mathematischen, rationalen Methoden bei der Entscheidung über die Zusammensetzung eines Aktienportfolios oder Investmentfonds. Dabei wird versucht, qualitative und subjektive Entscheidungen [...] aus dem Prozess der Anlageentscheidung möglichst auszuklammern.“*

Wikipedia[97]

Der quantitative Investor geht also anders vor. Statt die Zukunft vorhersagen zu wollen, versucht er, einfach die heutige Realität des Marktes abzulesen und in die nach bestimmten Regeln attraktivsten Aktien zu investieren. Diese Regeln nehmen Bezug auf Situationen heute oder in der Vergangenheit, selten jedoch in der Zukunft. Das ist einer der entscheidenden Unterschiede zum fundamentalen Investor. Beispielsweise könnte ein quantitativer Investor die Aktien eines Landes einfach nur nach ihren derzeitigen (d. h. zuletzt berichteten) Kurs-Gewinn-Verhältnissen sortieren und die 10 % billigsten kaufen. Das wäre dann eine sehr simple Strategie mit nur einem Faktor. Meistens jedoch benutzen quantitative Investoren mehrere Faktoren.

Was steckt dahinter? Nun, quantitative Investoren gehen davon aus, dass der Mensch nicht ohne Fehler ist, und dass ihn diese, in seiner Persönlichkeit und seinem Gehirn quasi „eingebauten Fehler“ zu systematischen Fehlentscheidungen verleiten. Aufgrund dieser systematischen Fehler überlässt der Quant die Selektionsarbeit dem emotionsfreien Computer. Somit verhindert er, selbst diesen Fehlern zu unterliegen, und profitiert gleichzeitig davon, dass andere Marktteilnehmer sie machen. Das ist der Aspekt am quantitativen Investieren, der dessen Beliebtheit in Grenzen hält und der auch mein Gewissen eine Zeit lang belastet hat. Natürlich kann auch der fundamentale Investor nur Gewinne einfahren, wenn der Markt aus seiner Sicht irgendwo eine Fehlbewertung vorgenommen hat – aber immerhin hat er ja auch im Vorfeld wahnsinnig viel Arbeit in die Analyse einer Aktie oder eines Unternehmens gesteckt. Das macht ihn sympathischer, jedoch nicht erfolgreicher. Aus meiner persönlichen Erfahrung sind nur wenige aktive Fondsmanager in der Lage, quantitative Strategien zu schlagen, also outzuperformen. Denn auch der DAX stellt eine simple quantitative Regel dar: Investiere in 30 Aktien, gewichtet nach ihrer Marktkapitalisierung (und in keine mehr als 10 %, wie die Neuerung seit dem VW-Debakel lautet). Und leider stimmen die Statistiken, wonach in der Regel 70 % der Fonds ihren jeweiligen Index über längere Zeiträume nicht schlagen können. Das hat natürlich auch mit Transaktionskosten und anderen Nachteilen zu tun, aber eben auch mit den systematischen Fehlern, die Investoren machen und leider nur allzu ungern zugeben. Ich selbst habe in den ersten Jahren bei der DWS den fundamentalen Ansatz von der Pike auf gelernt und angewendet, bin mir und meinen persönlichen Fehlentscheidungen jedoch bald auf die Schliche gekommen. Deswegen begann ich dann ab 2004, ein eigenes quantitatives Modell für die von mir verantworteten Fonds zu entwickeln und anzuwenden, um die für mich typischen Fehlerarten auszumerzen bzw. schon im Vorfeld zu verhindern.

Ein letztes Wort vorerst: Natürlich kann man auch beide Aspekte beim Investieren verbinden. Prinzipiell habe ich immer die Aktien am meisten gemocht, die sowohl fundamental als auch quantitativ sehr gut aussahen. Solche Schnittmengenansätze haben allerdings einen entscheidenden Nachteil, wie Experimente herausgefunden haben. Denn die Aktien, die vom quantitativen Modell favorisiert, d. h. vorgeschlagen werden, sind aus fundamentaler Perspektive meistens alles andere als begehrenswert; mehr noch, ein fundamentaler Investor würde häufig die Nase rümpfen. Aber genau deswegen sind diese Aktien ja aus der Sicht des Quants so attraktiv, und meistens sind es diese Aktien, die die beste Performance erbringen. Deswegen muss ein quantitativer Investor das Rückgrat haben, seinem Modell auch gegen den Widerstand der Fundis Folge zu leisten. Sie sehen schon, man hat es als Quant nie so wirklich leicht – aber genau deswegen sind diese Ansätze ja so erfolgreich. Die Demokratie der Börse lautet schließlich: Die Minderheit gewinnt.

Seien Sie opportunistisch: Warum man sich in Aktien nicht verlieben sollte

Ein „Fehler" (ich setze das Wort in Anführungszeichen, weil es so hart klingt), der mir unter Privatanlegern wie professionellen Fondsmanagern oft begegnet ist, ist, sich so intensiv mit einem Unternehmen oder einer Aktie auseinanderzusetzen, dass diese letztendlich zur Lieblingsaktie wird. Warum ist das schlimm?

Nun, es ist beim Geldanlegen in Aktien sehr wichtig, dass Sie beweglich bleiben. Wenn Sie für sich einmal Kriterien definiert haben, nach denen Sie anlegen, dann müssen Sie diese Kriterien auch auf Ihre Lieblinge anwenden. Das fällt naturgemäß schwer, und es fällt noch schwerer, je besser man sich mit seinen Lieblingen auskennt. Es ist jedoch eine zugegeben unangenehme Tatsache, dass sich besser auszukennen nicht dazu führt, dass die Entscheidungen besser werden. Dazu ein Auszug aus einem Experiment mit Psychologen, durchgeführt vor über 40 Jahren von einem amerikanischen Wissenschaftler namens Oskamp.[98]

Hierbei wurde den Psychologen eine Fallstudie eines Patienten vorgelegt. Anhand der Daten der Studie sollten sie bestimmte Verhaltensmuster des Patienten vorhersagen. Gleichzeitig wurden sie gebeten, ihr eigenes Gefühl darüber zu äußern, wie sicher sie sich mit ihrer Prognose fühlten. Dabei erhielten sie von Runde zu Runde mehr Informationen über den (tatsächlich existierenden!) Probanden. Es zeigte sich im Rahmen der Studie, dass die Psychologen sich von Runde zu Runde immer wohler mit ihren Prognosen fühlten – die Säule „Überzeugung" stieg entsprechend an. Doch wurden ihre Prognosen dadurch auch tatsächlich besser? Schauen wir auf die folgende Grafik, die das auswertet:

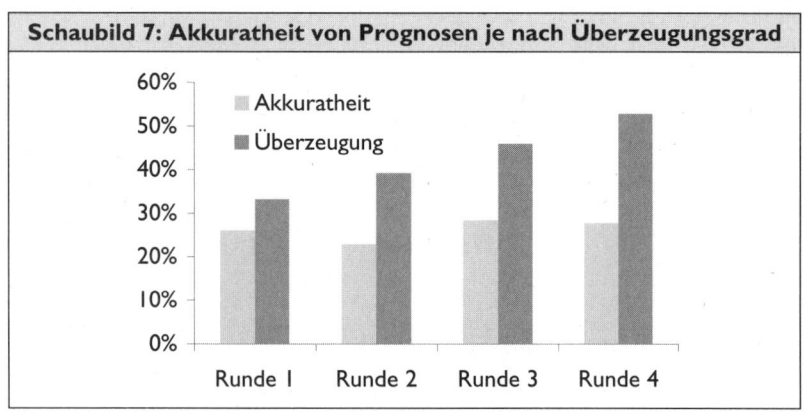

Dabei zeigen die linken, hellgrauen Säulen die Akkuratheit der Vorhersagen, die rechten dunkelgrauen jeweils die gefühlte Sicherheit. Man sieht deutlich, dass mit jeder Runde die gefühlte Sicherheit bezüglich der eigenen Prognose deutlich ansteigt, **während die Akkuratheit der Prognose nicht im gleichen Maße mit ansteigt.** Was bedeutet das? Nun, im Klartext heißt das: **Mehr Information führt nicht zu besseren Vorhersagen.** Das ist ganz wichtig, und ich kann es aus eigener Erfahrung bestätigen. Wichtiger ist, die relevanten Fakten aus dem Informationsmeer herauszufiltern – und welche das sind, sehen Sie spätestens in dem Kapitel, in dem es um erfolgreiche Faktormodelle („Kochrezepte") geht.

An der Börse findet jedoch noch ein weiterer Effekt statt: Je mehr Arbeit ich in eine Aktie gesteckt habe, um mehr Informationen über sie zu bekommen, desto mehr fühle ich mich dieser Aktie verbunden. Man kann fast sagen, manche Investoren sind auch mit ihren Aktien verheiratet. Umso schwieriger wird es dann jedoch leider, die Aktie bei Fehlentwicklungen auch wieder zu verkaufen. Es ist mir selbst so gegangen und ich habe es auch bei Kollegen immer wieder beobachten müssen, dass dann plötzlich mit ganz anderen Argumenten Positionen verteidigt wurden, die der eigenen Anlagedisziplin eigentlich längst nicht mehr standhielten.

Wie kann man das verhindern? Nun, zum einen, das haben wir in dem eben besprochenen Experiment gesehen, lohnt es sich gar nicht, allzu viel Informationen über ein Unternehmen oder eine Aktie zu sammeln. Es ist, im Gegenteil, sogar kontraproduktiv, denn wir fühlen uns immer sicherer mit der Entscheidung, obwohl diese gefühlte Sicherheit trügerisch ist. Zum anderen ist es ungemein wichtig, schon beim Kauf einer Aktie zu wissen, wann – also unter welchen Umständen – man die Aktie wieder verkaufen wird. **Wir brauchen also eine Verkaufsdisziplin!** Sie sehen, wie wichtig so eine Disziplin ist, auch daran, dass viele Fondsgesellschaften und professionelle Investoren diesem Thema in ihren Präsentationen regelmäßig eine Extraseite widmen. Bei der Vorstellung meines Modells für Sie wird demzufolge auch gleich mitdiskutiert, wann wir die gefundenen Aktien wieder verkaufen müssen – und wollen.

Sind 10 % eigentlich viel?
Renditen im Vergleich

Bevor wir tatsächlich ans Eingemachte gehen und konkrete Kochrezepte für den Börsenerfolg kennenlernen wollen, ein kleines Kapitel zu Zahlen und Renditen. Mir ist wichtig, dass Sie einschätzen lernen, was viel Rendite ist und was wenig – auch wenn das natürlich mit den jeweiligen Betrachtungszeiträumen und Jahren schwankt.

Wenn Sie am Anfang des vergangenen Jahrhunderts 1 $ in den Dow Jones Industrial – den Standardindex für amerikanische Aktien –

investiert hätten: Wie viel Dollar könnten Sie (bzw. Ihre Enkel) am Ende des Jahrhunderts Ihr Eigen nennen? Dies ist keine weitere Quizfrage, sondern nur als Größenvergleich zum Einstieg in dieses Kapitel gedacht. Wie vergrößert sich Geld, wenn es ein ganzes Jahrhundert Zeit hat? Ich verrate es Ihnen. Aus 1 $ wurden bis zum Ende des Jahrhunderts 222,46 $.

Ist das nun viel? Ein typischer Witz über Betriebswirtschaftler besagt, dass diese auf so eine Frage immer die gleiche Antwort hätten: Das hängt davon ab. Es hängt in diesem Fall aber tatsächlich „davon" ab, nämlich von der Frage der Alternativen. 222,46 $ zurückgerechnet über 100 Jahre, das entspricht einer jährlichen Rendite von genau 5,55 %. Das war also, zumindest in Amerika, die durchschnittliche jährliche Rendite bei den großen Standardaktien des vergangenen Jahrhunderts.

Aber halt! Der Dow-Jones-Index hat ja eine Besonderheit: Er rechnet die Dividenden nämlich nicht mit ein. Diese sind jedoch ein wesentlicher Bestandteil der Erträge, die ein Aktionär erhält. Der Vollständigkeit halber will ich auch darauf eingehen – und Sie können gleich selber schätzen. Also: Was wäre aus Ihrem Dollar geworden, hätten wir die Dividende berücksichtigt und gleich wieder reinvestiert in den Dow Jones? Überlegen Sie kurz und blättern Sie bitte erst dann weiter.

Wenn Sie jetzt eine Schätzung von 500 oder 700 bis 800 $ abgegeben haben, befinden Sie sich in guter Gesellschaft. James Montier hat auf einer Konferenz Fondsmanagern, also professionellen Investoren, dieselbe Frage gestellt, und die meisten Antworten stellten eine Verdopplung oder Verdreifachung der Rendite ohne Dividende dar. Sie ahnen schon, dass das nicht die richtige Antwort ist. Es ist trotzdem ein wichtiges Quiz, denn wieder konnten Sie (so hoffe ich doch) am eigenen Leib erfahren, wie schnell man systematische Fehler macht: Hier war es vielleicht wieder der Ankereffekt, der Ihre Antwort in der Nähe der vorherigen Zahl von 222,46 $ festhielt – und Ihre Fantasie davon abhielt, in weitere Fernen zu schweifen. Schnallen Sie sich an! Inklusive Dividenden wäre aus dem einen einzigen Dollar bis Ende 1998, also über 98 Jahre, nämlich eine Summe von über 13.327 $ geworden, also etwa 60-mal so viel wie ohne Dividenden. Ein beträchtlicher Betrag für Sie und Ihre Erben! Und somit eine tatsächliche Rendite – ohne Berücksichtigung von Steuern natürlich – von 10,18 % pro Jahr. Fairerweise müsste man noch eine Steuer auf die Dividende berücksichtigen, aber die kann je nach Land und Investor unterschiedlich ausfallen, weswegen wir sie hier nicht berücksichtigen wollen.

Schauen wir noch genauer hin: Unter den zehn Dekaden des letzten Jahrhunderts waren immerhin drei, in denen der Dow Jones im Schnitt etwas mehr als 10 % pro Jahr (kurz: p. a.) zulegte. Gleichzeitig gab es nur eine einzige Dekade mit negativem Return. Aktien waren also äußerst interessante Anlagen.

Laut den Zahlen von Jason Zweig in seinem Buch *Gier* liegt die mittlere Rendite von Aktien inflationsbereinigt bei 7 %, nach Steuern und Kosten bei um die 4 %.[99] Da Renditen an der Börse ja nicht inflationsbereinigt anfallen, sondern nominal, wie man das in der Fachsprache nennt, schlagen wir die derzeitige (historisch niedrige) Inflation von 2 % drauf und kommen auf um die 6 % netto bzw. 9 % vor Steuern im langfristigen Schnitt. Ich vermute, dass diese Rechnung die eher mageren 60er- und 70er-Jahre mit beinhaltet, bevor dann Anfang der 80er-Jahre der 20-jährige Bullenmarkt begann. Der leider Ende des Jahrtausends vorerst ein Ende fand: Denn wer vor zehn Jahren, d. h. Ende August 1999, in den DAX investierte, erwirtschaftete bis heute nur eine magere Rendite von 4,7 % – mager, weil es einem Jahresmittelwert von gerade mal 0,5 % entspricht. Wer vor fünf Jahren investierte, hatte mit 7,8 % pro Jahr deutlich mehr Glück.[100]

Eine andere Untersuchung zu Renditen findet sich bei Bareis und Nauhauser. Sie haben errechnet, dass Aktien immer dann vorteilhafte Investments waren, wenn man richtig viel Zeit mitgebracht hat: 25, besser noch 30 Jahre. Denn dann war der Einstiegszeitpunkt vergleichsweise egal, und man erzielte mindestens 4,8 % durchschnittliche jährliche Rendite. Oder auch 15 %, was das beste durchschnittliche Ergebnis war. Bei kürzeren Anlagezeiträumen konnte es passieren, dass die erzielten Jahresrenditen im Schnitt negativ waren.[101]

Was würden Sie nun sagen: Sind 10 % viel? Ich würde sagen, Ja. Würde Ihnen eine Bank oder wer auch immer so einen Return als Jahresrendite anbieten, wäre das Angebot mehr als einen Blick wert, denn es liegt deutlich im oberen Bereich dessen, was man mit Aktien verdienen konnte. Und **Aktien waren und sind – wenn man denn die richtigen kauft – die über längere Frist ertragreichste Geldanlage.** Das hat nicht nur mit den Zahlen an sich zu tun, sondern damit, dass das unternehmerische Risiko eines Aktionärs belohnt werden muss, sonst würde es ja keinen Sinn machen, das höhere Risiko, das eine Aktienanlage im Vergleich zu Fremdkapital mit sich bringt, einzugehen! Merken Sie sich das bitte, wenn Ihnen jemand Statistiken zeigt, aus denen hervorgeht, mit Aktien sei überhaupt nichts oder nur wenig zu verdienen. Das ist immer nur für besonders gewählte, eher kurze

Zeiträume richtig, nie jedoch für einen größer gewählten Ausschnitt über zwei, drei oder mehr Jahrzehnte. Vor allem ist es inhaltlich nicht logisch – das ist das Wichtigste daran.

Teuer oder billig: Was ist denn nun der Preis einer Aktie?

„There is no such thing as a free lunch in life."[102]

Amerikanische Redewendung

Ein letztes Kapitel noch, bevor Sie endlich die angekündigte Checkliste erhalten, die mein Börsenwissen und meine Erfahrungen anpasst auf die Möglichkeiten und Bedürfnisse eines Kleinanlegers. Denn eine Frage blieb noch unbeantwortet: Woran erkenne ich eigentlich, ob eine Aktie teuer oder billig ist, und nutzt es mir überhaupt, auf den Preis zu achten?

In Teil I haben wir das Kurs-Gewinn-Verhältnis kennengelernt, kurz: KGV. Es ist eine ganz einfache und daher so schöne Methode, den Gewinn je Aktie ins Verhältnis zum Aktienkurs zu setzen. Die Interpretation ist ebenso einfach und klar: Ein KGV von zehn bedeutet, dass ich zehn Jahre warten muss (angenommen, die Gewinne seien jedes Jahr gleich), um mein eingesetztes Kapital zurückzuerhalten – meinen Einsatz also zu verdoppeln, denn mein investiertes Kapital ist ja auch noch da. Demzufolge ist ein KGV von zehn attraktiver als ein KGV von 20, denn bei letzterem muss ich 20 Jahre warten.

Das Kurs-Gewinn-Verhältnis liefert uns aber noch eine interessante Information. Wenn wir es nämlich umdrehen, erhalten wir die Rendite, die ein Aktienanleger aus den Gewinnen des Unternehmens erwarten kann. Konkret gesagt: Heute, d. h. im August 2009, liegt das durchschnittliche KGV des DAX bezogen auf die Gewinnschätzungen für das aktuelle Jahr bei 18,4.[103] Das bedeutet, ein Aktienanleger kann aus den Unternehmensgewinnen eine Rendite von

100 % : 18,4 = 5,4 %

erwarten. Das heißt: Sollten die Gewinne der Unternehmen nicht wesentlich steigen und sollte sich an der aktuellen Marktbewertung nicht viel ändern, dann müssten die Kurse in einem Jahr durchschnittlich um 5,4 % höher stehen. In Anbetracht der hohen Schwankungen von Aktien und der Unsicherheit über zukünftige Gewinne, die ich als Aktionär aushalten muss, eine eher magere Größe.

Neben dem KGV können wir uns auch auf den Cashflow stützen und ein **KCF** (Kurs-Cashflow-Verhältnis) errechnen. Vergessen Sie aber nicht die Ergebnisse unserer Diskussion aus Teil I zu diesem Thema: Am Cashflow können die Controller einer Firma zwar weniger „herumtricksen", dafür ist er aber in der Regel volatiler, schwankt also mehr. Ansonsten lassen sich aber mit einem KCV die gleichen Betrachtungen anstellen wie mit einem KGV. Sie finden das KCV beispielsweise in Zeitschriften wie der *Börse Online* hinten im Tabellenteil.

Der Aktionär liefert im Übrigen das Kurs-Umsatz-Verhältnis (KUV) – eine nicht uninteressante Zahl, wenn man zyklische Unternehmen miteinander vergleichen will. Zyklische Unternehmen, das sind z. B. Industrieunternehmen wie Stahlhersteller oder Minenbetreiber, aber auch bestimmte Finanzwerte oder Fluggesellschaften, die einen hohen Fixkostenblock haben und in Branchen tätig sind, in denen der Umsatz gewisse Schwankungen aufweist. Dadurch machen diese Unternehmen in guten Zeiten schöne Gewinne, in schlechten Zeiten jedoch hohe Verluste. Dann funktionieren KCVs und KGVs natürlich nicht mehr – außer, man betrachtet Durchschnittswerte über mehrere Jahre, wie wir noch sehen werden. Oder man vergleicht eben die KUVs miteinander, da der Umsatz weniger stark schwankt als der Gewinn.

Genug dieses kleinen Ausfluges. Wir wollen natürlich noch sehen, ob es überhaupt was nützt, auf den Preis eines Unternehmens zu schauen. Intuitiv würden Sie mir wohl zustimmen und Ja sagen – denn wenn zwei Unternehmen theoretisch in allen Faktoren völlig identisch wären, das eine jedoch mit einem KGV von acht, das andere mit zwölf handeln würde, wäre das erstere attraktiver, da es unser Einsatzkapital bereits nach acht und nicht erst nach zwölf Jahren verdoppelt. Aber hat diese Strategie auch an der Börse zu Überrenditen geführt?

Wieder schauen wir auf die Analysen der Citigroup-Strategen[104] für den europäischen Markt. Im untersuchten Zeitraum, zwischen 1995 und 2007, lag die Outperformance von Aktien mit einem niedrigen KGV gegenüber denen mit einem hohen bei 11,8 % jährlich in Europa und 13,2 % in Großbritannien. Das sind sehr hohe Zahlen; mit die höchsten überhaupt, die die Citigroup-Strategen unter Auswahl verschiedener Kennziffern und Modelle gefunden haben. Entsprechende Zahlen für das Kurs-Cashflow-Verhältnis sehen nur wenig schlechter aus:

9,4 % Outperformance in Europa, 8,3 % in Großbritannien. Wir merken uns also: **Ein Fokus auf Aktien mit einem niedrigen KGV macht logisch Sinn und hat in der Vergangenheit zu Überrenditen geführt.** Wer sich mit dem Cashflow mehr anfreunden kann, kann stattdessen jedoch auch mit dem KCV arbeiten; ich persönlich bevorzuge das KGV.

Langfristige Durchschnitte liegen beim KGV in Europa zwischen 14 und 15. Während ich diesen Abschnitt schreibe (Juli 2009), liegt das aktuelle Kurs-Gewinn-Verhältnis (also bezogen auf 2009, das aktuelle Jahr) bei 18, sieht also vergleichsweise teuer aus. Das liegt daran, dass die Unternehmensgewinne 2008 derart in den Keller gerauscht sind und sich im aktuellen Jahr noch nicht wesentlich von diesem Niveau erholen konnten. Generell muss beachtet werden, welche Gewinne wir meinen: den vom letzten Jahr (abgekürzt LJ), vom aktuellen (das wäre 2009 oder kurz: AJ) oder gar den vom kommenden Geschäftsjahr, auch kurz das nächste Jahr (NJ) genannt. Auch hier streiten sich die Geister. Das KGV des letzten Jahres ist natürlich Vergangenheit, dafür jedoch eine gesicherte Zahl und keine Prognose. Sowohl das KGV des aktuellen als auch das des nächsten Jahres haben mit der Unternehmenszukunft zu tun, sind aber immer noch Prognosen – und davon wollten wir ja eigentlich Abstand nehmen! Allerdings ist es auch gar nicht so wichtig, welches KGV wir nehmen. Die genannten Zahlen der Citigroup beruhten auf KGVs für das letzte berichtete Geschäftsjahr. Die Anwendung eines KGV fürs nächste Jahr liefert ähnlich hohe Outperformancedaten – funktionierte also genauso gut.

Letztendlich kann Ihnen niemand die Entscheidung abnehmen, mit welchem Gewinn (d. h. aus welchem Jahr) Sie arbeiten wollen. Wenn Sie sich unsicher sind, helfen auch Durchschnittswerte über mehrere Jahre, z. B. über fünf Jahre. Dafür liefert außerdem die Zeitschrift *Börse Online* im Heft hinten alle notwendigen EPS-Zahlen – das ist also recht einfach handhabbar. Und siehe da, über fünf Jahre (d. h. im Moment die Gewinne 2006 bis 2010) liegt der Mittelwert im DAX mit einem KGV von 14,2 ein kleines bisschen unter dem historischen Durchschnitt und hat daher vielleicht noch etwas Spielraum nach oben.

Finanzgehirne unter der Lupe: Was verrät uns die Neuroökonomie über uns selbst?

So jung die Behavioural Finance oder Verhaltensökonomik ist, noch jünger ist die Disziplin, die die Möglichkeiten der Gehirnforschung auf ökonomische Entscheidungsfragen anwendet. Dieser neue, Neuroökonomie genannte Forschungszweig untersucht finanzielle Entscheidungen unter Unsicherheit mithilfe eines Magnetresonanztomografen, der Aufschluss geben soll, in welchen Gehirnbereichen sich diese Prozesse abspielen. Dadurch kann auch aufgezeigt werden, welchen emotionalen Bewegungen ein Börsenanleger ausgesetzt ist.

Eine zentrale Erkenntnis ist, dass die Erwartung eines Gewinns und dessen tatsächliches Eintreten im Gehirn auf völlig unterschiedliche Weise verarbeitet werden. Dabei aktiviert die Erwartung eines Gewinnes deutlich mehr Neuronen als der Gewinn selbst (wenn er denn eintritt). Die Schaltkreise in unserem Gehirn helfen uns auf diese Weise, nach zukünftigen Belohnungen zu suchen – leider malen sie uns dabei jedoch ein Bild von der Zukunft, das schöner ist, als diese tatsächlich werden kann. Und darum

„ist es für die meisten Menschen so schwierig, zu begreifen, dass das alte Sprichwort stimmt: Geld macht nicht glücklich. Denn schließlich scheint es immer so, als ob es das könnte."

Jason Zweig[105]

Das gilt im Übrigen für allerlei Ereignisse im Leben: Die Gefühle im Zustand der Erwartung (vielleicht Angst, Anspannung, freudige Erwartung, Euphorie) sind heftiger als das Erlebnis selbst. Hier kommen Volksweisheiten wie „Vorfreude ist die schönste Freude" zu Wort. Woran liegt das?

Es scheint eine Funktionsweise unseres Gehirns zu sein, die dazu dient, uns auf Trab zu halten. Das Gefühl, glücklich zu sein, hängt eng mit der Ausschüttung des Hormons Dopamin zusammen. Wenn man etwas bekommt, das man erwartet hat, wird jedoch kein Dopaminkick ausgelöst – das geschieht nur, wenn man einen unerwarteten Gewinn erhält. Dieser wiederum stimuliert das Gehirn sehr stark. So könnte man argumentieren, dass ein Anleger an der Börse Schritt für Schritt risikofreudiger wird, weil sich sein Gehirn an gewisse Gewinn- oder Verlustgrößen zu gewöhnen beginnt. Da die Anleger in der Regel zu risikoscheu sind, ist dies prinzipiell eine positive Entwicklung. Es sei denn, man hängt sein Herz und seine Zeit derart eng an die Börse, dass man über Gebühr Risikofreude, ja beinahe eine Art Risikosucht entwickelt, die man gut als Gier beschreiben kann. Man erlebt das gelegentlich auch unter Profis, die bei guter Performance das Risiko eher noch erhöhen, anstatt es sukzessive zu reduzieren und die gute Performance abzusichern. Mir ist es gelegentlich auch selbst so gegangen, wenn ich eine ehrliche Rückschau halte. Eine Lehre, die man daraus ziehen kann, ist diese: **Legen Sie sich, bevor Sie an der Börse starten, ein Risikobudget zurecht, das Sie nicht überschreiten wollen.** Das kann eine Gesamtsumme oder – besser noch – **eine Summe pro Aktie** sein, über die hinaus Sie nicht investieren wollen. Und dann halten Sie sich auch daran!

Doch sollte der Dopaminrausch, in den uns unser Gehirn bei einem unerwarteten Gewinn versetzt, nicht gleich negativ bewertet werden. Ohne ihn würden wir wohl Aktien gleich ganz links liegen lassen, denn, wie wir ja gelernt haben, von Natur aus ist der Mensch eher verlust- und daher risikoscheu. Man muss sich nur bewusst sein, was auf die Dauer in einem Börsianergehirn so passiert, und dass es mit der Zeit immer größerer Gewinne und Ereignisse bedarf, um am Börsenerfolg auch Freude zu haben und daran glücklich zu werden. Der Mensch und sein Gehirn sind eben zu sehr Gewöhnungsmaschinen, die sich mit der Zeit auf das, was sie tun, beinahe zu perfekt anzupassen vermögen.

Mein Modell – und meine Empfehlung an Sie

> *„Als der große Analyst Benjamin Graham gefragt wurde, was einen erfolgreichen Anleger ausmacht, antwortete er: ,Dafür braucht man weder außergewöhnliches Wissen noch Intelligenz. Am wichtigsten ist die Disziplin, gewisse Regeln aufzustellen und sie zu befolgen.'"*
>
> Zitiert nach Jason Zweig[106]

Jetzt geht es ans Eingemachte. Jetzt stelle ich Ihnen endlich das Modell vor, welches ich extra für die Leser dieses Buches entwickelt habe, und das mein Wissen und meine Erfahrungen für jedermann nutzbar macht. Ich bin selbst schon ganz aufgeregt, ob es mir gelingen wird, alles gut verständlich rüberzubringen, und ob ich Sie überzeugen kann und konnte, dass es Sinn macht, so zu arbeiten, d. h. Aktien nach diesen Kriterien auszuwählen. Wenn nicht, folgen Modelle anderer erfolgreicher Investoren – vielleicht ist da dann etwas für Sie dabei!

Wie wir gelernt haben, gibt es mehrere systematische Fehler, die ein Mensch beim Geldanlegen machen kann. Es gilt nun also, diese Fehler

▶ selbst nicht zu machen und
▶ zu analysieren, welche Fehler die Marktgesamtheit gerade macht, um von der unausweichlichen Korrektur dieser Fehler zu profitieren.

Wie können wir das beides erreichen? Nun, eigene Fehler verhindern wir am besten mit einer konkreten **Checkliste**, die die Kriterien enthält, die wir für den Aktienkauf (und -verkauf!) für wichtig halten. Damit schalten wir die Emotionen aus und zwingen uns, unabhängig von persönlichen Vorlieben alle Aktien gleich zu betrachten und zu behandeln. So eine Checkliste kann man auch als quantitatives Modell, Aktienauswahlsystem oder Faktormodell bezeichnen. Wenn wir es auf diesem Wege schaffen, uns selbst möglichst „fehlerfrei" durch die wogenden Aktienmeere zu bewegen, dann können wir gleichzeitig von Fehlbewertungen des Marktes und ihrer unweigerlichen Korrektur profitieren.

Was haben wir noch gelernt? Das sei hier zusammengefasst, mit dem Ziel, uns auf diesem Wege der passenden Checkliste Schritt für Schritt zu nähern:

▶ Prognosen über zukünftige Unternehmensgewinne oder Aktienkurse insgesamt sind nicht mit der nötigen Präzision machbar. Die Zukunft vorherzusagen ist unmöglich – und unnötig.
▶ Der Mensch bewertet seinen Börsenerfolg durch die Brille von Gewinn und Verlust. Ankereffekte führen außerdem dazu, sich an bisherige Kurse zu klammern. Dies ist falsch -- bzw. nicht zielführend.
▶ Wer es schafft, die richtigen Aktien zu finden, kann immer voll investiert sein und muss nicht unbedingt noch Kasse halten. Die Überrenditen aus der Aktienauswahl sind größer und systematischer erzielbar als die des Market Timing.
▶ Gute Geschäftsmodelle zeichnen sich durch hohe Margen und Kapitalrenditen aus. Eine hohe Eigenkapitalrendite sollte jedoch nicht zulasten der Bilanz gehen, also der Eigenkapitalquote. Hohe Margen, ein hoher RoE sowie eine gute Bilanz sind gleichzeitig Absicherungen gegen schlechte Zeiten. Der Fokus auf qualitativ hochwertige Unternehmen brachte zudem in der Vergangenheit Überrenditen.
▶ Ob eine Aktie billig oder teuer im Vergleich mit anderen ist, lässt sich unter anderem am KGV ablesen. Um die Zyklizität vieler Unternehmensgewinne zu berücksichtigen und „auszuschalten", verwenden wir nicht nur das aktuelle KGV, sondern auch einen

Durchschnittswert über fünf Jahre. Beide Strategien haben ebenfalls in der Vergangenheit zu Überrenditen geführt.

▶ Die Börse lebt von Überraschungen. Überraschungen finden regelmäßig statt, da der Mensch sein eigenes Wissen überschätzt und damit die Möglichkeiten der Realität unterschätzt. Positive Überraschungen sind da zu finden, wo Gewinnrevisionen steigen, die Aktie positiv auf ihre Quartalszahlen reagiert und wo die Mehrheitsmeinung der Analysten negativ, also zu pessimistisch ist. Auch diese Faktoren konnten schon Überrenditen nachweisen.

▶ Weil der Mensch Gewinne und Verluste unterschiedlich bewertet sowie Ankereffekten unterliegt, bilden sich Kurstrends heraus. Diese sollten in Aktienauswahlkriterien berücksichtigt werden.

▶ Bei großen Aktien gibt es Reversal-Effekte, d. h., nach guter Performance folgt eher eine Zeit schlechter Performance und umgekehrt. Besonders stark sind diese Effekte empirisch über drei Monate.

▶ Wenn man das Gewinnwachstum als Kriterium mit einbezieht, verhindert man, Unternehmen zu kaufen, die stagnieren oder fallende Gewinne haben. Dies ist kein sehr wichtiger Faktor, kann aber mit benutzt werden.

Welche Schlussfolgerungen ergeben sich nun aus diesen Erkenntnissen? Nun, wir können aus den meisten dieser Punkte konkrete Forderungen, sprich konkrete Kennziffern ableiten:

▶ Wir wählen Aktien nach quantitativen Kriterien aus und treffen keine Aussagen über die Zukunft.

▶ Wir löschen Einstandskurse aus unseren Dateien und auch aus unserem Gedächtnis.

▶ Die Auswahlliste beschränkt sich darauf, gute Aktien zu finden. Es geht nicht um die Aussage, ob der Aktienmarkt insgesamt gerade attraktiv ist oder nicht.

▶ Hohe Margen, ein hoher RoE sowie eine hohe EK-Quote (Eigenkapitalquote) geben Pluspunkte.
(Kennziffern 1 bis 3)

▶ Niedrige KGVs, sowohl über ein Jahr als auch über fünf Jahre, geben Pluspunkte. Neben dem Fünfjahresdurchschnitt kommt dabei das KGV bezogen auf die Gewinnschätzung des aktuellen Jahres zur Anwendung, denn diese Schätzung liegt dem „Gewinn von heute" am nächsten.[107]
(Kennziffern 4 und 5)

▶ Wir achten auf Gewinnrevisionen, Reaktionen der Aktie auf die Quartalszahlen (relativ zum Markt an diesem Tag) und die Analystenmehrheitsmeinung (bei großen Aktien als Kontraindikator).
(Kennziffern 6 bis 8)

▶ Aufwärtstrends über sechs oder zwölf Monate geben Pluspunkte.
(Kennziffern 9 und 10)

▶ Dabei ist eine Aktie, die über sechs Monate steigt und über zwölf Monate noch fällt oder stagniert, höher zu bewerten als eine Aktie, deren Trend sich in dieser Zeit gerade ins Negative verkehrt, die also über sechs Monate fällt, während über zwölf Monate ein Aufwärtstrend bestand.
(Kennziffer 11)

▶ Für Large Caps achten wir auf Dreimonatsumkehreffekte.
(Kennziffer 12)

▶ Positives Gewinnwachstum sollte belohnt werden.
(Kennziffer 13)

Jetzt haben wir aus diesen Schlussfolgerungen schon eine Menge Kennziffern zusammengestellt. Wie werten wir diese aus?

Wenn man einen leistungsfähigen Computer hat und Datenanbieter, deren Daten man direkt in eine Excel- oder Access-Tabelle hineinladen kann, kann man das gesamte Aktienuniversum nach den genannten Kriterien sortieren, die Ränge dann aufaddieren und danach die attraktivsten oberen (mit den kleinsten Gesamträngen) anschauen oder kaufen. So ähnlich habe ich es auch in meiner Zeit bei der DWS gemacht. Denn das gesamte sich mir bietende Universum bestand aus bis zu 3.000 Aktien – ohne den Computer hätte ich mich dort nie durchfinden können und ich hätte manche Aktienrakete nicht einmal bemerkt.

Sie als Kleinanleger haben diese Möglichkeit jedoch nur recht begrenzt, vermute ich. Deswegen habe ich für dieses Buch auf Basis der Kennziffern, die wir hier erarbeitet haben, ein neues Modell – besser eine Checkliste – entwickelt, die Sie für die Aktienauswahl verwenden können. Sie funktioniert recht einfach: Je nach Kennziffer werden Kriterien genannt, die einen Pluspunkt, null Punkte oder einen Minuspunkt ergeben. Sie können sich natürlich auch gern selbst eine eigene, anders aussehende Checkliste erstellen – das System mit Plus- und Minuspunkten, die dann je Aktie zu addieren sind, hat jedenfalls sehr viel Charme, weil es so einfach zu bedienen ist. Und auch, weil in schlechten Börsenzeiten nur sehr wenige Aktien die Kriterien erfüllen, in guten Zeiten jeweils mehr Aktien – so federt die Checkliste Sie gleich auch noch gegen Bärenmärkte ab.

Hier kommt sie nun, meine „kleine" Aktiencheckliste für jedermann:

Tabelle 38: Aktiencheckliste nach Susan Levermann – Large Caps			
	I Punkt, wenn	**0 Punkte, wenn**	**–I Punkt, wenn**
I RoE LJ*	> 20 %	zwischen 10 % und 20 %	< 10 %
2 EBIT-Marge LJ	> 12 %	zwischen 6 % und 12 %	< 6 %
3 Eigenkapital-quote LJ	> 25 %	zwischen 15 % und 25 %	< 15 %
4 KGV 5 Jahre	< 12	zwischen 12 und 16	> 16
5 KGV aktuell	< 12	zwischen 12 und 16	> 16
6 Analysten-meinungen	Verkaufen (2.5 bis 3.0)	Halten (1.51 bis 2.49)	Kaufen (1.0 bis 1.5)
7 Reaktion auf Quartalszahlen	positiv	zwischen –1 % und +1 %	negativ
8 Gewinn-revisionen	steigend	zwischen –5 % und +5 %	fallend
9 Kurs heute gg. Kurs vor 6 Mt.	steigend	zwischen –5 % und +5 %	fallend
10 Kurs heute gg. Kurs vor I Jahr	steigend	zwischen –5 % und +5 %	fallend
I I Kursmomentum steigend	Zeile 9: I Pkt., Zeile 10: 0 od. –I Pkt.	ansonsten	Zeile 9: –I Pkt., Zeile 10: 0 od. I Pkt.
12 Dreimonats-reversal	Perf. in jedem Monat < DAX	ansonsten	Perf. in jedem Monat > DAX
13 Gewinn-wachstum*	EPS AJ < EPS NJ	zwischen –5 % und +5 %	EPS AJ > EPS NJ
Punktesumme	**Kaufempfehlung ab 4 Punkten**		

LJ = letztes Geschäftsjahr; AJ = aktuelles Geschäftsjahr; NJ = nächstes Geschäftsjahr; EPS = Gewinn je Aktie

Bei der Aufstellung der absoluten Grenzwerte habe ich mich an den Mittelwerten für RoEs, Margen, Eigenkapitalquoten und KGVs orientiert. Sie können hier selbst gern andere Werte verwenden – aber bleiben Sie diesen bitte dann auch treu! Die Checkliste sieht ein bisschen lang aus, das gebe ich zu. Deswegen gibt es später noch eine kürzere Variante namens „Levermann light". Ich selbst habe bei der DWS – mit der Unterstützung riesiger Computerdateien – mit noch mehr Faktoren gearbeitet, um eine gewisse Ausgewogenheit verschiedener Kriterien herzustellen. Eine große Anzahl verschiedener Kennzahlen hatte auf mich eine beruhigende Wirkung – das aber mag bei jedem Menschen anders sein.

Wie werten wir diese Checkliste nun aus? Dafür gibt es zwei Möglichkeiten. Die erste ist, einen möglichst großen Korb von interessanten Aktien durchlaufen zu lassen, um dann einfach die besten 10, 20 oder 30 % zu kaufen – je nachdem, wie groß das von Ihnen analysierte Universum an Aktien ist. So könnten Sie sich die Mühe machen und alle DAX-Aktien durchgehen, um dann die besten zehn zu kaufen. Das macht natürlich eine Menge Arbeit beim Besorgen der notwendigen Daten. Dafür entgeht Ihnen nichts und Sie können unabhängig von der Marktlage in Aktien investieren. Wie wir ja in vorigen Kapiteln diskutiert haben, reicht es aus, die besten Aktien zu finden, um in jeder Marktsituation Überrenditen zu erzielen. So sind wir unabhängig davon, was die Wellen der Märkte gerade so treiben.

Die andere Variante ist, sich eine absolute, also ganz bestimmte Zahl an Punkten zu setzen, ab denen eine Aktie zur Kaufempfehlung wird. Bei der vorliegenden Checkliste empfehle ich **für Large Caps vier Punkte** als Untergrenze für eine Kaufempfehlung. Das klingt vielleicht wenig, ist es aber nicht, da für Nichterfüllung bestimmter Kriterien ja auch Minuspunkte verteilt werden. Dass das keine utopischen Zahlen sind, können wir an der momentanen Situation im DAX überprüfen: Es sind derzeit (Mitte August 2009) genau vier Aktien, die vier und mehr Punkte erzielen: Beiersdorf, Henkel Vorzüge, Salzgitter und ThyssenKrupp. Dass unser Modell derzeit nur vier von 30 Aktien zum Kauf empfiehlt, bedeutet im Übrigen auch, dass die mittelfristigen Aussichten für den DAX im Moment nicht ganz so gut sind, wie die Zeitungsschlagzeilen von der „überwundenen Rezession" uns glauben machen wollen. Ich bin zwar kein Freund von Market Timing, also dem Versuch, die Richtung des Marktes insgesamt vorhersagen zu wollen; aber wer es dennoch tun möchte, kann das auf diese Weise aus unserer Checkliste herauslesen.

Ausnahmen sind die Regel?
Sonderfälle und wie sie behandelt werden

Kein System kommt wohl ohne Ausnahmen oder Spezialfälle aus, die einer besonderen Behandlung bedürfen. Die ersten treten in den Zeilen fürs **KGV** auf:

▶ Wenn Unternehmen Verluste machen, sind die KGVs im Ergebnis negativ. Das gibt an der entsprechenden Stelle (KGV aktuelles Jahr und/oder KGV auf Basis der Durchschnittsgewinne der letzten fünf Jahre) dann jeweils einen Minuspunkt.

▶ Manchmal geben Zeitschriften und andere Datenanbieter auch kein KGV an, und stattdessen liest man etwa „n. a." oder andere Buchstaben, die auf fehlerhafte oder ebenfalls negative KGVs hindeuten. Auch dafür gibt es natürlich einen Minuspunkt – wenn wir ein KGV nicht kennen oder das Unternehmen Verluste macht, sollten wir als Investoren entsprechend vorsichtig sein.

Aktien, die nicht im DAX enthalten sind oder deren Marktkapitalisierung kleiner ist als 5 Mrd. €, zählen zu den schon erwähnten **Small und Mid Caps**. Für diese gelten die dreimonatigen Window-Dressing-Effekte nicht, die wir im DAX ausgemacht haben. Deswegen ist es wichtig, dass Sie für diese Aktien

▶ den Punkt 12 (Dreimonatsreversal) streichen bzw. Small und Mid Caps dort immer null Punkte geben.

Eine andere Besonderheit ist das höhere Risiko, mit dem wir bei den kleineren Unternehmen leben müssen. Schon der plötzliche Rücktritt des Unternehmenslenkers oder Eigentümers kann so eine Firma in unruhige Fahrwasser stürzen, genauso wie das Scheitern eines Kernproduktes größeren Einfluss hat bei den kleinen Unternehmen, die oft nur wenige Produkte verkaufen. Gegen dieses höhere Risiko sichern wir uns ab, indem wir

▶ als Kaufkriterium für Small und Mid Caps mindestens **sieben Punkte** verlangen.[108]

Eine weitere Änderung ist, dass wir die Reaktion der Aktie auf die Quartalszahlen am Tag der Veröffentlichung selbiger nicht mit der Performance des DAX an jenem Tag vergleichen, sondern besser mit der des MDAX oder SDAX. Für Marktkapitalisierungen zwischen 2 und 5 Mrd. € eignet sich der MDAX, für alle unter einer Milliarde der SDAX. Sie können diese Indizes auch für den Vergleich mit europäischen Small und Mid Caps verwenden, wenn Sie wollen, da beide Indizes im europäischen Vergleich recht hohe Volumina aufweisen und sich somit als Vergleichsmaßstab sehr gut eignen.

Die letzte Besonderheit der kleinen Aktien ist, dass manche noch gar nicht oder nur von sehr wenigen Analysten beobachtet werden. Sie finden dann zum Beispiel bei Yahoo! Finanzen bei der Zusammenfassung der Empfehlungen einen Wert namens „NaN" statt der Zahl, die wie sonst den Durchschnitt anzeigt. Was nun? Es ist prinzipiell gar nicht schlecht, wenn noch keine oder nicht so viele Empfehlungen vorliegen. Denn dann ist die Aktie noch eine unbekannte Perle für die meisten Großinvestoren. Gleichzeitig müssen wir aber die Unsicherheit berücksichtigen, die darin liegt, dass noch kein Experte mal drübergeschaut hat. Summa summarum würde ich daher einfach

▶ 0 Punkte vergeben, wenn keine Empfehlungen vorliegen.

Wenn sich jedoch Empfehlungen finden, gibt es auch hier eine Besonderheit. Denn es hat sich herausgestellt, dass Analysten eher recht haben mit ihrer Einschätzung, wenn es sich um eine besonders kleine Aktie handelt, die kaum beobachtet wird – so, wie das ja bei den kleineren Werten oft der Fall ist. Daher dreht sich bei den Small Caps (nicht bei den Mid Caps!) der Analystenkonsens als Indikator um, wenn es nur wenige Empfehlungen (weniger als fünf) gibt. Im Klartext:

▶ lautet bei einem Small Cap die Empfehlung von nicht mehr als 5 Analysten „Kaufen", dann ist das ein Pluspunkt;
▶ lautet sie „Verkaufen" und liegen nicht mehr als 5 Analysteneinschätzungen vor, ist das ein Grund zur Vorsicht.

Somit sieht unsere Checkliste für **Small Caps**, also Aktien, die weder im DAX noch im MDAX enthalten sind oder eine Marktkapitalisierung unter 2 Mrd. € haben, wie folgt aus (Tabelle 39). Beachten Sie dabei, dass entweder Zeile 6a oder Zeile 6b zur Anwendung kommt; nicht beide.

Tabelle 39: Aktiencheckliste nach Susan Levermann – Small & Mid Caps			
	I Punkt, wenn	**0 Punkte, wenn**	**−I Punkt, wenn**
I RoE LJ*	> 20 %	zwischen 10 % und 20 %	< 10 %
2 EBIT-Marge LJ*	> 12 %	zwischen 6 % und 12 %	< 6 %
3 Eigenkapital-quote LJ*	> 25 %	zwischen 15 % und 25 %	< 15 %
4 KGV 5 Jahre	< 12	zwischen 12 und 16	> 16
5 KGV aktuell	< 12	zwischen 12 und 16	> 16
6a Analysten-meinungen (mehr als 5 Stück)	Verkaufen (2.5 bis 3.0)	Halten (1.51 bis 2.49)	Kaufen (1.0 bis 1.5)
6b Analysten-meinungen (weniger als 5 Stück)	Kaufen (1.0 bis 1.5)	Halten, keine Empfehlungen	Verkaufen (2.5 bis 3.0)
7 Reaktion auf Quartalszahlen	positiv	zwischen −1 % und +1 %	negativ
8 Gewinn-revisionen	steigend	zwischen −5 % und +5 %	fallend
9 Kurs heute gg. Kurs vor 6 Mt.	steigend	zwischen −5 % und +5 %	fallend
10 Kurs heute gg. Kurs vor I Jahr	steigend	zwischen −5 % und +5 %	fallend
II Kursmomentum steigend	Zeile 9: I Pkt., Zeile 10: 0 od. −I Pkt.	ansonsten	Zeile 9: −I Pkt., Zeile 10: 0 od. I Pkt.
12 Dreimonats-reversal		generell 0 Punkte	
13 Gewinn-wachstum*	EPS AJ < EPS NJ	zwischen −5 % und +5 %	EPS AJ > EPS NJ
Punktesumme	**Kaufempfehlung ab 7 Punkten**		

LJ = letztes Geschäftsjahr; AJ = aktuelles Geschäftsjahr; NJ = nächstes Geschäftsjahr; EPS = Gewinn je Aktie

Weitere Sonderregelungen benötigen wir noch für **Finanzwerte**. Das sind Banken und Versicherungen, aber auch Börsenanbieter und Immobilienaktien. Im DAX zählen dazu Allianz, Commerzbank, Deutsche Bank, Deutsche Börse und Münchner Rück. Warum brauchen wir für diese Sonderregelungen? Nun, deren Geschäft ist es ja gerade, Geldanlagen entgegenzunehmen und Kredite herauszureichen bzw. das Geld ihrer Kunden anderweitig anzulegen. Das Eigenkapitel von Finanzwerten dient also der Mindestreserveunterlegung für den Gelddurchfluss und nicht, wie beispielsweise bei Industrieunternehmen, der Absicherung von Investitionen und Sachanlagen. Dementsprechend gelten für Banken und Versicherungen andere Vorschriften, was die Kapitalausstattung anbelangt, die sich je nach Land und Branche bei um die 5 bis 10 % bewegen.

▶ 10 % Eigenkapital sind also für einen Finanzwert eine gute Zahl, 5 % hingegen eher wenig.

Ein anderes Problem ist, dass Finanzwerte keine Margen haben. Natürlich gibt es die Differenz zwischen Zins- und Provisionserträgen der Kreditnehmer und den Zins- und Provisionsauslagen an die Sparer – aber diese Zahlen spielen sich nicht in unserem geliebten EBIT ab. Daher

▶ vergeben wir für die Margen bei Finanzwerten immer 0 Punkte.

Eine Abänderung der Checkliste für Finanzwerte, die keine Small Caps sind, könnte also wie folgt aussehen:

Tabelle 40: Aktiencheckliste nach Susan Levermann – Finanzwerte			
	1 Punkt, wenn	**0 Punkte, wenn**	**–1 Punkt, wenn**
1 RoE LJ*	> 20 %	zwischen 10 % und 20 %	< 10 %
2 EBIT-Marge LJ*		generell 0 Punkte	
3 Eigenkapital-quote LJ*	> 10 %	zwischen 5 % und 10 %	< 5 %
4 KGV 5 Jahre	< 12	zwischen 12 und 16	> 16
5 KGV aktuell	< 12	zwischen 12 und 16	> 16
6 Analysten-meinungen	Verkaufen (2.5 bis 3.0)	Halten (1.51 bis 2.49)	Kaufen (1.0 bis 1.5)
7 Reaktion auf Quartalszahlen	positiv	zwischen –1 % und +1 %	negativ
8 Gewinn-revisionen	steigend	zwischen –5 % und +5 %	fallend
9 Kurs heute gg. Kurs vor 6 Mt.	steigend	zwischen –5 % und +5 %	fallend
10 Kurs heute gg. Kurs vor 1 Jahr	steigend	zwischen –5 % und +5 %	fallend
11 Kursmomentum steigend	Zeile 9: 1 Pkt., Zeile 10: 0 od. –1 Pkt.	ansonsten	Zeile 9: –1 Pkt., Zeile 10: 0 od. 1 Pkt.
12 Dreimonats-reversal	Perf. in jedem Monat < DAX	ansonsten	Perf. in jedem Monat > DAX
13 Gewinn-wachstum*	EPS AJ < EPS NJ	zwischen –5 % und +5 %	EPS AJ > EPS NJ
Punktesumme	**Kaufempfehlung ab 4 Punkten**		

LJ = letztes Geschäftsjahr; AJ = aktuelles Geschäftsjahr; NJ = nächstes Geschäftsjahr; EPS = Gewinn je Aktie

Welche Liste nehmen wir bei Aktien, die **Small Cap und Finanzwert** sind? Nun, dieser „Sondersonderfall" erfordert eine Stückelung. Im Klartext: Nehmen Sie dafür die Zeilen 1 bis 5 aus der Finanzwertcheckliste (Tabelle 40) und die Zeilen 6a bis 13 aus der Small-Cap-Checkliste (Tabelle 39). Die Kaufempfehlung gilt dann wieder ab sieben Punkten, wie bei allen anderen Small Caps auch.

Der Teufel steckt im Detail: Wie Sie die Checkliste Schritt für Schritt anwenden

Um Ihnen an einem konkreten Beispiel zu demonstrieren, wie das Arbeiten mit der Checkliste funktioniert, habe ich eine der Aktien ausgewählt, die es in unsere derzeitige Kaufauswahl geschafft hat: Henkel Vorzüge. Die Daten stammen alle aus diesem Sommer (August/September 2009). So kann es eine Aktie schaffen, zu einer Kaufempfehlung zu werden, wenn wir uns entscheiden, die Grenze z. B. bei vier Punkten (von theoretisch 12 möglichen) zu ziehen. Wenn Sie diese ausführliche Schritt-für-Schritt-Anleitung nachvollziehen, wird es Ihnen danach sehr leichtfallen, für alle gewünschten Aktien die Checkliste durchzuarbeiten. Wenn Sie jedoch vorerst lieber weiterlesen wollen, können Sie dieses Kapitel auch überblättern und vielleicht später darauf zurückkommen.

Zeilen 1 bis 3 (RoE, EBIT-Marge, Eigenkapitalquote). Der einfachste und schnellste Weg läuft im Internet über OnVista. Wir gehen auf www.onvista.de, geben im Kästchen vor „Suche" den Namen der Aktie ein: Henkel, und klicken dann auf das Feld „Suche". Wählen Sie die Kategorie „Aktien" aus, um auszuschließen, dass uns Rentenpapiere oder Zertifikate mit aufgelistet werden. Nun suchen wir nach den korrekten Aktien, in unserem Beispiel sind das die Henkel Vorzugsaktien[109] mit dem Namen „Henkel AG & Co. KGAA Inhaber-V…".

Erfolg hat seinen Preis:
Welcher Mensch ist – oder wird – der,
der zu spekulieren lernt?

Jetzt, da wir auf dem Weg sind, zu erfolgreichen Aktieninvestoren zu werden, soll auch der Fragestellung Raum gegeben werden, welcher Mensch der wird, der gewinnbringend zu spekulieren weiß. Jason Zweig, langjähriger Kenner des Finanzmarktes durch seine Tätigkeit als Wirtschaftsjournalist in den USA, hat sich diese Frage ebenfalls gestellt. Er war so mutig, sich einem Experiment zu unterziehen, bei dem seine Denkprozesse und emotionalen Reaktionen im Gehirn mithilfe eines Magnetresonanztomografen (kurz: MRT) sichtbar gemacht wurden.

Dabei wurden ihm Karten mit verschiedenen Symbolen gezeigt (z. B. Kreis oder Quadrat), die für verschiedene Möglichkeiten standen, Geld zu gewinnen oder zu verlieren. Um den angezeigten Betrag zu gewinnen, musste ganz schnell der richtige Knopf gedrückt werden. Es ging also im Experiment darum, schnelle Entscheidungen unter Unsicherheit zu treffen, um Geld gewinnen zu können. Dabei gab es verschiedene Risikoklassen, d. h. verschieden starke Wahrscheinlichkeiten, um Geld zu gewinnen oder zu verlieren. So, wie es an der Börse der Fall ist, denn auch dort gibt es Aktien, die stärkere Ausschläge zeigen als andere. Was geschah nun im Gehirn von Jason Zweig?

„Wenn ein Symbol erschien, das nur einen kleinen Gewinn oder Verlust signalisierte, schien nicht viel zu passieren; ich drückte gelassen auf den Knopf und gewann oder verlor. Wenn aber ein Kreis erschien, der mit den Symbolen für einen großen, leichten Gewinn markiert war, dann wurde ich [...] von einer Welle der Erwartung erfasst."

Jason Zweig[110]

Diese Welle der Erwartung ließ sich im MRT als regelrechtes Neuronenfeuerwerk wahrnehmen. Und zwar in Teilen des Gehirns, in denen auch die Erwartung bestimmter Suchtstoffe wie Kokain oder Morphium verarbeitet und angezeigt wurde. So schlussfolgerten die Wissenschaftler, dass die

„neuronalen Aktivitäten eines Anlegers, der mit seinen Investitionen Geld verdient, [...] nicht zu unterscheiden [sind] von denjenigen einer Person im Kokain- oder Morphiumrausch."

Jason Zweig[111]

Die Gefahr, eines Tages von zu viel Aktivität an der Börse mit einem regelrechten Junkiegehirn umherzulaufen, ist also einer der möglichen Preise, mit denen ein Spekulant zu rechnen hat. Kein kleiner, wenn man bedenkt, wie schwer und langwierig es für echte Drogenjunkies ist, von ihrer Sucht herunterzukommen. Ich persönlich glaube, dass der Vergleich etwas überzeichnet ist – denn nur weil wir über dieselben Gehirnregionen reden, muss der Effekt nicht gleich derselbe sein. Nichtsdestotrotz habe ich dieses Suchtpotenzial gelegentlich auch bei mir gespürt. Seien Sie also gewarnt – und **hängen Sie Ihr Herz nicht allzu sehr an Ihre Börsenspekulationen!** Konkret könnte dies bedeuten, die eigene Portfolioperformance nicht zu oft anzuschauen. In einem Interview hatte ich geraten, maximal alle zwei Wochen würde reichen; heute würde ich zu noch viel weniger raten: vielleicht einmal im halben Jahr. Das ist nicht gleichbedeutend damit, das Portfolio selbst anzuschauen und nach Ihren Checklisten zu bewerten und zu überarbeiten! Das sollten Sie mindestens einmal im Monat tun, denn dann kann es sein, dass sich einige Faktoren geändert haben. Wer doch öfter auf seine Performance schaut und seine Gewinne und Verluste z. B. monatlich verfolgt, riskiert durchaus eine Menge schlechte Laune.

Wenn nun in der Auswahlliste mehrere Börsenplätze angeboten werden, sollten Sie sich zuerst für Xetra entscheiden. Diese Computerhandelsplattform der Deutschen Börse hat bei Weitem die meisten Kauf- und Verkaufsgeschäfte für deutsche Aktien, also die höchste Liquidität und damit die verlässlichsten Informationen zu bieten. Nicht alle Aktien sind jedoch hier gelistet; wenn das der Fall ist (wie bei kleineren Werten oftmals), dann wäre für deutsche Aktien Frankfurt am Main der bevorzugte Börsenplatz, für ausländische Aktien der jeweilige Hauptbörsenplatz, den Sie in den Anlagen zu diesem Buch finden. Sollte keiner dieser Börsenplätze angeboten werden, wählen Sie diejenige Aktie, bei der links davon eine WKN[112] abgebildet ist. In unserem Fall, Henkel Vorzüge, stehen Xetra und NASDAQ[113] zur Auswahl, und, wie schon erklärt, entscheiden wir uns für Xetra. Klicken Sie einfach auf den unterstrichenen Namen „Henkel AG & Co. KGAA Inhaber-V...", der links vom Börsenplatz Xetra zu lesen ist. Nun finden wir die einzelnen Daten in der Kategorie „Fund. Analyse" (was „Fundamentalanalyse" einfach nur abkürzt bedeutet) im Unterpunkt „Kennzahlen" – einfach auf das Wort draufklicken, so dass sich die Schrift rot färbt.

Diese Seite bietet verschiedene Kennzahlen zum ausgewählten Unternehmen unter bestimmten Überschriften an. Die **Eigenkapitalquote**

finden Sie unter „Bilanzsumme und Kapitalstruktur", die **EBIT-Marge**
und die **Eigenkapitalrendite (RoE)** unter „Rentabilität". Nehmen Sie
die Werte vom vergangenen Geschäftsjahr (in unserem Beispiel 2008),
denn das sind die aktuellsten. Henkel sammelt auf den ersten drei Zeilen
genau zwei Pluspunkte.

Tabelle 41: Zeilen 1 bis 3 für Henkel Vorzüge			
	Fakten	**Punkte**	**Begründung**
1 RoE LJ	18,68 %	0	10 % < RoE LJ < 20 %
2 EBIT-Marge	13,46 %	1	Marge > 12 %
3 Eigenkapitalquote	40,66 %	1	EK-Quote > 25 %

Auf der gleichen Seite finden wir auch Daten für die angefallenen und
zukünftig geschätzten Gewinne pro Aktie, die wir für die Berechnung
der KGVs in **Zeile 4 und 5 (KGV aktuell, KGV fünf Jahre)** und des
Gewinnwachstums in Zeile 13 brauchen. Diesmal ganz oben, unter der
Überschrift „Gewinn". Notieren Sie sich die Zahlen für die vergangenen drei Geschäftsjahre (2006: 1,99 €/2007: 2,14 €/2008: 2,79 €)
sowie die Schätzungen für das aktuelle und kommende Jahr (2009e[114]:
1,58 €/2010e: 1,97 €). Eine andere Möglichkeit, die EPS-Zahlen[115]
für insgesamt fünf Jahre zumindest für die meisten deutschen Werte
zu bekommen, ist die Zeitschrift *Börse Online*. Sie enthält auf den
letzten Seiten ausführliche Tabellen zu deutschen und ausgewählten
internationalen Aktien, darunter auch die EPS der letzten drei Jahre,
des aktuellen und des kommenden Geschäftsjahres. Leider weichen
die EPS-Zahlen von *Börse Online* und von OnVista nicht nur voneinander ab, sondern gelegentlich auch von den von den Unternehmen
veröffentlichten Daten. Das liegt an der unterschiedlichen Bewertung
außergewöhnlicher Erträge – siehe auch die von uns in Teil I des Buches
diskutierten unterschiedlichen Ansatzmöglichkeiten von Abschreibungen. Wie gehen wir damit um? Wichtig ist hierbei **Kontinuität.** Wenn Sie
sich die Mühe machen wollen und auf den Unternehmens-Websites die
Geschäftsberichte heraussuchen, um dort die EPS der vergangenen Jahre
abzulesen, dann würde ich diesen Zahlen durchaus den Vorzug geben.
Die Daten von *Börse Online* scheinen bei diesen Vergangenheitsdaten
akkurater, d. h. dichter an den Unternehmenszahlen zu sein als OnVista.
Nachteil ist, dass die EPS-Schätzungen für das aktuelle und kommende
Geschäftsjahr aus der Redaktion von *Börse Online* und somit nicht aus
dem großen Lager der Analysten stammen wie bei OnVista. Da eine

große Zahl von Schätzungen Prognosefehler eher ausgleicht, würde ich daher für die EPS des aktuellen und folgenden Geschäftsjahres auf die Zahlen von OnVista vertrauen. Ein bisschen mehr Mühe macht es, bei zwei Datenanbietern nachzuschauen, aber die höhere Akkuratheit der Daten dankt es Ihnen.[116] Wie kommen wir jetzt von den EPS-Zahlen zu unseren Tabellenwerten in den Zeilen 4, 5 und 13? Dazu fehlt lediglich der aktuelle Kurs der Aktie. Gehen Sie wieder auf die Homepage von OnVista und geben den Namen der Aktie rechts oben im Suchfeld ein; in unserem Fall „Henkel". Ein Klick auf „Suche", und die Wertpapierliste erscheint. Grenzen Sie entweder die Auswahl noch mit Klick auf die Kategorie „Aktien" ein oder lesen Sie direkt vom Hauptbörsenplatz den Kurs ab (Henkel Vorzüge handeln heute, am 25. September 2009, im Xetra-Handel bei 28,50 €). Jetzt können wir die KGVs berechnen. Für das **KGV des aktuellen Jahres in Zeile 5** dividieren wir dazu den aktuellen Kurs durch den Gewinn pro Aktie vom aktuellen Jahr (2009): 28,50 € dividiert durch 1,58 € ergibt ein (recht hohes) KGV von 18,0. Für Zeile 4 bilden wir den Mittelwert aus allen fünf erwähnten Geschäftsjahren:

$$
\begin{aligned}
\text{Mittelwert} \; &= \; (\text{EPS } 2006 + \text{EPS } 2007 + \text{EPS } 2008 + \text{EPS } 2009e \\
&\quad + \text{EPS } 2010e) : 5 \\
&= \; (1,99 \, € + 2,14 \, € + 2,79 \, € + 1,58 \, € + 1,97 \, €) : 5 \\
&= \; 10,47 \, € : 5 \\
&= \; 2,09 \, €
\end{aligned}
$$

Der Kurs von derzeit 28,50 € dividiert durch 2,09 € ergibt ein **KGV des Gewinndurchschnitts von fünf Jahren** von 13,6 für Zeile 4. Das **Gewinnwachstum in Zeile 13** geht noch einfacher: 1,97 € (EPS NJ) sind deutlich mehr als 1,58 € (EPS AJ) und damit liegen Gewinnwachstum und ein Pluspunkt vor:

Tabelle 42: Zeilen 4, 5 und 13 für Henkel Vorzüge				
		Fakten	**Punkte**	**Begründung**
4	KGV 5 Jahre	13,6	0	12 < KGV 5 Jahre < 16
5	KGV aktuell	18,0	−1	KGV AJ > 16
13	Gewinn-wachstum	EPSe AJ = 1,58 € EPSe NJ = 1,97 €	1	EPS NJ (nächstes Jahr) sind größer als EPS AJ (aktuelles Jahr; geschätzt)

Den **Analystenkonsens** für **Zeile 6**, also den Durchschnitt der Analystenmeinungen, finden wir leider nicht mehr bei OnVista, dafür bei Yahoo! Finanzen. Gehen Sie auf www.yahoo.de und klicken auf der linken Leiste den Punkt „Finanzen" an. Noch schneller geht es direkt mit http://de.finance.yahoo.com/- der Website des Finanzportals von Yahoo!. Oben links (bei „WKN, ISIN, Ticker") den Namen der gewünschten Aktie eingeben (Henkel) und auf „Kurse abfragen" klicken. Die zweite Zeile von oben liefert die gewünschten Daten für Henkel Vorzüge – erkennbar an der Zahl „3" in dem Ticker HEN3.DE. Mit Ticker ist die Abkürzung der Aktie gemeint, wie sie verschiedene Informationssysteme der Börse benutzen, u.a. Reuters. Wenn Sie in so einer Abkürzung eine Zahl 3 sehen, können Sie sich merken, dass es sich um die Vorzugsaktien handelt. Wir klicken also „Henkel AG & Co. KGaA", den zweiten blau unterstrichenen Wert von oben an. Jetzt erscheint die Detailseite für Einzelaktien, mit einer hellblauen Liste an Funktionen am linken Bildrand. Scrollen Sie ein bisschen herunter und Sie finden den Punkt „Analystenmeinungen". Anklicken. Gleich ganz oben erscheint der momentane Durchschnittswert der Empfehlungen. Yahoo! Finanzen macht es sich da einfach: eine Kaufempfehlung entspricht der Note 1, eine Verkaufsempfehlung der Note 3. Damit liegen Halteempfehlungen also um die Note 2 herum. Henkel Vorzüge haben derzeit (oberster Wert der kleinen Tabelle) eine durchschnittliche Empfehlung (lfd. Monat) von 1,7 – das liegt gerundet an der 2 und ist demnach ein „Halten" (englisch: Hold). Damit erhält Henkel Vorzüge in Zeile 6 derzeit 0 Punkte.

Die **Zeile 7**, die **Reaktion der Aktie auf Quartalszahlen** (relativ zum Markt), macht nun etwas mehr Mühe. Diese lohnt sich jedoch. Nicht viele Quant-Fonds und Investoren arbeiten mit diesem Faktor, obwohl er doch so eine interessante Aussage zum Aktienkursmomentum liefert. Ich selbst habe diesen Faktor als Frühindikator sehr schätzen gelernt und rate Ihnen daher unbedingt, sich die Mühe damit zu machen. Eine Aktie, die auf die Quartalszahlen hin fällt, ist auch später nur selten ein guter Performer!

Wie finden wir nun die notwendigen Daten? Zuerst müssen wir herausfinden, wann denn unsere zu betrachtende Aktie das letzte Mal einen Quartalsbericht abgeliefert hat. Das geht für die meisten Unternehmen am schnellsten über Yahoo! Finanzen: www.yahoo.de eingeben und auf der linken Themenliste „Finanzen" auswählen (dorthin gelangt man natürlich auch auf direktem Wege über www.de.finance.yahoo.com). Links oben im Suchfeld den Namen der Aktie eintragen (in unserem

Beispiel Henkel) und aus der dann folgenden Liste am besten die Aktie am Hauptbörsenplatz (bei uns: Xetra) durch Anklicken des Namens wählen. Es erscheint eine Kurzübersicht über relevante Daten des selektierten Wertpapiers. Auf der linken Seite, mit hellblauem Hintergrund, gibt es nun weitere Informationen. Klicken Sie beim Unterpunkt „News & Infos" auf „Termine", und mit etwas Glück ist hier der jüngste Termin der Quartalszahlenberichterstattung dabei. Dieser sollte nicht länger als drei Monate (also ein Quartal) vom heutigen Datum entfernt sein – sonst sind die Daten zu veraltet und Sie gehen besser einen anderen Weg. Denn wenn Sie dort nicht fündig geworden sind, helfen auch die Webseiten der Unternehmen weiter. Geben Sie bei www.google.de den Unternehmensnamen, in unserem Beispiel „Henkel", ein. Meist findet sich gleich ganz vorn der Link zum gewünschten Unternehmen, in unserem Falle www.henkel.de. Auf dieser Homepage suchen Sie den Unterpunkt „Investor Relations", denn hier werden die für Aktionäre interessanten Fakten aufbewahrt und angeboten. Unter „Finanznachrichten", „Finanzkalender" oder ähnlichen Stichpunkten finden sich dann in der Regel Informationen zu den Quartalszahlen. Bedenken Sie: Uns reicht allein das Datum. Was konkret drin stand in den Zahlen, ist gar nicht notwendig! Bei Henkel war der 5. August 2009 das Datum des Berichtes zum abgelaufenen zweiten Quartal. Wir merken uns dieses Datum.

Nun brauchen wir noch Kursdaten dazu, und zwar von der Aktie selbst und auch die von einem passenden Vergleichsindex. Denn was nützt uns eine Aktie, die auf ihre Quartalszahlen hin vielleicht 1 % gestiegen ist, wenn der Markt am selben Tag 3 % nach oben gegangen ist? Das wäre also im relativen Kontext eine Underperformance und als Minuspunkt zu bewerten! Wir brauchen daher beide Daten. Doch wo finden wir diese?

Wenn Sie Glück haben und die gewünschte Aktie ist bei Yahoo! Finanzen vorrätig, hilft uns der Chart der Aktie weiter. Gehen Sie also wieder auf Yahoo! (www.yahoo.de) und klicken Sie links auf „Finanzen". Dann oben links im Suchfeld wieder „Henkel" eingeben und die Henkel Vorzüge im Xetra auswählen (einfach auf den blau unterstrichenen Namen „Henkel & Co. KGaA" mit Börsenplatz Xetra klicken). Jetzt erscheint eine Kurzübersicht mit einem Chart der Aktie am rechten Bildrand. Diesen anklicken, damit er sich vergrößert. Unter dem Chart befinden sich kleine viereckige Knöpfe, mit denen man einen anderen Zeitraum für die Anzeige einstellen kann. Wählen Sie drei oder sechs Monate, dann liegt das letzte Datum der Quartalszahlen auf jeden Fall drin. Wenn Sie jetzt mit der Maus über den Chart fahren, finden Sie zu jedem Datum den entsprechenden Schlusskurs: So notierten Henkel Vorzüge am Ende des 5. August 2009 bei 26,34 €, am Handelstag davor zu 25,51 €. Also reagierten Henkel Vz. auf die Veröffentlichung der Quartalszahlen mit

$$(26{,}34 \,€ : 25{,}51 \,€ - 1) \cdot 100 \,\% = +3{,}3 \,\%.$$

Das allein reicht jedoch nicht: Wir müssen auch wissen, was der Markt an diesem Tag gemacht hat. Da Henkel Mitglied des DAX ist, können wir uns diesen Index zum Vergleich heranziehen. Das ist noch einfacher als die Suche nach einer konkreten Aktie, denn Yahoo! hat recht weit oben viele wichtige Indizes aufgelistet, so dass wir dort nur den ersten, den DAX nämlich, anzuklicken brauchen. Die erscheinende Übersichtsliste mit den DAX-Mitgliedern interessiert uns nicht, aber auf der linken, hellblau unterlegten Leiste der Punkt „Interaktiv" in der Kategorie „Charts". Bitte anklicken. Auf dem erscheinenden Chart können wir wieder mit der Maus drüberfahren und uns die DAX-Schlusskurse für den 5. August und den Tag davor suchen: 5.353 (5. August 2009) bzw. 5.417 (Tag davor). Macht eine Performance von

$$(5353 : 5417 - 1) \cdot 100 \,\% = -1{,}2 \,\%.$$

Damit hat unsere Aktie Henkel Vorzüge eine **relative Reaktion auf die Quartalszahlen** von

$$+ 3{,}3 \,\% - (- 1{,}2 \,\%) = +3{,}3 \,\% + 1{,}2 \,\% = +4{,}5 \,\%,$$

und das ist deutlich positiv und gibt einen Pluspunkt.

Ein anderer Weg zu diesen Informationen führt über historische Kurslisten. Dieser Weg ist etwas umständlicher – soll aber erwähnt werden als Alternative, falls Yahoo! die gewünschte Aktie nicht anbietet. Gute Zahlenzeitreihen zu Kursen liefert uns die Homepage von *Börse Online*. Gehen Sie auf www.boerse-online.de und wählen dort das Rechteck „Aktien & Charttechnik" aus. Jetzt in der dritten Zeile der Auswahlmöglichkeiten „Kurshistorien" anklicken. Im Eingabefeld geben wir „Henkel" ein (oder die Wertpapierkennnummer, wenn Sie sich diese von OnVista gemerkt haben – das ginge dann noch schneller), lassen den grünen Auswahlpunkt bei „Aktien" stehen und klicken auf „Suchen". In der folgenden Liste suchen wir uns wieder den

Hauptbörsenplatz aus (in unserem Fall Xetra unter Beachtung, dass wir die Vorzugsaktien namens „Henkel Vz." brauchen) und klicken auf „Wert übernehmen". Geben Sie als Startdatum ein Datum ein, das etwa drei Tage vor dem gefundenen Termin der Veröffentlichung der Quartalszahlen liegt – denn es kann ja sein, dass der Tag ein Montag war und wir für Samstag und Sonntag keine Kurse finden –, und als Enddatum den gefundenen Termin selbst. In unserem Beispiel also: Startdatum 2. August 2009, Enddatum 5. August 2009. Wieder auf „Suchen" klicken. Dass der 5. August 2009 kein Montag war, sehen Sie gleich daran, dass es für den vorhergehenden Tag, also den 4. August 2009, Kurse gibt, die von denen des 5. August 2009 abweichen. Nun dividieren wir den Kurs vom Enddatum durch den Kurs vom Tag davor, und zwar nehmen wir jeweils die Schlusskurse:

$$
\begin{aligned}
\text{Reaktion auf Quartalszahlen} &= ((26{,}34\,\text{€} : 25{,}51\,\text{€}) - 1) * 100\,\% \\
&= 0{,}0325 * 100\,\% \\
&= 3{,}3\,\%
\end{aligned}
$$

Aber was hat nun der breite Markt an jenem Tag gemacht? Diese Information finden wir auf die gleiche Weise. Also wieder die Kurshistorien auf der *Börse Online*-Seite suchen. Nur dass wir diesmal einen relevanten Vergleichsindex brauchen. Nehmen Sie bei deutschen Aktien ruhig den DAX, bei europäischen Aktien den Euro Stoxx 50. Auch wenn diese Indizes keine kleineren Aktien enthalten, geben Sie doch aufgrund ihrer Größe, Bekanntheit und Handelsliquidität ein gutes Indiz dafür ab, wie sich der breite Markt an jenem Tag entwickelt hat. Alternativ können Sie für kleinere deutsche Aktien auch den MDAX oder SDAX nehmen. In unserem Beispiel jedoch ist Henkel ein Large Cap und so geben wir bei den Kurshistorien diesmal „DAX" ein, bewegen den grünen Punkt auf „Indizes" (ganz wichtig!) und klicken dann auf „Suchen". Wenn alles richtig gelaufen ist, gibt es nur einen DAX im Xetra zur Auswahl – „Wert übernehmen" anklicken. Wieder wählen wir ein Startdatum etwa drei Tage vor dem gefundenen Tag und als Enddatum den Tag selbst, also für Henkel: Startdatum 2. August 2009 und Enddatum 5. August 2009, und „Suchen" auswählen. Wieder orientieren wir uns an den Schlusskursen und freuen uns, dass der 4. August 2009 kein Sonntag war:

$$
\begin{aligned}
\text{Marktverlauf} &= ((5353{,}01 : 5417{,}02) - 1) * 100\,\% \\
&= (0{,}98818 - 1) * 100\,\% = -0{,}0118 * 100\,\% \\
&= -1{,}2\,\%
\end{aligned}
$$

Demzufolge beträgt die relative Reaktion von Henkel auf die Quartalszahlen:

$$\text{Relative Reaktion} = 3,3\ \% - (-1,2\ \%)$$
$$= 3,3\ \% + 1,2\ \%$$
$$= +4,5\ \%$$

Für diese deutlich positive Reaktion gibt es einen schönen Pluspunkt für Henkel Vorzüge! Beruhigend auch, dass die Daten von *Börse Online* nicht von denen von Yahoo! abweichen, denn auch dort kamen wir ja auf +4,5 % als Ergebnis.

Zeile 8: Gewinnrevisionen. Hier hilft uns die Papierausgabe von *Börse Online* weiter, also die Zeitschrift selber. Erwerben oder finden Sie idealerweise die letzten vier Ausgaben (die Zeitung erscheint wöchentlich) und studieren Sie die Tabellen im hintersten Teil der Hefte. Dort werden durch kleine Dreiecke neben den EPS-Schätzungen für das aktuelle und kommende Geschäftsjahr (schnell erkennbar daran, dass die Spalten rot gedruckt sind) angezeigt, ob es Revidierungen, also Änderungen der Prognosen nach oben (Dreieck mit Spitze nach oben) oder nach unten (Dreieck mit Spitze nach unten) gegeben hat. Wenn in irgendeinem von den vier Heften unsere Aktie ein oder zwei Dreiecke nach oben bekommen hat, gibt es einen Pluspunkt. Bei einem oder zwei Dreiecken nach unten gibt es einen Minuspunkt. Dabei ist es egal, ob sich das Dreieck neben den EPS des aktuellen oder des nächsten Geschäftsjahres befindet – Hauptsache, es hat Veränderungen bei den Prognosen gegeben. Sollte eine Aktie innerhalb der vier Wochen, die die vier Hefte umfassen, mehrfach Dreiecke erhalten haben, zählen die letzten.

Warum diese Mühe mit mehreren Heften? Nein, ich erhalte keine Provisionen von *Börse Online* ... Die Sachlage ist anders: Da ein einziges Heft nur eine Woche abdeckt, muss es schon ein sehr günstiger Zufall sein, der gerade in dieser Woche des Jahres zu Gewinnrevisionen geführt hat. Wir wollen unser Glück an der Börse aber nicht dem Zufall, sondern der Logik anvertrauen – und ein Monat im Überblick ist für Gewinnrevisionen einfach ein besserer Indikator.

Eine andere Möglichkeit, sich einen Überblick über die Gewinnrevisionen zu verschaffen, funktioniert sozusagen per Handarbeit mit den Daten von OnVista. Speichern Sie einfach – in einer Tabelle oder Datei oder wo auch immer Sie sich Ihre Aktiendaten notieren – den heutigen Stand der OnVista EPS-Zahlen für das aktuelle und das kommende Jahr ab. In unserem Beispiel geht es um die EPS-Schätzungen von Henkel Vorzügen für 2009 und 2010. Wir finden, wie schon zuvor erwähnt, 1,58 € für 2009 und 1,97 € für 2010 (Stand Spätsommer 2009). Wenn nun ein paar Wochen vergangen sind, suchen Sie wieder OnVista auf und kontrollieren unter „Fund.Analyse – Kennzahlen", ob sich die Zahlen für den Gewinn pro Aktie für das laufende und das kommende Jahr geändert haben. Wichtig ist auch, dass Sie diese neuen Daten wieder in Ihrer Tabelle oder Datei abspeichern – damit Sie in ein paar Wochen wiederum vergleichen können, wie und ob sich die Schätzungen geändert haben. In unserem Beispiel zeigen sich für Henkel Vorzüge tatsächlich neue Daten: 1,64 € für 2009 und 2,02 € für 2010 (Stand Herbst 2009). Das entspricht einer Änderung von 1,64 €/1,58 € – 1 = 3,8 % für 2009 und 2,02 €/1,97 € – 1 = 2,5 % für 2010. Die Gewinnrevisionen zeigen also nach oben – das ist die gute Nachricht. Allerdings sind sie nur marginal, also kleiner als 5 %, und solche Werte fallen bei mir unter „Rauschen". Das bedeutet, sie sind nicht groß genug, um wirklich einen signifikanten Einfluss auf die Aktie zu haben.

Henkel Vorzüge weisen also weder bei Börse Online Dreiecke auf, noch sind die per Hand ermittelten Gewinnrevisionen ausreichend positiv oder negativ, so dass wir in dieser Zeile nur null Punkte zu vergeben haben:

Tabelle 43: Zeilen 6, 7 und 8 für Henkel Vorzüge			
	Fakten	**Punkte**	**Begründung**
6 Analystenmeinungen	1,7	0	1,7 = gerundet 2 = Halten
7 rel. Reaktion auf Quartalszahlen	4,5 %	1	positive Reaktion
8 Gewinnrevisionen	keine	0	stagnierende Gewinnrevisionen

Fehlen uns nur noch die Zeilen 9 bis 12. Zumindest die ersten drei davon, die **Zeilen 9 bis 11** für die **Kursentwicklung über sechs Monate und ein Jahr** sowie das **Kursmomentum** lassen sich recht schnell beantworten. Wieder hilft uns OnVista (www.onvista.de) dabei. Diesmal im Schnelldurchlauf: Henkel im rot umrahmten Feld „Suche" eingeben, auf „Suche" klicken, dann „Henkel AG & Co. KGAA Inhaber-V..." im Xetra oder einer anderen großen Börse auswählen. Wir bleiben auf dieser Seite und scrollen ein wenig hinunter, dort, wo der Chart mit der Kursperformance zu finden ist. Klicken Sie zuerst auf „6 Monate" und sehen sich den Chart an. Ist der Kurs heute (ganz rechts im Bild) höher als der vor sechs Monaten (Beginn der roten Linie ganz links)? Dann gibt es in Zeile 9 einen Pluspunkt. Ist der Kurs heute niedriger, entsprechend einen Minuspunkt. Sind beide ungefähr auf gleicher Höhe, würde ich null Punkte vorschlagen. Genauso gehen wir für die Kursentwicklung über ein Jahr in Zeile 10 vor. Oben, über dem Chart, „1 Jahr" anklicken und dann ebenso die Kurse vor einem Jahr und heute vergleichen. Henkel bekommt hier bei beiden Zeilen einen Pluspunkt (Stand Ende September 2009). Zeile 11, das Kursmomentum, liefert null Punkte, da ja beide Werte in Zeile 9 wie auch 10 steigend sind. Der Faktor „Kursmomentum" soll ja Aktien helfen oder „bestrafen", deren Kursmomentum gerade eine Umkehr erfährt – sich entweder nach langem Abwärtstrend gerade erholt oder nach langem Aufwärtstrend gerade wegbricht. Das ist die Idee dabei. Henkel Vorzugsaktien steigen jedoch über sechs Monate und ein Jahr, d. h., ihr Kursmomentum ist konstant geblieben und erhält daher null Punkte:

Tabelle 44: Zeilen 9, 10 und 11 für Henkel Vorzüge			
	Fakten	**Punkte**	**Begründung**
9 Kurs heute gg. Kurs vor 6 Mt.	steigend	1	Kurs heute ist höher als Kurs vor 6 Monaten
10 Kurs heute gg. Kurs vor 1 Jahr	steigend	1	Kurs heute ist höher als Kurs vor einem Jahr
11 Kursmomentum steigend	nein	0	Kurs steigt sowohl über 6 als auch 12 Monate

Nun zum letzten, noch fehlenden Kriterium: dem **Dreimonatsreversal in Zeile 12**. Es ist nur für Large Caps relevant, d. h. Werte, deren Marktkapitalisierung über 5 Mrd. € beträgt oder die in den großen Indizes (DAX, Euro Stoxx 50) vertreten sind. Small und Mid Caps erhalten hier einfach null Punkte. Wenn Sie sich unsicher sind, finden Sie die Marktkapitalisierung wieder bei OnVista. Wenn Sie noch auf der Seite von Henkel sind, können Sie gleich im Bereich „Fund. Analyse" auf „Kennzahlen" klicken; wenn nicht, fangen Sie wieder rechts oben bei der „Suche" mit dem Eingeben des Aktiennamens an. Nachdem wir uns auf die Seite der Kennzahlen begeben haben, findet sich die

Marktkapitalisierung gleich ganz oben links bei den „Stammdaten". Henkel mit 11,3 Mrd. € Börsenwert fällt definitiv unter die Large Caps, zumal die Aktie ja auch im DAX vertreten ist. Damit beginnt jetzt etwas Arbeit. Die sich lohnt, weil dieser Umkehrfaktor für die großen Aktien sehr gut funktioniert und Überrenditen abliefert – vergleichen Sie gern noch mal das Kapitel „Ein ganz einfaches Aktienauswahlmodell gefällig – oder auch zwei?".

Um entscheiden zu können, ob die von uns ausgewählte Aktie in jedem der vergangenen drei Monate schlechter war als der DAX, brauchen wir natürlich die entsprechenden Kurse. Wichtig ist hier, dass Sie die Kalendermonate nehmen – denn das sind die Stichtage, zu denen die Fondsmanager Reports erstellen müssen und an denen daher diese Umkehreffekte zum Tragen kommen. Woher wir Kurshistorien bekommen, wissen Sie jetzt schon: auf der Website von *Börse Online*. Nichts wie hin also: www.boerse-online.de, dann „Aktien & Charttechnik" anklicken und „Kurshistorien" auswählen. Erneut geben wir Henkel oder vielleicht gleich die bei OnVista gefundene WKN ein, lassen den grünen Punkt bei Aktien und klicken auf „Suchen". Sie finden „Henkel Vz." im Xetra und gehen auf „Wert übernehmen". Jetzt brauchen wir die Daten für die letzten drei Kalendermonate: Das sind also Juni, Juli und August, denn der September 2009 läuft ja noch. Da wir Schlusskurse miteinander vergleichen, ist das Startdatum immer der letzte Tag des Vormonats, d. h. in unserem Beispiel der 31. Mai 2009 (um auch Kurse zu erhalten, sollte dieser Tag an einem Wochenende gelegen haben, gehen wir sicherheitshalber noch drei Tage zurück auf den 28. Mai 2009). Das Enddatum ist genau drei Monate später: der 31. August 2009. Geben Sie diese Daten ein und klicken auf „Suchen".

Und tatsächlich: Der 31. Mai 2009 existiert in den Kurshistorien nicht; der letzte Handelstag im Mai war der 29. Mai 2009. Notieren Sie sich alle vier Schlusskurse der letzten Tage der Monate Mai, Juni, Juli und August:

Henkel-Schlusskurse:
	29. Mai 2009	21,75 €
	30. Juni 2009	22,23 €
	31. Juli 2009	25,80 €
	31. August 2009	27,56 €

Daraus können wir jetzt die Performance unserer Henkel-Vorzugsaktien in den drei vergangenen Kalendermonaten berechnen:

Henkel-Vz.-	Juni	=	$(22,23\ € : 21,75\ € - 1) * 100\ \%$
Performance:		=	$0,022 * 100\ \% = 2,2\ \%$
	Juli	=	$(25,80\ € : 22,23 - 1) * 100\ \%$
		=	$0,1606 * 100\ \% = 16,1\ \%$
	August	=	$(27,56\ € : 25,80\ € - 1) * 100\ \%$
		=	$0,068 * 100\ \% = 6,8\ \%$

Das Gleiche müssen wir jetzt noch für den Vergleichsindex vornehmen. Da Henkel ein deutscher Large Cap ist, entscheiden wir uns naturgemäß für den DAX und laden auf demselben Weg wie für die Henkel-Aktie die Kursdaten bei www.boerse-online.de herunter. Achten Sie nur bei der Eingabe darauf, den grünen Punkt bei „Indizes" zu markieren, sonst sucht die Website die DAX-Daten unter den Aktien und wird entsprechend nicht fündig.

DAX-Schlusskurse:	29. Mai 2009	4.940,82
	30. Juni 2009	4.808,64
	31. Juli 2009	5.332,14
	31. August 2009	5.464,61

Daraus können wir jetzt die Performance des DAX in den drei vergangenen Kalendermonaten berechnen:

DAX-Performance:	Juni	=	$(4.808,64 : 4.940,82 - 1) * 100\ \%$
		=	$-0,02675 * 100\ \% = -2,7\ \%$
	Juli	=	$(5.332,14 : 4.808,64 - 1) * 100\ \%$
		=	$0,1088 * 100\ \% = 10,9\ \%$
	August	=	$(5.464,61 : 5.332,14 - 1) * 100\ \%$
		=	$0,0248 * 100\ \% = 2,5\ \%$

Nun können wir endlich die Performance der Aktie und des Index in allen drei jüngst vergangenen Kalendermonaten vergleichen:

Juni:	Henkel Vz. 2,2 %	DAX −2,7 %
Juli:	Henkel Vz. 16,1 %	DAX 10,9 %
Aug.:	Henkel Vz. 6,8 %	DAX 2,5 %

Die Performance der Henkel-Aktie war also **in jedem Monat** besser als der DAX. Damit ist etwas Vorsicht geboten, denn eine Beruhigung der Performance liegt nahe. Wir müssen also einen Minuspunkt vergeben!

Geschafft! Unser Ergebnis für Henkel Vorzüge sieht dann so aus:

Tabelle 45: Aktiencheckliste für Henkel Vorzüge			
	Fakten	Punkte	Begründung
1 RoE LJ*	18,68 %	0	10 % < RoE LJ < 20 %
2 EBIT-Marge LJ*	13,46 %	1	Marge > 12 %
3 EK-Quote LJ*	40,66 %	1	EK-Quote > 25 %
4 KGV 5 Jahre	13,6	0	12 < KGV 5 Jahre < 16
5 KGV aktuell	18,0	−1	KGV AJ > 16
6 Analysten-meinungen	1,7	0	1,7 = gerundet 2 = Halten
7 Reaktion Qu.zahlen	4,5 %	1	positive Reaktion
8 Gewinn-revisionen	keine	0	stagnierende Gewinnrevisionen
9 Kurs heute gg. Kurs vor 6 Mt.	steigend	1	Kurs heute ist höher als Kurs vor 6 Monaten
10 Kurs heute gg. Kurs vor 1 Jahr	steigend	1	Kurs heute ist höher als Kurs vor einem Jahr
11 Kursmomentum steigend	nein	0	Kurs steigt sowohl über 6 als auch 12 Monate
12 Dreimonats-reversal	ja	−1	Performance Juni, Juli und August besser als DAX jeweils
13 Gewinn-wachstum*	EPS AJ = 1,58 € EPS NJ = 1,97 €	1	EPS NJ sind größer als EPS AJ (geschätzt)
Punktesumme	Kauf-empfehlung	4	da Punktzahl ≥ 4

LJ = letztes Geschäftsjahr; AJ = aktuelles Geschäftsjahr; NJ = nächstes Geschäftsjahr; EPS = Gewinn je Aktie

Seien Sie nicht beunruhigt, wenn das erstmalige Durchgehen der Checkliste etwas gedauert hat. Mit der Zeit werden Sie dabei schneller werden und vielleicht auch neue Wege finden, um die Dateneingabe zu verkürzen. Am besten gestalten Sie sich in Excel ein eigenes, leeres Formular, in das Sie nach und nach alle relevanten Fakten für die gewünschte Aktie eintragen. Denken Sie immer dran: Die Mühe lohnt sich. Denn

Aktien, die hier wirklich die geforderte Punktzahl bringen, haben eine deutlich gestiegene Wahrscheinlichkeit, den Markt outzuperformen. Und danach suchen wir ja.

Vielleicht wüssten Sie jetzt gern, welche Outperformance man in der Vergangenheit mit diesem Modell erzielen konnte. Ich kann Ihnen leider keine Zurückrechnung anbieten – dafür jedoch, und das sollte Ihnen mehr wert sein, die tatsächlichen Zahlen meiner Fonds. Es hat etwa zwei Jahre gedauert, bis ich mit der Programmierarbeit zu dem Profimodell fertig war, mit dem ich bei der DWS gearbeitet habe. Es ist anders als das hier vorgestellte, denn als Profi konnte ich noch mehr Kriterien für über 3.000 Aktien gleichzeitig anwenden und auf jede Menge Datenpunkte dank der Finanzsoftware Bloomberg zugreifen. Angewendet habe ich dieses Profimodell ungefähr ab dem Jahr 2004. In den darauffolgenden vier Jahren gewann ich für meine drei Fonds mehrere Preise, darunter mit dem DWS Europa Innovation die dritte Position unter mehr als 400 europäischen Aktienfonds über ein Jahr (Euromoney 2006) sowie Rang eins mit dem DWS Zürich Aktien Deutschland unter ca. 100 deutschen Aktienfonds über ein und drei Jahre (Lipper 2008). Auch wenn das hier vorgestellte Modell anders ist, damit Sie als Kleinanleger es benutzen können, beruht es doch auf meinem Wissen und meinen Erfahrungen an der Börse. Daher hoffe ich, dass die reellen Performancezahlen meiner Fonds, die nicht nur reine Papiergewinne, sondern echte sind, Sie von der Qualität meines Wissens überzeugen können.

„Levermann light" – ein Rezept für Ungeduldige

Wenn man zum ersten Mal ein Buch schreibt, glaubt man leicht, es handele sich dabei um ein Kunstwerk ganz aus einem Guss. Zumindest ging es mir so. Dabei übersieht man aber, dass manchmal die besten Anregungen von Dritten kommen, die das Manuskript im Vorfeld zu sehen bekommen. Die Idee zu „Levermann light" ist so entstanden, und ihr Urheber ist Max Otte, selbst Autor vieler Bücher, dem ich an dieser Stelle dafür danken möchte.

Die Ihnen jetzt bekannte Checkliste hat 13 Faktoren. Das mag einigen Lesern zu viel sein. Vielleicht kommt Ihnen die Arbeit, alle diese Faktoren zu erheben, zu lang vor. Ich respektiere das, auch wenn ich Ihnen dringend rate, sich die notwendige Zeit zu nehmen. Nur so erhöhen Sie die Sicherheit Ihrer Aktienauswahl. Wem es dennoch zu viel ist, für den ist „Levermann light" gedacht: eine kürzere und somit schneller bearbeitbare Checkliste. Sie enthält die fünf von mir als die am wichtigsten erachteten Kriterien:

Tabelle 46: Aktiencheckliste nach Susan Levermann – „Levermann light"			
	1 Punkt, wenn	0 Punkte, wenn	–1 Punkt, wenn
1 RoE LJ*	> 20 %	zwischen 10 % und 20 %	< 10 %
2 EBIT-Marge LJ*	> 12 %	zwischen 6 % und 12 % oder Finanzwert	< 6 %
3 KGV 5 Jahre	< 12	zwischen 12 und 16	> 16
4 Reaktion auf Quartalszahlen	positiv	zwischen –1 % und +1 %	negativ
5 Kurs heute gg. Kurs vor 6 Mt.	steigend	zwischen –5 % und +5 %	fallend
Punktesumme	**Kaufempfehlung ab 3 Punkten, Small Caps ab 4 Punkte**		
*LJ = letztes Geschäftsjahr			

Wenden wir diese auf den momentanen DAX an, so erfüllen derzeit (Oktober 2009) genau drei Aktien das Kaufkriterium von drei Punkten: (wieder) Henkel Vorzüge und ThyssenKrupp, und im Unterschied zur langen Liste ist noch RWE dabei. Wie gut „Levermann light" funktioniert und ob es vielleicht genauso gut geht wie die lange Liste, kann ich Ihnen nicht sagen. Alle verwendeten Faktoren haben jeweils einzeln in der Vergangenheit zu Überrenditen geführt, und so ist die Wahrscheinlichkeit hoch, dass das auch diese Liste schafft.

Die Suche nach lukrativen Aktien:
Wie komme ich überhaupt auf Ideen?

Den meisten Kleinanlegern ist es nicht wie den Profis möglich, riesige Aktienuniversen auf Knopfdruck zu filtern, um attraktive Aktien und Investmentideen zu finden. Das ist kein Grund zur Verzweiflung, denn es gibt andere Möglichkeiten.

Zum einen bieten die einschlägigen Zeitungen und Magazine immer wieder Anregungen und Kaufvorschläge an. Diese sind besser als ihr Ruf: Nach einer noch recht jungen Studie, die Journalistenempfehlungen aus deutschen Anlegermagazinen im Zeitraum 1995 bis 2003 untersucht hat, lieferten Kaufempfehlungen tatsächlich Gewinne für den Leser ab – zumindest, solange diese nicht den Neuen Markt betrafen. Journalisten und Analysten sind eben auch nicht vor kollektiven Fehlbeurteilungen gefeit.[117] Wenn Sie also über Zeitungen, Internet oder auch Fernsehen auf Ideen kommen, müssen diese nicht zwangsläufig schlecht sein. Überprüfen Sie sie einfach mithilfe der Checkliste, und die Spreu trennt sich wie von selbst vom Weizen.

Ein anderer Weg ist die aktive Suche über Kriterien. Dies geht beispielsweise bei OnVista: Auf der Homepage www.onvista.de den Bereich „Aktien" auswählen, dort dann „Suche/Vergleich". Jetzt auf die Lasche „Profivergleich" klicken. Dort gibt es nun die Möglichkeit, Aktien zu suchen, die verschiedene Kriterien erfüllen. Nehmen Sie einfach welche aus unserer Checkliste, dann nähern Sie sich schon mal den potenziellen Kaufkandidaten an.

Ein Beispiel: Wir suchen nach Kandidaten, die gleichzeitig ein KGV unter zwölf aufweisen und eine EBIT-Marge über 12 %. Wählen Sie also unter „1. Dynamische Fundamentalkennziffern" das KGV des aktuellen Jahres aus, und unter „2. Statische Fundamentalkennzahlen und -daten" die EBIT-Marge ebenfalls vom aktuellen Jahr. Rechts davon werden die Kriterien eingegeben, nämlich kleiner als zwölf beim KGV und größer als zwölf bei der Marge. Das sichert uns schon gleich zwei Pluspunkte auf unserer Checkliste. Zusätzlich könnten wir noch unter den technischen Kennzahlen (der vierte Punkt auf der OnVista-Seite) die Performance 52 Wochen als größer als null auswählen – der dritte Pluspunkt unserer Liste. Am Anfang der Seite müssen Sie sich noch entscheiden, ob Sie einen Index analysieren wollen oder in einem bestimmten Land oder einer Branche suchen wollen – das bleibt Ihnen überlassen. Trauen Sie sich ruhig aus dem Heimatland heraus!

Auch *Börse Online* bietet auf der Website mit dem „Aktienanalyzer" ein Werkzeug an, um Aktien nach bestimmten Kriterien zu filtern. Dieses beschränkt sich derzeit allerdings auf deutsche Aktien und wenige Faktoren wie das KGV fürs nächste Jahr. Deswegen bevorzuge ich die Suche über OnVista.

Eine weitere Webadresse mit der Möglichkeit, Aktien nach bestimmten Kriterien zu filtern, ist www.boerse.de. Unter dem Oberbegriff „Aktien" findet sich der Aktienfilter, mithilfe dessen Sie nicht nur nach Aktien mit günstigen KGVs suchen können, sondern Unternehmen beispielsweise auch nach der Anzahl der Mitarbeiter aussortieren können. Wenn solche Faktoren also Teil Ihrer persönlichen Checkliste geworden sind, sind Sie bei www.boerse.de vielleicht an der richtigen Stelle.[118]

Die dritte Möglichkeit sind wieder die Tabellen in den schon genannten Heften, *Börse Online* und *Der Aktionär*. Sie können nach Werten suchen, die Gewinnwachstum aufweisen (EPS NJ > EPS AJ) oder durch günstige KGVs oder Gewinnrevisionen (Dreiecke mit Spitze nach oben) auffallen. Von Nachteil ist hier lediglich, dass die Hefte doch einen Fokus sehr auf deutsche Aktien haben und nicht zur Auswahl in Europa einladen. Da ist die Onlinesuche einfach stärker.

Skeptisch oder nicht: Hat der Kleinanleger denn keine Nachteile?

Und, glauben Sie sich auf dem Weg zum Börsenerfolg schon weiter vorangekommen? Oder haben Sie Zweifel, dass es so einfach sein könnte? Das könnte ich durchaus verstehen. Schließlich behaupte ich ja, dass man allein mit konsequenter Anwendung einer bestimmten Checkliste schon Überrenditen erzielen kann. Warum machen es die anderen nicht, wenn es doch so einfach ist? Und haben die Profis nicht doch Vorteile, unter anderem deswegen, weil sie regelmäßig die Vorstände all ihrer Unternehmen zu sehen bekommen? Letzteren Punkt möchte ich gerne ausräumen.

Es ist üblich geworden, dass die Vorstände, meist CEO[119] (der Vorstandsvorsitzende) und CFO[120] (Finanzvorstand), ihre Investoren in regelmäßigen Abständen, oft quartalsweise, besuchen. Diese Gespräche werden „one-on-one" genannt, übersetzbar mit „eins zu eins" – einfach, weil es ein Gespräch mit direktem Gegenüber gibt, und sich nicht mehrere Parteien beteiligen, sondern genau zwei. Meist dauern diese Gespräche eine Stunde. Sie dienen dazu, Informationen auszutauschen, aber auch, damit der Investor – der ja schließlich Miteigentümer ist – seine Wünsche und Vorstellungen persönlich an den Vorstand übermitteln kann. Letzterer Aspekt ist immer wichtiger geworden. Denn durch die strenge Regulation im Finanzmarkt, was die Informationsverteilung seitens der Unternehmen angeht, ist es bei Weitem nicht mehr möglich, in diesen Gesprächen echte Insiderinformationen zu erhalten. Wer das erwartet oder erhofft, muss enttäuscht werden.

Ich persönlich habe mich immer mehr von solchen Gesprächen zurückgezogen. Nicht, dass es nicht spannend oder interessant ist, die Vorstände großer Unternehmen kennenzulernen und zu erleben. Es ist nur leider reine Zeitverschwendung mit Blick auf die Performance. Das sollte Sie als Privatanleger beruhigen. Ihnen stehen heute die gleichen Informationen im Internet zur Verfügung wie den Profis, und das, was Ihnen die Profis voraushaben, nämlich die direkten Gespräche, bringt leider nichts für die Performance. Dieser Effekt wurde in den USA an Personen getestet, die Studenten für renommierte Colleges, Universitäten oder spezielle Trainingsprogramme auszuwählen haben. Sie alle glaubten, ein persönliches Interview mit den Kandidaten würde ihre Entscheidungen effektiver machen. Leider ist das nicht der Fall:

„Untersuchungen legen nahe, dass Entscheidungen, die ausschließlich auf objektiven Kriterien beruhen, mindestens genauso effektiv sind wie solche, die durch subjektive Eindrücke aus einem Interview beeinflusst wurden."

Thomas Gilovich[121]

Glauben Sie mir jetzt, dass es ausreicht, mit einer Checkliste in der Hand durch das Haifischbecken zu segeln? Wenn ja, lesen Sie bitte weiter – für ein paar Tipps, wie man sich seine eigene Liste zurechtlegen kann.

Gestalten Sie sich Ihre eigene Checkliste – und was Sie dabei beachten sollten

Sicherlich ist Ihnen aufgefallen, dass nicht alle der in Teil I eingeführten Variablen in der von mir vorgestellten Checkliste Verwendung gefunden haben. Trotzdem haben Sie Liquiditätsgrade und den Altman-Z-Score nicht umsonst kennengelernt. Denn mit diesen Kennziffern können Sie Ihre Aktienauswahl bedeutend verfeinern.

Es ist natürlich immer einfacher, anhand der Checkliste eines anderen zu arbeiten. Dennoch lohnt sich die Mühe, sich eine eigene Tabelle zusammenzustellen. Denn nur so können Sie die Kriterien genau so festlegen, dass diese Ihren eigenen Erfahrungen und Ihrem Charakter entgegenkommen. Ich habe beispielsweise oft den Fehler gemacht, Aktien zu früh zu verkaufen. Um das zu verhindern, flossen die Momentum-Faktoren (Kursperformance über sechs Monate und ein Jahr) in meine Checkliste mit ein. Zusätzlich neigte ich dazu, Aktien hochriskanter Unternehmen zu kaufen und Qualitätsaktien zu sehr zu vernachlässigen – einer der Gründe, warum fundamentale Qualitätskennziffern wie RoE und Margen Eingang in mein Modell fanden.

Genauso sollten auch Sie vorgehen und Ihr eigenes Modell so gestalten, dass es hilft, die Ihrem Charakter eigenen „Fehler" auszumerzen. Wie können Sie z. B. meine Checkliste Ihren Bedürfnissen näher anpassen? Dazu ein paar Vorschläge:

▶ Vielleicht ist es Ihnen gar nicht wichtig, ob die Unternehmensqualität überdurchschnittlich ist. Sie trauen sich zu, auch ohne diese Hilfe auf gute Unternehmen zu setzen, und für eine Checkliste reichen Ihnen Momentum und Bewertung. Dann lassen Sie doch die Kennziffern 1, 2 und 3 weg, ebenso wie 6 und vielleicht noch 12.

▶ Sie wollen ganz auf der sicheren Seite stehen und möglichst überhaupt keine Verluste erleiden – dann verwenden Sie am besten die Qualitätskennzahlen 1 bis 3, die Kennziffern 4 und 5 für die Bewertung und 7 bis 11 zur Absicherung der psychologischen Unterstützung. Sie könnten noch den Altman-Z-Score hinzufügen oder einen der Liquiditätsgrade. Legen Sie anschließend eine sehr hohe Punktzahl fest, die eine Aktie erfüllen muss, um Ihre Checkliste als „Kauf" zu passieren, z. B. als Minimum fünf Punkte. Das ist schon sehr viel bei „nur" zehn Kennzahlen.

▶ Sie wünschen sich mehr Ausgewogenheit bei den Kriterien? Ordnen Sie doch die Kennziffern Themen zu und gewichten Sie dann die Themen gleich anstatt der einzelnen Kennziffern.

Das Sortieren verschiedener Kennziffern nach Themen macht durchaus Sinn, wenn eine gewisse Anzahl überschritten ist – und 13 Zahlen sind eher mehr als weniger, das gebe ich gern zu. So ließe sich meine Checkliste beispielsweise etwas mehr eingrenzen:

Qualität:	RoE, EBIT-Marge, EK-Quote (Kennziffern 1 bis 3)
Bewertung:	KGV fünf Jahre, KGV aktuell (Kennziffern 4 und 5)
Stimmung:	Analystenmeinungen, relative Reaktion auf die Quartalszahlen (Kennziffern 6 und 7)
Momentum:	Gewinnrevisionen, Kurs heute gegenüber sechs und zwölf Monaten, Kursmomentum (Kennziffern 8 bis 11)
Technik:	Dreimonatsreversal (nur Large Caps) (Kennziffer 12)
Wachstum:	Gewinnwachstum aktuelles Jahr aufs nächste Jahr

Jetzt könnten Sie sogar die Themen unterschiedlich gewichten, so wie es Ihnen für richtig erscheint. Statt des Aufaddierens aller Punkte hintereinander müssten Sie es hier zuerst nach Themen geordnet tun. Probieren wir auch das am Beispiel von Henkel:

Qualität:	2 Punkte	Gewichtung:	20 %
Bewertung:	−1 Punkt		30 %
Stimmung:	1 Punkt		10 %
Momentum:	2 Punkte		20 %
Technik:	0 Punkte		10 %
Wachstum:	1 Punkt		10 %

Somit erhalten wir hier eine Gesamtpunktzahl für Henkel von

$$2 \cdot 20\ \% - 1 \cdot 30\ \% + 1 \cdot 10\ \% + 2 \cdot 20\ \% + 0 \cdot 10\ \% + 1 \cdot 10\ \%$$
$$= 0{,}7 \text{ Punkte}$$

0,7 Punkte klingt wenig – ist es aber nicht. Denn mit den Gewichtungen, die wir vorgenommen haben, kann die erreichte Punktesumme maximal 2,2 betragen. Die 0,7 Punkte, die Henkel erzielt, sind also knapp ein Drittel der Maximalpunktzahl und das lädt durchaus zum Kauf ein. Denn beim obigen Gewichtungsbeispiel würde ich 30 %, also in etwa 0,66 Punkte, als Kaufkriterium vorschlagen. Achten Sie im Übrigen darauf, dass die Summe Ihrer Gewichtungen auch 100 % ergibt. Sonst stimmt die Verteilung nicht.

Mit Gewichtungen arbeiten können Sie natürlich auch direkt mit den einzelnen Kennziffern. Ich selbst hatte während meiner Arbeit die Kennziffern in ähnliche Kategorien wie hier vorgestellt geordnet, und dann in etwa gleich gewichtet. Allerdings, das gebe ich zu, habe ich die Gewichtungen durchaus auch der Marktlage angepasst, d. h. mit sich änderndem Marktumfeld ein wenig verändert. Das ist riskant und grundsätzlich nicht zu empfehlen. Denn man neigt natürlich unbewusst dazu, das Modell auf die aktuellen Spitzenperformer hin anzupassen, und so läuft man Gefahr, dem Markt hinterherzulaufen statt vorneweg. Deswegen sollten Sie lieber bei einer einmal gewählten Checkliste bleiben – was nicht heißt, dass Sie nicht auch ein bisschen herumprobieren dürfen und sollen, bis Sie sich wohlfühlen.

Wichtig ist auch, **dass Sie die Schwächen Ihrer Checkliste kennen – und Ihre eigenen** gleich mit dazu. Die beste Checkliste sollte Ihnen helfen können, Ihre typischen Fehler nicht mehr oder seltener zu machen. Mir fiel es z. B. auch sehr schwer, Aktien noch zu kaufen, die bereits eine gute Performance hingelegt hatten. Ebenso neigte ich dazu, Aktien zu früh zu verkaufen – ein typischer Fehler vieler Anleger, der mit der unterschiedlichen Bewertung von Gewinnen und Verlusten begründet werden kann. Lieber den sicheren Gewinn einfahren, als irgendwo einen Verlust zu realisieren. Deswegen habe ich in meinem Modell Momentum-Faktoren wie die Kursperformance oder die Gewinnrevisionen berücksichtigt. Sie helfen dabei, einen Trend auch mal laufen zu lassen. Das ist gerade bei den Small und Mid Caps eine wertvolle Hilfe.

Aber nicht nur wir Menschen, auch unsere Checklisten und Modelle haben gewisse Schwächen oder Eigenheiten. So wird es bei der von mir vorgestellten Liste nur selten vorkommen, dass wir ein Unternehmen kaufen, dessen Bilanz- und GuV-Daten unterdurchschnittlich sind. Denn diese starten ja schon nach den ersten drei Fragen mit drei Minuspunkten, die kaum aufzuholen sind. Auf diese Weise verpasst man schon mal eine Aktie, denn auch solche Unternehmen haben ihre Zeit für Outperformance. Dafür kann man sich, wenn man einer Kaufempfehlung aus der Liste folgt, umso sicherer damit fühlen.

Der Fokus auf die Kursperformance über sechs Monate und ein Jahr hat auch zur Folge, dass das Modell einen neuen Trend erst erkennt, wenn sich dieser über längere Zeit etabliert hat. Das bedeutet im Umkehrschluss, dass Sie in der Phase eines Trendwechsels erst mal eine gewisse Underperformance hinnehmen müssen, bevor das Modell umschaltet. Wenn Sie das stört, könnten Sie sich beispielsweise stattdessen auf die Performance über eine Woche und einen Monat konzentrieren. Dann müssen Sie jedoch damit rechnen, viel häufiger zu handeln, und eventuell auf Entwicklungen zu reagieren, die nur ganz kurzfristiger Natur sind. Ich persönlich würde, mit dem Blick auf die Kauf- und Verkaufsgebühren für Privatanleger, die dann einen großen Teil der Performance wegfressen können, davon abraten.

Ein letztes Wort noch, bevor wir uns unter anderem der Frage widmen, unter welchen Umständen wir denn unsere gekauften Aktien auch wieder verkaufen. Durch die hier empfohlenen Modelle und Checklisten werden Sie zum quantitativen Investor, und das bedeutet, dass **die Performance, die Sie machen können, immer einem Aktienkorb gilt – nie nur einer Einzelaktie.** Wenn Sie also meine Checkliste anwenden und es ergeben sich beispielsweise sechs Aktien, die unsere Kriterien erfüllen – dann sollten Sie auch alle sechs Aktien kaufen! Ebenso sollten Sie weitere Kauf- und Verkaufsempfehlungen des Modells befolgen. Denn die erwähnten Strategien funktionieren immer nur im Mittel. Das ist der bedeutende Unterschied zum fundamentalen Investieren, das sich durchaus mit Einzelaktien und ihren Perspektiven auseinandersetzt. Auch wenn das meines Erachtens nicht fruchtbringend ist.

Am Ende ist es jedoch gar nicht so wichtig, welche Kriterien Sie für sich ausgewählt haben. **Das Wichtigste ist, dass Sie sich überhaupt die Mühe machen, vor einem Aktienkauf eine Checkliste durchzugehen –** allein damit haben Sie schon den Schritt vom blauäugigen hin zum gewieften Anleger getan. Welche Liste auch immer es ist – sie wird Ihnen auch bei Ihren Lieblingsaktien oder den ganz heißen Empfehlungen guter Freunde ihre Dienste leisten und zur Beruhigung und Kühlung der Nerven beitragen!

Wie viele Aktien braucht mein Depot?
Ein Wort zum Thema Risikobudget

Angenommen, Sie sind meine Checkliste fein säuberlich für den ganzen DAX durchgegangen und haben nur zwei Aktien gefunden, die das Kaufkriterium von vier und mehr Punkten erfüllen. Was nun? Investieren Sie Ihr ganzes, für Aktien reserviertes Geld in diese beiden Kandidaten? Theoretisch könnten Sie das tun; praktisch empfiehlt es sich jedoch nicht.

Auch ein quantitatives Modell macht „Fehler". Es fällt eben Aussagen immer im Mittel über mehrere Aktien. Für den Einzelfall kann das Ergebnis dennoch anders ausfallen. Moderne Portfoliotheoretiker empfehlen 15 Aktien als Untergrenze für einigermaßen diversifiziertes Investieren; ich würde auch mit zehn Aktien leben können, wenn denn alle die Checkliste erfolgreich durchwandert haben. Das wären dann pro Aktie maximal 10 % Ihres für Aktien beiseitegelegten Kapitals. Dass es sich bei Aktien grundsätzlich um längerfristige Anlagen handelt und Sie daher nur Geld investieren sollten, welches Sie über einen Zeitraum von mindestens drei Jahren nicht benötigen, ist ebenfalls sehr wichtig. Also: Wenn sich nur zwei Aktien finden, sollten Sie maximal 20 % Ihres Aktienkapitals in diesen beiden anlegen. Und auf die Suche nach mehr Kandidaten gehen. Das kann auf den europäischen Märkten der Fall sein oder bei den kleineren Aktien.

Was tun wir im umgekehrten Fall? Angenommen, Sie hätten allein aus dem DAX schon 20 heiße Kaufkandidaten gefunden, ganz zu schweigen von den weiteren Ideen aus den Small und Mid Caps. Jetzt droht die Qual der Wahl. Das ist eigentlich ein Luxusproblem. Wenn die Kauf- und Verkaufsgebühren bei Ihrer Bank nicht allzu hoch sind, kann man schon mal als Privatanleger 30 Aktien besitzen – zu mehr würde ich nicht raten, denn dann nähert sich Ihre Performance eher wieder dem Marktdurchschnitt an. Wir wollten aber Überrenditen erzielen. Wenn Sie also beispielsweise 50 Aktien zur Auswahl haben, kaufen Sie eben die, die die meisten Punkte erzielen. Machen Sie eine Rangliste und nehmen die besten 20 oder maximal 30 Aktien. Genauso gut könnten Sie auch zusätzliche Kriterien mit einbeziehen und die Kaufkandidaten danach sortieren und auswählen: den Altman-Z-Score z. B. oder das Gewinnwachstum in der Vergangenheit.

Wann verkaufen wir denn wieder?
Strategien für eine Verkaufsdisziplin

Auf Kundenveranstaltungen wurde ich oft gefragt, ob wir Fondsmanager auch Stop-Loss-Orders[122] benutzen. In der Tat ist die Idee nicht schlecht: Denn wenn wir an die Abneigung denken, die uns Menschen dabei überkommt, einen Verlust zu realisieren, dann ist es von Vorteil, wenn eine Aktie mit schlechtem Trend quasi automatisch verkauft wird. Aus zwei Gründen werden Stop-Loss-Orders im Fondsmanagement jedoch nur selten angewandt: Zum einen ist da das Volumenproblem – es macht wenig Sinn, eine Aktie mit den hohen Stückzahlen, die ein Fonds häufig besitzt, plötzlich unlimitiert auf den Markt zu werfen und den Kurs für diesen einen Tag zu ruinieren –, und zum anderen ist es sinnvoller, eine Verkaufsdisziplin an die Faktoren zu koppeln, die man auch beim Kauf angewandt hat. Von institutionellen Kunden, beispielsweise Versicherungen oder Vermögensberatern, wurden wir deswegen auch oft gefragt: Wie haltet ihr es mit dem Verkaufen der Aktien?

Auch Privatanlegern würde ich von Stop-Loss-Aufträgen abraten. Gerade bei kleineren Aktien, die oft höhere Schwankungen aufweisen, kann es so geschehen, dass man aus einer Aktie herausgeworfen wird, ohne dass diese bereits die Verkaufskriterien erfüllt. Am Ende muss man wieder kaufen und hat vor allem Gebühren produziert, die die Rendite schmälern. Wichtiger ist, zum richtigen Zeitpunkt zu verkaufen, und dafür brauchen Kleinanleger wie Profis eine Verkaufsdisziplin.

Weswegen ist eine Verkaufsdisziplin so wichtig? Eben weil der Mensch einerseits, wenn sich tatsächlich schon ein Verlust eingestellt hat, diesen so äußerst ungern realisiert, d. h. durch einen Verkauf endgültig macht. Deswegen ist es so wichtig, gar nicht erst an Kurse und Einstandskurse zu denken – so gerät man nicht in die Falle, durch die Gewinn-und-Verlust-Brille zu schauen. Und weil wir andererseits, wenn alles gut läuft, auch zu emotionalen Höhenflügen neigen, die uns vergessen machen, dass alles, was steigt, auch wieder fallen kann. Im Ergebnis empfehle ich Ihnen unbedingt, **bereits beim Tätigen des Kaufes einer Aktie zu wissen bzw. festzulegen, wann, d. h. unter welchen Umständen, Sie diese Aktie wieder verkaufen werden.**

Unseren Kunden gegenüber habe ich oft von einem so genannten „fundamentalen Stop-Loss" gesprochen. Damit meinte ich genau das: die Festlegung von Kriterien, die „automatisch" zum Verkauf führen. Wenn Sie sich an meine Checkliste halten, könnte z. B. ein Verkaufskriterium sein, dass die Aktie von ihren Punkten zwei bis drei abgeben musste, also **nur noch zwei oder weniger Punkte** aufweist. Für kleinere Aktien, also **die Small und Mid Caps**, an die wir ja höhere Anforderungen stellen wollen, sollten Sie einen Verkauf bereits tätigen, wenn diese Aktie **unter oder auf die Vierpunktemarke** rutscht.

Genauso gut könnten Sie sich eine Art „Tauschkriterium" überlegen, wenn eine neue Aktie auftaucht, die vier oder mehr Punkte hat: Dann kaufen Sie diese und verkaufen diejenige Aktie in Ihrem Depot, die derzeit die niedrigste Punktzahl hat (vorausgesetzt, sie hat auch weniger Punkte, als die neue Aktie mit sich bringt!). Wofür auch immer Sie sich entscheiden – tun Sie es bereits vor dem Aktienkauf oder bei Erstellung Ihres eigenen Modells. Sie werden sich dafür bald schon sehr dankbar sein.

Zur Fragestellung des richtigen Verkaufszeitpunktes gehört indirekt auch die Frage, wie oft Sie denn die Kriterien der Checkliste für die Aktien, die sich schon in Ihrem Besitz befinden, durchgehen und überprüfen sollten. Das lässt sich Zeile für Zeile oder auch pauschal beantworten. Wenn Sie es sich einfach machen wollen, könnten Sie beispielsweise alle zwei Wochen alle Ihre Aktien durchgehen. Nicht alle Kriterienpunkte ändern sich jedoch bereits in diesem Zeitraum, so dass Sie sich auf diesem Wege wahrscheinlich eher zu viel Arbeit machen, als notwendig wäre. Ich würde Ihnen folgenden Überprüfungsrhythmus vorschlagen:

Tabelle 47: Zeitpunkte zum Überprüfen der Daten		
	Ändert sich wie oft:	**So oft überprüfen:**
1 RoE LJ	einmal jährlich	bei Erscheinen des neuen Jahresabschlusses (im Frühjahr)
2 EBIT-Marge	einmal jährlich	bei Erscheinen des neuen Jahresabschlusses (im Frühjahr)
3 Eigenkapitalquote	einmal jährlich	bei Erscheinen des neuen Jahresabschlusses (im Frühjahr)
4 KGV 5 Jahre	täglich	alle zwei Wochen
5 KGV aktuell	täglich	alle zwei Wochen
6 Analystenmeinungen	theoretisch täglich	alle zwei Wochen
7 Reaktion auf Quartalszahlen	einmal im Quartal	am Tag der neuen Quartalszahlen
8 Gewinnrevisionen	theoretisch täglich	monatlich (alle 4 Wochen)
9 Kurs heute gg. Kurs vor 6 Mt.	täglich	alle zwei Wochen
10 Kurs heute gg. Kurs vor 1 Jahr	täglich	alle zwei Wochen
11 Kursmomentum steigend	täglich	alle zwei Wochen
12 Dreimonatsreversal	einmal im Monat	am ersten Tag des neuen Monats
13 Gewinnwachstum	theoretisch täglich	alle zwei Wochen

Dabei können Sie die Kriterien in Gruppen zusammenfassen: die Zeilen 1 bis 3 brauchen Sie nur am Anfang eines Kalenderjahres zu überprüfen, sobald die Unternehmen ihre ersten Quartalszahlen abgeliefert haben, da diese auch den gesamten Jahresabschluss des alten Jahres enthalten. Die Zeilen 4 bis 6, 9 bis 11 und 13 dagegen können sich theoretisch täglich ändern und sollten daher im 2-Wochen-Rhythmus überprüft werden. Die Gewinnrevisionen in Zeile 8 aktualisieren wir bitte nur alle 4 Wochen. Entweder mithilfe der letzten 4 Börse Online Hefte oder mittels der manuellen Lösung über OnVista. Die Zeilen 7 und 12 haben ihre ganz eigenen Termine: Für Zeile 7, die relative Reaktion auf die Quartalszeilen, schreiben Sie sich am besten gleich beim Aktienkauf auf, wann dieses Unternehmen die nächsten Quartalszahlen abliefert, damit Sie an diesem Tag hellwach und aufmerksam sind und gleich Ihre Checkliste für diese Aktie aktualisieren können. Das ist sehr wichtig, weil dieser Faktor so ein wichtiger Frühindikator für die spätere Kursperformance sein kann. Zeile 12, das Dreimonatsreversal, ändert sich immer, wenn wieder ein ganzer Monat um ist. Am besten machen Sie hier die Arbeit am ersten Werktag des neuen Monats und schauen entsprechend zurück.

Insgesamt gilt also, dass Sie, mit ein paar Ausnahmen, sich etwa alle zwei Wochen die Zeit nehmen sollten, Ihre Investments zu überprüfen. Hat sich nichts geändert an den Punktzahlen bzw. sind diese lediglich angestiegen, dann gibt es auch keinen Handlungsbedarf. Sind hingegen einige Punktzahlen unter oder auf die kritische Marke von zwei Punkten gefallen, empfehle ich einen Verkauf – selbst wenn noch keine neue Idee in Sicht ist. Halten Sie lieber Ihr Geld als Kasse und warten Sie auf eine neue Gelegenheit, als an einer Aktie festzuhalten, deren Aussichten sich verschlechtert haben!

Über Loyalität und anderes: Sind Tugenden unvereinbar mit Börsenerfolg?

Ich habe oft erlebt, wenn Kollegen oder andere Investoren bestimmte Aktien nicht verkaufen wollten, dass dann Argumente ins Feld geführt wurden, die beweisen sollten, dass die vorliegende Situation gar nicht so schlimm sei, wie sie ist, und man daher weiterhin loyal zu dieser Aktie stehen könne. Nur leider ist Loyalität keine Tugend, die an der Börse belohnt wird – zumindest nicht, wenn man sie falsch versteht.

Im wahren Leben sehnen sich viele Menschen nach Harmonie, Miteinander, Treue und Verlässlichkeit. Fast scheint es, als seien diese Sehnsüchte an der Börse eher hinderlich; ja, als müssten wir zum kaltherzigen Opportunisten werden, der seine Meinung von einer Sekunde auf die andere ändern kann und ohne mit der Wimper zu zucken Verliereraktien gegen neue Gewinner tauscht. Sind also Tugenden unvereinbar mit Börsenerfolg?

▶

Ich glaube, nein. Sie müssen nur den richtigen Platz dafür finden. So sollten Ihre Loyalität und Ihre Treue Ihrem Aktienauswahlmodell gelten, und zwar wirklich in guten wie in schlechten Zeiten. Nur so können Sie die Überrenditen ernten, von denen wir gesprochen haben. Sie können auch Treue einem Unternehmen gegenüber beweisen, das Ihnen gut gefällt – niemals jedoch sollten Sie das verwechseln mit dem lang anhaltenden Besitz einer schlecht performenden Aktie. Trennen Sie in Gedanken Aktie und Unternehmen voneinander, dann wird es leichter. Es gibt keinen Grund, eine Aktie zu behalten, wenn Ihr Auswahlmodell keine Kaufempfehlung ausspricht – merken Sie sich das bitte. Denn oftmals, wenn Unerwartetes geschieht, wie eine Enttäuschung bei den Unternehmensgewinnen, zögern die Anleger viel zu lange mit dem Verkauf der Aktie, oder lassen sich von den Unternehmensnachrichten einlullen, nach denen das alles nicht schlimm und nur eine kleine Ausnahme sei. Die Erfahrung zeigt jedoch: Auf eine Gewinnwarnung folgen meist zwei weitere. Es ist nichts Unmoralisches dabei, sich aus einem Trend zu verabschieden, der gebrochen wurde, und zu einem anderen, günstigeren Zeitpunkt wieder in diese Aktie einzusteigen. Denken Sie immer daran, wie viele Tausend andere Aktien es gleichzeitig in Ihrem Heimatland oder dem europäischen oder gar dem globalen Markt gibt, in die sie Ihr Geld genauso gut investieren können.

Verlässlichkeit ist im Übrigen eine Tugend, die die Börse durchaus honoriert. So haben Aktien von Unternehmen, die kontinuierlich keinerlei Enttäuschungen bei den Quartalszahlen und vielleicht stattdessen immer kleine positive Überraschungen abliefern, oft ein konstanteres und stabileres Momentum als andere Aktien. Hier belohnt der Markt Verlässlichkeit. Auch unser Aktienauswahlmodell würde das z. B. durch Gewinnrevisionen nach oben, einen stabilen Aktienkurstrend und dementsprechende Pluspunkte dafür berücksichtigen.

Disziplin ist ebenfalls eine Tugend, die belohnt wird. Natürlich zuallererst beim Auswählen von Aktien mittels einer Checkliste. Vor allem jedoch beim Aufstellen und konsequenten Anwenden von Verkaufsregeln werden Sie mit der Zeit feststellen, wie sehr Sie das vor Totalversagern in Ihrem Depot schützt und von Aktien, die dazu werden könnten, befreit. Auch Beharrlichkeit und Standfestigkeit bei der Anwendung Ihres Auswahlmodells zahlen sich entsprechend aus. Sie sehen also, Tugenden haben an der Börse durchaus einen hohen Stellenwert, wenn man ein bisschen genauer hinschaut.

Von führenden Köchen empfohlen:
Beispiele erfolgreicher „Kochrezepte"

Zum Abschluss dieses Abschnitts möchte ich Ihnen noch andere Check-bzw. Aktienauswahllisten vorstellen, die von erfolgreichen Investoren erfunden und angewendet wurden. Vielleicht sind ja darunter ein paar Zutaten, die Sie für Ihr eigenes Checklisten-Kochrezept verwenden können. Das würde mich sehr für Sie freuen.

Bedenken Sie jedoch bei allen Checklisten oder Auswahlverfahren, dass die Überrenditen immer im Mittel über alle ausgewählten Aktien zu finden sind. **Kaufen Sie daher am besten alle Aktien, die das Modell ausspuckt,** oder möglichst viele. Mein zweiter Tipp ist: **Lesen Sie möglichst wenig, am besten gar keine Nachrichten zu Ihren Aktien.** Der quantitative Investor ist per Definition ein sogenannter Kontrainvestor, d. h., seine Meinung und seine Position sind öfters genau gegenteilig zu dem, was die Marktmehrheit derzeit denkt und kauft. Denn es ist ja gerade Sinn quantitativer Checklisten, von den Fehlern der Mehrheit zu profitieren. Deshalb werden die Nachrichten der Journalisten, die leider viel zu oft die Mehrheitsmeinung rezitieren, zu den von Ihrem Modell ausgesuchten Aktien eher negativ sein und zur Beunruhigung beitragen. Dass das nichts mit den Zukunftsaussichten der Aktien zu tun hat, zeigen unter anderem die in der Vergangenheit erzielten Überrenditen.

Rezept Nummer eins sind Durchschnittsgewinne: das KGV nach Graham & Dodd. Die beiden Wall-Street-Legenden Benjamin Graham und David Dodd waren sich einig, dass die Gewinnkraft eines Unternehmens am besten über einen längeren Zeitraum abzulesen ist. Sie empfahlen daher den Blick auf fünf, am besten sogar zehn Jahre rückwärts. So ermitteln wir nach Graham & Dodd ein Kurs-Gewinn-Verhältnis, das den heutigen Aktienkurs ins Verhältnis zu dem Mittelwert der EPS der letzten zehn Jahre setzt. Was hat diese Strategie gebracht? James Montier hat dies für die aktuelle Zeit nachgerechnet:

„Wenn wir einen Zehnjahresdurchschnitt der Gewinne verwenden, um das G im KGV zu berechnen, dann outperformen die billigsten Aktien den Markt um mehr als 5 % jährlich im Mittel. Die Rendite der teuersten Aktien ist eine Underperformance von ca. 7 %. Also steigt die marktneutrale Rendite auf durchschnittlich 13 % p. a."

James Montier[123]

Vorausgesetzt, Sie können und wollen Aktien auch short gehen, also leer verkaufen. Wenn nicht, bleiben Ihnen immer noch 5 % Rendite mehr, als der Gesamtmarkt geboten hat. **Rezept Nummer zwei kombiniert Value und Growth:** James Montiers Aktienauswahlvorschlag. Er ist einer der bekanntesten praktischen Anwender auf dem Gebiet der Behavioural Finance. Mehrere Bücher und viele Analysen und Studien stammen von ihm. Aus seiner Zeit bei Société Générale stammt eine Untersuchung, die sich mit der Rendite von Aktien beschäftigt, wenn man sie nach Bewertung (Value) und Wachstumsraten (Growth) in Quintile unterteilt.[124] Quintile heißt, dass wir die Aktien in jeweils fünf Gruppen zerlegen. So erhalten wir 25 Aktiengruppen, deren Performance Montier für die Kapitalmärkte der entwickelten Industrieländer im Zeitraum von 1985 bis 2007 analysiert hat. Die Ergebnisse entsprechen ganz der Intuition. Hätte man in der Zeit nur die Aktien gekauft, die sowohl zu den 20 % billigsten (gemessen am KGV) und zu den 20 % am stärksten wachsenden gehörten, wäre eine jährliche Performance von fast 20 % (19,8 %) herausgesprungen. Dabei gehe ich davon aus, dass er die Aktien jeweils ein Jahr gehalten hat – das ist die übliche Haltedauer, wenn nichts anderes explizit erwähnt wird. Die gute Performance gilt im Übrigen fast genauso für die Aktien, die zu den 40 % billigsten und den 40 % am schnellsten wachsenden gehörten: Auch hier betrug die durchschnittliche Jahresrendite um die 20 %. Die schlechtesten Aktien, also mit dem höchsten KGV und dem niedrigsten Wachstum, brachten hingegen nur ganze 2,2 %. Ein wirklich deutlicher Performanceunterschied. Und das mit nur zwei Kennziffern! Wenn Sie dieser Methode folgen wollen, könnten Sie beispielsweise meine Checkliste auf die Zeilen 5 und 13 reduzieren:

Tabelle 48: Value & Growth Modell nach James Montier			
	1 Punkt, wenn	**0 Punkte, wenn**	**–1 Punkt, wenn**
5 KGV aktuell	billigste 20 % der Aktien	ansonsten	teuerste 20 % der Aktien
13 Gewinnwachstum	höchste 20 % der Aktien	ansonsten	niedrigste 20 % der Aktien

Wenn Sie nicht die Zeit haben, viele Aktien durchzugehen, um die jeweiligen 20 %- bis 40 %-Ränder zu finden, können Sie es sich auch einfach machen und absolute Werte festsetzen, z. B. derart:

Tabelle 49: Value & Growth Modell nach James Montier – absolute Werte			
	I Punkt, wenn	**0 Punkte, wenn**	**–I Punkt, wenn**
5 KGV aktuell	< 12	zwischen 12 und 16	> 16
13 Gewinnwachstum EPS AJ auf EPS NJ	mind. 20 %	ansonsten	unter 0 %

Dann kaufen Sie nur die Aktien, die hier zwei Punkte bekommen. Da die von mir vorgeschlagenen Grenzwerte sehr strikt sind (Sie können gern andere wählen), wird es nicht oft und nicht viele Aktien geben, die gleichzeitig ein KGV unter zwölf und ein Gewinnwachstum von mindestens 20 % aufweisen – aber wenn Sie so eine finden, können Sie sich damit sehr sicher fühlen! Auf jeden Fall wissen Sie jetzt, wonach Sie z. B. die Tabellen durchforsten müssen, die die einschlägigen Börsenzeitschriften am Ende mitliefern. Leider gibt Montier keine Verkaufsdisziplin an. Ich würde Ihnen empfehlen, die Aktie zu verkaufen, wenn sie von zwei auf null Punkte gefallen ist – denn ab da ist sie nicht mehr überdurchschnittlich attraktiv und es gibt sicher andere Aktien, die uns wieder zwei Punkte bringen. Sie könnten aber auch ganz hohe Ansprüche stellen und schon verkaufen, wenn nur noch ein Punkt erzielt wird. Das kann allerdings zu einem höheren Umschlag in Ihrem Depot führen. So oder so wissen Sie ja, dass Sie Ihre Verkaufsgründe schon beim Kauf festlegen sollten!

Faszinierend, dass es so einfach ist, oder? Vielleicht fragen Sie sich jetzt, warum ich so viele Kriterien verwendet habe, wenn zwei doch völlig ausreichen. Aus meiner Erfahrung ist der Aktienkorb aus einer Checkliste mit wenigen Faktoren etwas volatiler, weist also größere Schwankungen auf als ein Korb, der durch mehrere Faktoren ausgewählt wurde. Zudem wollte ich gern auch mit dem Timing des Aus- und Einstiegs günstig liegen; daher entsprechende markttechnische Faktoren. Aber so oder so: Suchen Sie sich die Faktoren für Ihr eigenes Modell am besten selbst aus und probieren Sie ruhig ein wenig herum – es macht Spaß und hilft wirklich, Aktien durch eine ganz andere Brille zu sehen!

Kochrezept Nummer drei: Magic Formula Investing. Joel Greenblatt hat dem Kapitalmarkt und seinen Teilnehmern mit seinem Buch *The little book that beats the markets*[125] wirklich einen großen Gefallen getan. In dem Bemühen, seinem elfjährigen Sohn zu erklären, wie Börsenerfolg funktioniert, hat er ein einfaches und wunderschön lesbares Börsenbuch für den Nachttisch geschrieben, das man mal eben lesen und verstehen kann. In diesem Buch beschreibt er eine simple und sehr logische Strategie, die ebenfalls nur auf zwei Auswahlfaktoren gründet und doch sehr erfolgreich ist.

Dabei konnte er nachweisen, dass diese Strategie, wenn man die ausgewählten Aktien ein Kalenderjahr lang hält, den amerikanischen Markt (denn sie wurde für US-amerikanische Aktien getestet) zwischen 1988 und 2004 um im Durchschnitt jedes Jahr 18,5 % outperformt hat – d. h., Greenblatts „Börsenzauberformel" warf im gemessenen Zeitraum im Mittel eine absolute Performance von 30,8 % jährlich ab. Allerdings weist er darauf hin, dass es auch längere Perioden – genau genommen bis zu zwei Jahren am Stück – gegeben hat, in denen keine Out-, sondern eine heftigere Underperformance zu verzeichnen war. Eine Änderung, nämlich die Aktien erst nach drei Jahren zu verkaufen bzw. zu tauschen, brachte hinsichtlich der Zeiten schlechterer Performance eine deutliche Verbesserung. Bitte lesen Sie für genauere Details sein Buch; es ist wirklich wunderschön und gut lesbar geschrieben. Ich will hier nur auf die beiden Faktoren eingehen, nach denen Greenblatts Zauberformel Aktien auswählt.

Einer dieser Faktoren ist die Kapitalrendite, englisch: RoIC (Return on Invested Capital), der andere das KGV. Betrachten wir kurz den ersten Faktor und fragen uns, was er mehr leistet als die uns bekannte Eigenkapitalrendite RoE.

Tabelle 50: RoIC nach Joel Greenblatt			
Firma	Hedwigs Backwaren	SkiXpress	Bäckerei Müller
Inhaber	**Antonia**	**Reto**	**Anton**
Sachanlagen	90.000 €	10.000 €	30.000 €
+ Vorräte	47.000 €	0 €	50.000 €
= zum Betrieb nötiges Kapital	137.000 €	10.000 €	80.000 €
operatives Vorsteuerergebnis (EBIT)	35.888 €	5.600 €	35.194 €
Kapitalrendite (RoIC)	**26 %**	**56 %**	**44 %**

Diese Kapitalrendite berücksichtigt das gesamte im Unternehmen gebundene Kapital. Damit meint Greenblatt das Kapital, das auch wirklich für den Unternehmensbetrieb gebraucht wird – nicht Kapital, das brach und ungenutzt herumliegt. Konkret gesagt bezieht sich sein RoIC auf das Nettoumlaufvermögen plus das Nettoanlagevermögen. Hohe Kassenbestände wie bei Anton, die in der Höhe gar nicht als Vorrat notwendig wären, werden dabei herausgerechnet, ebenso wie immaterielle Vermögensgegenstände, die man nicht wirklich fassen kann. Das betrifft den Wert von Hedwigs Tortenrezept für Antonia. Im Ergebnis schneidet Reto am besten ab – und es ist klar, warum: Sein Geschäft kommt mit dem wenigsten Betriebskapital aus, erwirtschaftet darauf auch die höchste Rendite. Er könnte also am einfachsten mit hohen Renditen expandieren, d. h. weitere Skischulen gründen. Auf diesen Effekt ist Greenblatts Formel scharf. Denn sie sucht nach Unternehmen, die gute Wachstumsmöglichkeiten (hoher RoIC) verbinden mit günstiger Bewertung (KGV). Die notwendigen Daten beziehen sich auf das vergangene, also letzte Geschäftsjahr.

Dabei ist das Vorgehen sehr einfach: Man sortiere die Aktien zuerst nach dem KGV (von billig hinunter nach teuer) und notiere sich ihre Rangzahlen. Dann sortiere man nach dem RoIC (von hoch hinunter zu niedrig) und notiere sich wieder die Ränge. Anschließend addiere man die Ränge und kaufe die Aktien mit den niedrigsten Rangzahlen. Wer keine Lust hat, sich diese Arbeit selbst zu machen, kann sich auf der Website von **www.magicformulainvesting.com** registrieren lassen und dort – zumindest für die USA – die empfohlenen Aktien abrufen. Für Europa bietet **www.magicformulainvesting.eu** vergleichbare Daten.

Auch dieses Kochrezept können wir abwandeln in ein leichter anwendbares, wenn man keine relativen Vergleiche, sondern absolute Zahlen verwendet. Meine Empfehlung lautet wie folgt:

Tabelle 51: Checkliste nach Joel Greenblatt – absolut			
	1 Punkt, wenn	**0 Punkte, wenn**	**−1 Punkt, wenn**
RoIC letztes Jahr	> 15 %	zwischen 5 % und 15 %	< 5 %
KGV letztes Jahr	< 12	zwischen 12 und 16	> 16

Auch hier kaufen Sie wieder die Aktien, die zwei Punkte erzielen, und halten diese für ein oder maximal drei Jahre. Eine lange Zeit für Geduld und Langmut, aber diese hat bei Greenblatt die besten und stabilsten Renditen gebracht.

Sollten Sie keine Daten zum RoIC finden können bzw. nicht die Zeit haben, das selbst aus den Bilanzen herauszusuchen, dann können Sie auch die Eigenkapitalrendite RoE verwenden. Hier empfehle ich allerdings, dann auch darauf zu achten, dass diese nicht durch eine ausgelutschte Bilanz mit wenig Eigenkapital erzielt wurde. Am einfachsten lösen Sie das Problem, indem Sie statt des RoIC auf den RoE **und** die Eigenkapitalquote achten, die z. B. bei OnVista oder in den *Börse Online*-Tabellen zu finden sind:

Tabelle 52: Checkliste nach Joel Greenblatt – abgewandelt			
		1 Punkt, wenn	0 Punkte, wenn	–1 Punkt, wenn
1	RoE letztes Jahr	> 20 %	zwischen 10 % und 20 %	< 10 %
2	Eigenkapital-quote	> 25 %	zwischen 15 % und 25 %	< 15 %
	KGV letztes Jahr	< 12	zwischen 12 und 16	> 16

Hier sollten Sie dann natürlich drei Punkte verlangen, bevor Sie eine Aktie kaufen.

Die hier vorgestellten Aktienchecklisten Dritter sind allesamt viel kürzer als mein Modell – und sogar kürzer als „Levermann light". Warum lohnt sich die Arbeit dennoch, so viele Kriterien zu überprüfen, wie ich eingebracht habe? Nun, mein Hauptargument ist, dass meine Checkliste als einzige auch Timing-Faktoren enthält, und zwar durch die Frage, ob der Kurs über sechs Monate oder ein Jahr bereits am Steigen ist oder ob zumindest in diesem Zeitraum eine positive Trendumkehr stattgefunden hat. Das bedeutet, dass meine Checkliste erst einsteigt, wenn der Zug bereits fährt, während die anderen Listen durchaus auch Aktien kaufen, die noch stehen und am Bahnhof warten. Im Ergebnis sollte man durch Anwenden meiner Checkliste seltener einen schnellen Verlust hinnehmen müssen als bei den anderen. Für alle Modelle gilt jedoch: Wenn Sie sich dafür entschieden haben, dann bleiben Sie auch konsequent dabei, sowohl für die Auswahl neuer Aktien als auch für die Frage, wann eine Aktie wieder zu verkaufen ist. Kontinuität ist hier erneut das Stichwort.

Jetzt haben Sie insgesamt fünf Möglichkeiten (drei fremde und zwei von mir) kennengelernt, mithilfe derer Sie sich durch die tosenden Meere der Weltbörsen navigieren können. Ich hoffe, Sie konnten sich in dem einen oder anderen Kochrezept wiederfinden und haben vielleicht sogar Gefallen daran gefunden, ein eigenes aufzustellen. Denken Sie dabei daran, sinnvolle Kriterien wie die hier vorgestellten zu verwenden und sich von Daten wie Einstandskursen oder Prognosen von Zeitungen und Analysten so weit wie möglich frei zu machen. Wenn Ihnen das gelungen ist, haben Sie schon einen Riesenschritt nach vorn gemacht.

Als Dankeschön für die Mühe des Lesens und Verstehens kommt jetzt ein Kapitel, das noch spaßiger wird – geht es hier doch um scheinbar merkwürdige Strategien und Effekte, um Überrenditen zu erzielen. Lehnen Sie sich genüsslich zurück und lesen Sie ohne große Anstrengung weiter; denn jetzt wird es ein wenig lustig.

Ein paar Kuriositäten zum Schluss oder: Was Sonne und Mond mit Aktien zu tun haben

Es gibt wahrscheinlich Tausende von Studien und Experimenten über die Börse, die vermeintliche Zusammenhänge aufzeigen – also äußere Umstände finden, die die Aktienkurse beeinflussen. Nicht immer müssen dahinter wirklich Kausalketten stehen, d. h., es kann statt einer Verknüpfung von Ursache und Wirkung auch einfach nur eine zufällige Gleichläufigkeit vorliegen. So oder so macht es sehr viel Spaß, auch an ungewöhnliche Verbindungen zu denken, und ich hoffe, ich kann die Freude daran an Sie weitergeben. Denn interessant sind all diese Verknüpfungen deshalb, weil sie auch aufzeigen, wie wenig der Mensch offensichtlich über sich selbst weiß und darüber, was ihn wirklich glücklich oder unglücklich macht.

Good Day Sunshine.[126] Beim Wetter jedoch herrscht meistens Einigkeit: Sonnenschein ist das, was wir uns alle wünschen. Es sollte nicht zu heiß sein für viele, das ja; aber ansonsten lebt doch jeder unter einem blauen Himmel und einer angenehm strahlenden Sonne auf. Da lag es nahe, die Frage zu stellen, inwieweit dieses Gute-Laune-Wetter auch Einfluss haben könnte auf die Börse, speziell die Aktienkurse? Zwei amerikanische Wissenschaftler haben 26 verschiedene Länder und ihre Leitindizes über den Zeitraum 1982 bis 1997 untersucht und kamen zu einem ganz erstaunlichen Ergebnis: Sonnenschein ist stark korreliert mit positiven täglichen Returns, d. h., es besteht ein auffälliger Zusammenhang zwischen sehr gutem Wetter und positiven Tagesrenditen. Intuitiv ist das verständlich, denn gute Stimmung könnte mit einer positiven, zuversichtlichen Einschätzung der Zukunft einhergehen und daher den Aktienkursen zugutekommen. Gleichzeitig ist diese Erklärung natürlich eine erneute Bestätigung, dass es nicht immer rational zugeht an der Börse – oder sehen Sie das anders? Im Übrigen konnte andersherum kein so exakter Zusammenhang zwischen Regen oder Schnee und schlechten Börsentagen gefunden werden.

Ein konkretes Beispiel: In New York City lag die durchschnittliche Rendite an Sonnenscheintagen bei annualisierten (also aufs Jahr hochgerechneten) 24,8 %, während sich an komplett bewölkten Tagen nur eine annualisierte Rendite von 8,7 % einstellte. Das ist ein deutlicher Unterschied von 16 % p. a., von dem ein Investor profitieren könnte, wäre da nicht die Unzuverlässigkeit von Wettervorhersagen sowie das Vorhandensein von Transaktionskosten (Kauf- und Verkaufsgebühren). Gleichzeitig erklärt diese Studie auch, warum oftmals die Sommermonate recht stabile Monate sind, während es dann im September und Oktober häufiger zu unangenehmen Einbrüchen kommt. Jedenfalls möchte man meinen, der Klimawandel kann kommen: Wird doch mehr Sonne vielleicht sogar zu besseren Aktienerträgen führen?[127]

Feiertage. Noch bessere Laune als an sonnigen Tagen haben auch die Börsianer, wenn sie wirklich frei haben. Demzufolge lässt sich vermuten, dass die Aussicht auf einen oder mehrere freie Tage die Stimmung hebt und, mit ähnlicher Begründung wie bei der Sonnenscheinstudie, zu steigenden Aktienkursen führt. Ist dem so?

Auch zu diesem Thema gibt es längst schon mehrere Studien. So fanden die Wissenschaftler Kim und Park

„abnormal hohe Renditen an dem Handelstag vor einem Feiertag"[128]

in allen drei großen amerikanischen Aktienmärkten. Derselbe Effekt ist auch in England und Japan gefunden worden, die andere, eigene Feiertagsregelungen haben – und dementsprechend nur an den Handelstagen vor ihren eigenen Feiertagen außergewöhnliche Renditen zeigten. Meine eigene Erfahrung vor allem im deutschen Aktienmarkt bestätigt diese Eigenart; auch hier fanden wir oftmals bessere Märkte in der Nähe zu freien Tagen vor. Das widerspricht bei näherer Betrachtung eigentlich der Intuition: Denn ein Feiertag bedeutet, nicht handeln zu können, und da Aktien riskante Geldanlagen mit unsicherer Zukunft sind, sollte man meinen, dass die Investoren vor einer längeren Handelspause – die solch ein Feiertag ja darstellt – ihre Schäfchen ins Trockene bringen, sprich Aktien verkaufen, um dann nach dem Feiertag wieder einzusteigen. Offensichtlich ist dem nicht so, und eine mögliche Erklärung könnte eben die gute Laune bei der Aussicht auf einen freien Tag sein. Eine andere Erklärung verknüpft beide Vermutungen. So gehen die Autoren der amerikanischen Website StockCharts.com davon aus, dass Investoren tatsächlich mehrheitlich Aktien vor den Feiertagen verkaufen, um nicht bei schlechten Nachrichten festzusitzen und nicht handeln zu können.[129] Allerdings findet dieser Verkaufsdruck etwa drei bis zwei Tage vor den Feiertagen sein Ende, und die dadurch gedrückten Kurse beginnen, sich schon am letzten Tag vor dem Feiertag zu normalisieren, also zu steigen. In Amerika waren diese Effekte in den letzten 50 Jahren im breiten Index S&P 500 so stark, dass Strategien, die einen Tag vor dem Feiertag kauften und dann die Aktien bis zum Jahresende hielten, je nach Feiertag Renditen von durchschnittlich 18,3 % erbrachten! Es lohnt sich also, kurzfristige Einstiegszeitpunkte an Tagen vor Feiertagen zu wählen, um schon ein klein bisschen Zusatzrendite zu kassieren.

Der Januar-Effekt. Er ist offensichtlich so bedeutend und international anerkannt, dass ihm Wikipedia in den USA tatsächlich eine eigene Seite widmet.[130] Was besagt nun dieser Effekt? Nun, üblicherweise steigen Aktien im Januar, vor allem jedoch die mit höheren Risiken behafteten Small Caps. Woran liegt das? Für die meisten Großinvestoren wie Fondsmanager, Pensionsgeldmanager, private Vermögensverwalter und andere ist das Kalenderjahr der entscheidende Zeitraum, in dem ihre Performance, also ihre Leistung gemessen wird. Im Dezember ist dieses „Spiel" zum größten Teil gelaufen, und man möchte das Jahr in Ruhe beenden und nicht noch irgendwelche Fehlschläge kurz vor Schluss erleiden. Also werden vor allem die risikoreichen kleinen Aktien und die über das Kalenderjahr besonders schlecht gelaufenen Aktien noch vor Jahresende verkauft. So riskiert man keine negative Überraschung kurz vor Schluss und muss auch nicht Namen in den Jahresendstatistiken vermelden, die vielleicht zu längeren Diskussionen mit den Kunden führen würden.

Wenn dann der Dezember rum ist und das neue Jahr beginnt, liegt das ganze Jahr wie ein langer Korridor vor dem Investor, und er weiß, dass er noch genügend Zeit bis zum Ende hat, um eventuelle Missgriffe auszumerzen. Wie auf Knopfdruck ändert sich also an Silvester die Risikoneigung der Großanleger, und plötzlich sind es gerade die kleinen

Small Caps, die gesucht und gekauft werden. Das macht dann den Januar-Effekt aus, der nur selten und in schwachen Jahren wie 2008 ausfällt. Eine weitere schöne Eigenart des Januar-Effektes übrigens: denn fällt er aus, kann man daraus auf ein generell schlechtes Börsenumfeld zumindest für die ersten Monate des neuen Jahres schließen.

Jahreszeiten. Nicht nur der Januar unterliegt einem wiederkehrenden besonderen Effekt, auch die übrigen Monate haben ihren eigenen Ruf, ob nun positiv oder negativ. Die Website SeasonalCharts hat solche Zusammenhänge für verschiedene große Aktienindizes, aber auch für Rohstoffe etc. grafisch dargestellt, indem mehrere Jahre übereinandergelegt wurden.[131] So konnte der Einfluss der einzelnen Monate herausgefiltert werden. Der idealtypische Jahreszeitenverlauf des DAX sieht z. B. so aus:

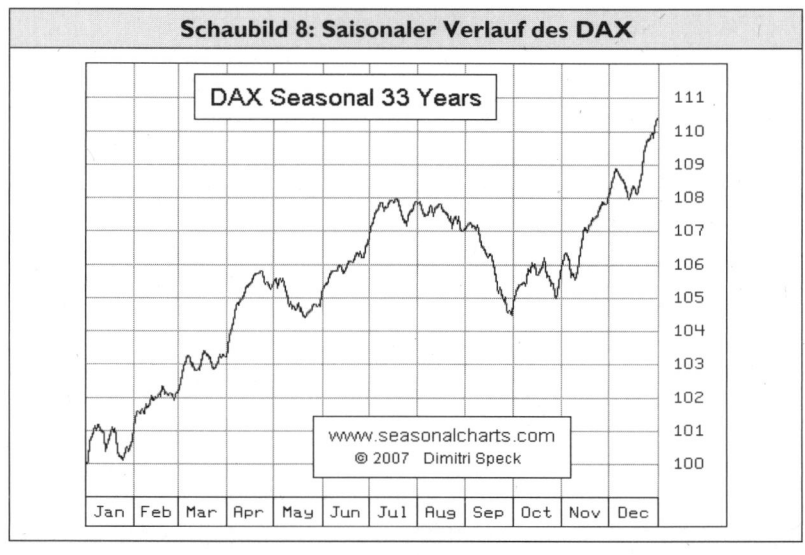

Schaubild 8: Saisonaler Verlauf des DAX

Auch dahinter stecken fundamentale Gründe. So ist oftmals der September deswegen so ein schlechter Monat, weil dann viele Familien aus den Sommerferien zurückkehren und Geld ausgeben müssen für den Schulanfang der Kinder – das offensichtlich aus den Ersparnissen herausgenommen wird. Gleichzeitig könnte man über den Herbst auch aus der Sonnenscheinstudie vermuten, dass das trübe Wetter nicht gerade zu positiven Börsenkursen anhält, während die klareren Wintermonate wieder zu besseren Kursen führen.

Hüten Sie sich jedoch, blindlings Ihre Investitionsentscheidungen entlang des obigen Graphen zu treffen. Diese saisonalen Effekte sind mittlerweile so bekannt, dass sie häufig nicht mehr zutreffen – eben weil viele Investoren darauf oder damit spekulieren. Meine Erfahrung ist, dass dieser Faktor nur einer von vielen sein sollte – ganz abgesehen davon, dass ich Ihnen ja schon öfter vom sogenannten „Market Timing"[132] abgeraten habe.

Fußballergebnisse. Nun, dieser Zusammenhang ist weniger einleuchtend, gerade wenn man vielleicht eine Frau ist und wenig – oder weniger – übrig hat für unseren Nationalsport. Aus der Praxis jedoch weiß ich, dass die meisten meiner ehemaligen Börsenkollegen Fans irgendeines Teamsportes sind, und die allermeisten lieben eben König Fußball. Ob nun gewollt oder nicht, Fußballergebnisse spielen tatsächlich eine Rolle an der Börse – interessanterweise allerdings eine ausschließlich negative:

„… zumindest gibt es statistische Hinweise darauf, dass ein Verlust der Nationalmannschaft der heimischen Börse aufs Gemüt schlägt".

Hanno Beck[133]

So haben drei amerikanische Wissenschaftler herausgefunden, dass eine Niederlage des Nationalteams bei einer Weltmeisterschaft den Leitaktienindex dieses Landes am Folgetag im Durchschnitt 0,39 % an Wertentwicklung kostet. Siege hingegen liefern interessanterweise keine positiven Extraerträge. Natürlich kann man einen rationalen Zusammenhang dahinter vermuten: Ein Ausscheiden bedeutet weniger Zuschauer im nationalen Fernsehen, weniger Käufe von T-Shirts, weniger Enthusiasmus als Volk insgesamt … also summa summarum weniger durch Spielgewinne ausgelöste Begeisterung und Konsum. Was auch immer der Grund ist, die Fakten sprechen für sich, und sollten daher hier Erwähnung finden.

Mondphasen. Oh ja, jetzt bewegen wir uns auf extraterrestrisches und somit beinahe esoterisches Terrain. Dass der Mond Einfluss auf den Menschen hat, wird von Wissenschaftlern zwar bestritten, von den meisten Menschen selbst jedoch in irgendeiner Form angenommen. Und da nun der Mensch mit seinen Gefühlen und seiner Zuversicht oder Angst die Börsenkurse als Anleger mitgestaltet, liegt die Vermutung nahe, dass es auch zwischen den Phasen des Mondes und den Aktienkursen einen Zusammenhang geben könnte. Nicht, dass ich Sie auffordern möchte, Ihr Portfolio danach auszurichten – aber erwähnen möchte ich es, weil es Spaß macht.

Drei Wissenschaftler, wieder aus Amerika, diesmal von ein und derselben Universität in Michigan, haben sich dieser Frage angenommen. Sie sind offensichtlich selbst mit genügender Skepsis an die Datenanalyse herangegangen, denn sie haben saisonale Effekte wie den Januar- oder den Feiertagseffekt ebenso herausgerechnet wie Veränderungen der Schwankungen oder der gehandelten Volumina. Was blieb, war eindeutig: An den sieben Tagen vor und nach dem Vollmond rentierten die meisten der 48 untersuchten Länderindizes negativer als an den sieben Tagen vor und nach dem Neumond. Je nachdem, wie man daraus Portfolios zusammenstellt, ergibt sich eine, aufs Jahr hochgerechnete, Performancedifferenz von 3 % bis 5 % – eine kleine, aber doch signifikante Zahl.[134]

Diese Daten passen zu den Erfahrungen der Psychologie, dass Vollmondphasen mit depressiven Verstimmungen einhergehen. Das mag dann auch ein paar Börsianer treffen, die dementsprechend nur verhalten in Aktien investieren, wenn nachts der volle Mond auf ihre Träume scheint. Gleichzeitig beweist auch dieser gefundene Zusammenhang, dass die Stimmung von Investoren einen wesentlichen Einfluss auf die Aktienkurse hat – eine Kernthese auch dieses Buches und die Voraussetzung dafür, dass die vorgestellten quantitativen Modelle „funktionieren", also Überrenditen abliefern.

Vollmond, Sonnenschein, Feiertage und Fußball. Es fällt schwer, den Glauben an den rationalen Investor aufrechtzuerhalten, wenn Studien zeigen, dass diese vier genannten Ereignisse offensichtlich Börsenkurse beeinflussen können – oder dass zumindest Zusammenhänge gefunden werden können zwischen Wetter und Aktienkursen beispielsweise. Warum ich das in diesem Buch erwähnen wollte? Nicht nur, um den Spaßfaktor ein wenig zu erhöhen, sondern auch, um zu zeigen, dass wir Menschen – auch als Börsenteilnehmer – uns nicht immer vollends bewusst sind, was uns eigentlich glücklich macht. Ebenso lag mir daran, eine der wichtigen Behauptungen dieses Buches zu untermauern, nämlich die, dass es vor allem die Gefühle und Gedanken der Marktteilnehmer sind, die die Aktienmärkte beeinflussen – und nicht umgekehrt.

Zu guter Letzt

Wenn Sie mir bis hierher gefolgt sind, dann haben Sie schon eine ganze Menge Geduld und Lernbereitschaft bewiesen. Dafür erst mal Hut ab! Sie wissen jetzt, wie Börsianer denken, Sie können ihre Sprache sprechen und mitreden. Sie ahnen jetzt auch, welche menschlichen Fehleinschätzungen im Hintergrund der Börse es sind, die in Wahrheit die Fäden ziehen. Vielleicht haben Sie sich sogar an eine eigene Checkliste gewagt und damit ein paar interessante Aktien aus dem Riesenangebot herausgepickt. Über all das würde ich mich sehr freuen, zeigt es doch, dass ich Ihnen ein wenig von dem vermitteln konnte, was ich glaube, über die Börse gelernt zu haben. Ich hoffe auch, dass Sie ein besseres Verständnis darüber gewonnen haben, wie die Börse so tickt und wie es sich anfühlt, mit Aktien zu jonglieren. Vielleicht haben Sie sogar mehr Freude und Spaß daran gefunden, und vielleicht nicht nur, weil Sie ab sofort auch das Wetter in Verbindung zu den Aktienkursen bringen ... Kurz gefasst: Sie sollten dank dieses Buches bereits jetzt ein besserer und zufriedenerer Investor geworden sein.

Wie es sich jedoch mit der Ethik im Börsengeschehen verhält, diskutiert – und beantwortet vielleicht – der nun folgende Abschnitt. Es sind keine kleinen Fragen, die wir uns da stellen werden. Das Nachdenken und Reflektieren darüber ist jedoch lohnenswert – denn sonst kommt Ihnen am Ende immer Ihr Gewissen in die Quere, wenn Sie schöne Börsengewinne erzielen. Lehnen Sie sich also zurück und öffnen Ihren Geist für ein paar Ideen, die diese Fragestellung hoffentlich erhellen und beleuchten können.

TEIL III

Ist Börsenspekulation ethisch
oder
lässt sich Börsenerfolg
mit Moral vereinbaren?

Einführung

„Der Kapitalismus erklärt den Erfolg zum wichtigsten Ziel. Ich würde sagen: Nein! Das Wichtigste ist, Mensch zu sein!

Frage: Aber muss man nicht erst Wohlstand hervorbringen, um ihn zu verteilen?

Antwort: Nein, nein, nein. Unsere wichtigste Frage ist: Was bedeutet es, menschlich zu sein? Sehen Sie, es gibt viele Menschen, die reich sind, aber nicht glücklich. Warum gibt es in reichen Ländern so viele Selbstmorde? Man sollte annehmen, die Leute dort sind zufrieden. Und wissen Sie, warum sie es nicht sind? Sie haben Probleme zu akzeptieren, dass wir nicht für materielle Dinge geschaffen wurden oder um reich zu sein. Letztlich wurden wir für Gott geschaffen."

Desmond Tutu[135]

Nun geht es an den Teil, der mir am meisten am Herzen liegt. Er hat viel mit den Gründen für meinen vorläufigen Ausstieg zu tun. Dazu will ich ein wenig ausholen.

Warum bin ich eigentlich Fondsmanagerin geworden? Ich hätte genauso gut Ärztin, Lehrerin oder etwas vergleichbar Sinnvolles werden können. Mich jedoch haben immer Wettbewerbssituationen gereizt. Schon im Studium, nachdem ich von der unbefriedigenden BWL zur Volkswirtschaftslehre gewechselt bin, interessierte mich vor allem die Spieltheorie, neben den Vorlesungen zum Finanzmarkt, deren Inhalt ich durch meine Banklehre allerdings zu einem gewissen Teil schon kannte. Die auslösende Situation waren jedoch eigene Spekulationsgeschäfte gegen Ende meines Studiums, als ich im Frühjahr 2000 am Neuen Markt mein kleines Studentenkapital beinahe vollends verjubelte. Diese Niederlage weckte den Wunsch, zu verstehen, wie man erfolgreich – statt erfolglos wie ich – Geld an der Börse anlegt und dort verdient. Mich reizte die Verantwortung, die man als Fondsmanager trägt, genauso wie die Öffentlichkeit, in der man steht. Und nicht zuletzt der transparente Wettbewerb, der, wie ich dachte, keine Ausreden mehr erlaubt.

Acht Jahre später hatte ich in meiner Karriere als Aktienfondsmanagerin erreicht, was ich selber kaum zu träumen gewagt hatte. Aber war ich glücklich? Stolz, das ja, aber nicht glücklich. Wegen der elementaren Fragen, die sich in meinem Leben aufgetan hatten und die mich nicht in Ruhe ließen. Trage ich Gutes zur Welt bei? Zu welcher Art Welt trage ich überhaupt bei? Ist es denn ethisch zulässig, sein Geld an der Börse zu verdienen, und wenn ja, wie?

Deswegen ist mir dieser dritte Teil des Buches so wichtig. Nicht alle Aspekte der Fragen, die ich gestellt habe, lassen sich durch Überlegen, Nachdenken und Blicke in andere Bücher beantworten; einiges werde ich offenlassen müssen, weil nur das Leben selbst Antworten darauf liefern kann. Ich hoffe jedoch, dass ich etwas Licht auf einige der Themenbereiche werfen kann. Wie auch immer das Ergebnis oder Ihre Meinung am Ende ausfällt – ich würde mir wünschen, dass allein das Stellen dieser Fragen und Diskutieren darüber ein wenig zum Guten in dieser Welt beiträgt.

Ethisch sein – was meint das überhaupt?

Wenn wir die Frage beantworten wollen, ob Börsenerfolg ethisch ist, muss zunächst einmal geklärt werden, was das denn überhaupt meint – oder was wir im begrenzten Rahmen dieses Buches darunter verstehen wollen. Dazu ein kurzes Zitat:

> *„Die Ethik (altgriechisch ‚das sittliche [Verständnis]‘, von ‚gewohnter Sitz; Gewohnheit, Sitte, Brauch, Charakter, Sinnesart‘ [...]) ist eines der großen Teilgebiete der Philosophie und befasst sich mit Moral.*
>
> *Moral bezeichnet meist die faktischen Handlungsmuster, -konventionen, -regeln oder -prinzipien bestimmter Individuen, Gruppen oder Kulturen, sofern diese wiederkehren und sozial anerkannt und erwartet werden."*

Wikipedia[136]

Angewandt auf unser konkretes Problem könnte man also sagen, dass es um die Frage geht, ob Spekulations- und andere Kursgewinne über die Börse, so sie denn in wiederholtem und systematischem Maße vorkommen – wie dieses Buch es ja auch verspricht –, von unserer Gesellschaft nicht nur sozial akzeptiert werden, sondern darüber hinaus noch erwünscht sind.

Ohne Vernachlässigung der Allgemeingültigkeit ist es, denke ich, intuitiv nachvollziehbar, dass Handlungen, die akzeptiert werden, zuallererst Handlungen sind, die niemandem Schaden zufügen. Mit „niemand" sind zuerst die Menschen gemeint; aber natürlich könnte man sich auch die Frage stellen, inwieweit wir nicht die Natur und die Tiere und Pflanzen darin mit einbeziehen könnten. Solcherlei Handlungen, so sie denn möglich sind, werden von der Gesellschaft sicher nicht als unmoralisch infrage gestellt. Zum Aspekt des „Erwünschtseins" und des „Gutes tun" könnte man hinzuaddieren, dass eine Handlung sicherlich dann gesellschaftlich erwünscht ist, wenn sie Gutes tut, d. h., wenn sie auch dem Gemeinwohl dient und nicht nur dem Wohl eines Einzigen, da

> *„Ethik [...] über das menschliche Verhalten hinaus noch nach dem Guten überhaupt fragt".*
>
> Thomas Melz[137]

Als Mindestforderung könnten wir somit Handlungen in Betracht ziehen, die dem Wohl eines Einzelnen dienen (sonst würde sie ja niemand vornehmen), ohne irgendjemand anderem zu schaden. Damit können wir die Fragestellung, ob Börsenspekulation ethisch ist, in diesen zwei Fragen bündeln:

▶ Fügt Börsenspekulation (bzw. fügen quantitative Modelle wie die vorgestellten) den Menschen und ihrer Umwelt Schaden zu? Und wenn ja, wie ließe sich dieser vermeiden?

▶ Was tragen Börsenspekulation und Geld in Aktien zu investieren zum Guten, d. h. zum Gemeinwohl bei in dieser Welt?

Zusätzlich ließe sich noch fragen, ob es ethisch ist, Gewinne durch ein Modell zu erzielen, das darauf basiert, aus Fehlern anderer Vorteile zu ziehen. Aber kann man denn, ohne dass andere Fehler machen, überhaupt Überrenditen erzielen? Und wenn man es nicht kann, gibt es vielleicht Möglichkeiten, das Spekulieren oder Investieren so zu gestalten, dass es noch mehr zum Gemeinwohl beiträgt?

Was glauben Sie? Es gibt kein Gesetz in der Bundesrepublik Deutschland, das uns verbietet, Geld an der und über die Börse zu verdienen. Weder als Spekulant noch als Bankberater oder Händler. Es ist also durchaus legal, so zu handeln, auch wenn vielleicht nicht alle Menschen es als legitim betrachten. Denn noch immer werden gerade Spekulanten als Verursacher von Krisen an den Finanzmärkten ausgemacht:

*„Panik, abstürzende Kurse, wieder hochschießende Kurse, Finanzkrise,
Ölpreisexplosion, Bankenpleiten – wer sind die Schuldigen? Die Spe-
kulanten, sagen viele. Als Finanzhaie werden sie beschrieben, denen die
Märkte hilflos ausgeliefert sind."*

Andreas Oswald[138]

Der Spekulant also ist für viele Menschen der Bösewicht. Aber ist er es
wirklich, der Krisen auslöst, und damit anderen schadet? Ich möchte
hier gern etwas Licht ins Dunkel bringen. Fragen wir uns daher zunächst
einmal, was denn den „bösen" Spekulanten vom „guten" Investor
eigentlich unterscheidet!

Wer investiert, ist gut,
wer spekuliert, ist böse?

Speculator (lat.):   *Späher*
speculari (lat.):   *spähen, auskundschaften, erforschen*[139]

In der lateinischen Bedeutung des Wortes „spekulieren" gibt es keinen
Hinweis darauf, dass Spekulation verachtenswert sei – ja, im Gegenteil,
Tätigkeiten wie Erforschen und Auskundschaften vermitteln doch eher
Pioniergeist und Abenteuerlust. An der Börse unterscheidet man das
Investieren vom Spekulieren vor allem anhand der (geplanten) Frist
der Geldanlage: je kurzfristiger, desto höher der spekulative Anteil, je
langfristiger, desto eher kann man von Investieren sprechen. Anleger wie
Pensionsfonds, die von Rentenversicherungen gefüllt werden, ebenso
wie Lebensversicherer und Kleinanleger, die für ihre Altersvorsorge
oder ihre Kinder Geld zurücklegen, können genauso als längerfristige
Investoren gelten wie Unternehmen und Banken, die Beteiligungen
an anderen Unternehmen halten. Ein Investor ist oft auch jemand,
der sich nicht nur im Unternehmen und seinem Markt gut auskennt,
sondern auch seinen Einfluss auf das Unternehmen verantwortlich
wahrnimmt – sei es über die Hauptversammlung[140] oder sogar den
Aufsichtsrat. Er richtet sich zudem bei seiner Entscheidung nach den
von ihm erwarteten Gewinnerlösen des Unternehmens, und investiert
nur dann, wenn der aktuelle Marktwert niedriger ist als die Summe
der Kapitalströme in der Zukunft, d. h. seine Anteile am Gewinn des

Unternehmens. John Maynard Keynes[141], berühmter Finanzmarktökonom, unterscheidet zwischen Investieren und Spekulieren derart, dass der Investor die zukünftigen Gewinne des Unternehmens über dessen Lebensdauer vorhersagt und daraus seine Schlüsse zieht, während er mit dem Spekulieren die Tätigkeit der Prognose der Psychologie des Marktes meint.

Ein Spekulant spekuliert also eher auf kurzfristigen finanziellen Erfolg und nicht so sehr auf längerfristige Begleitung des Unternehmens. Was kurzfristig meint, konnte man bis vor Kurzem noch aus der deutschen Steuergesetzgebung schlussfolgern: So galten Aktiengeschäfte unter einem Jahr als Spekulationsgeschäfte und waren dementsprechend steuerpflichtig, während die Kursgewinne aller Geschäfte mit einem längeren Zeitraum nicht der Steuer unterlagen. Diese steuerliche Behandlung von Kursgewinnen hat sich zwar mittlerweile derart geändert, dass alle Veräußerungsgewinne mit Aktien und anderen Wertpapieren der Steuer unterliegen, dennoch dient die ursprüngliche Behandlung als Indiz dafür, wo Außenstehende die Grenze zwischen Investieren und Spekulieren ziehen.

Eine andere Unterscheidung zwischen Spekulation und Investition lässt sich anhand des Zweckes des vorgenommenen Geldanlagegeschäftes ziehen. Der Spekulant hat ein rein finanzielles Interesse, er will ausschließlich aus dem Handelsgeschäft einen Profit erzielen. Sein Gewinn entsteht nur aus der Differenz der Aktienkurse zwischen Kauf und Verkauf; was in der Zeit mit dem hinter der Aktie stehenden Unternehmen passiert, interessiert ihn lediglich in dem Maße, in dem es auch die Kurse beeinflusst. Das unterscheidet ihn vom Investor, der aus der Unternehmenssituation Rückschlüsse über die Zukunft zu ziehen versucht und, wie schon gesagt, an den Kapitalströmen aus dem Unternehmen heraus interessiert ist. Zusätzlich können Investoren oder fundamentale Marktteilnehmer noch ein wirtschaftliches Anliegen haben, welches mithilfe der Finanztransaktion befriedigt werden soll. Das ist ein wesentlicher Unterschied. Nehmen wir das Beispiel eines Bauern, der Weizen anbaut und verkauft. Die Weizenpreise seien stark gestiegen, so dass der Bauer seine Weizenernte bereits heute auf Termin verkauft, also zu einem bestimmten Zeitpunkt in der Zukunft (meist das Quartalsende), und sich so die hohen Preise sichert. Das finanzielle Geschäft ist der Terminverkauf[142], aber dahinter steht das wirtschaftliche Interesse, den geernteten Weizen zu verkaufen. Ein Spekulant hingegen könnte jemand sein, der davon ausgeht, dass die heutigen Weizenpreise zu hoch sind. Er will von seiner Erwartung, dass die Weizenpreise fallen müssen, profitieren und verkauft ebenfalls Weizen auf Termin. Da er jedoch keinen Weizen anbaut und verkaufen kann, muss er, wenn der gewählte Zeitpunkt erreicht ist, Weizen am Kassamarkt[143] zurückkaufen, um seinen Leerverkauf[144] zu decken. Er kann also nur Gewinn machen, wenn die Preise in der Zukunft auch tatsächlich unter den Preisen von heute liegen. Und: Seinem Finanzgeschäft liegt kein weitergehendes wirtschaftliches Interesse zugrunde als der Glaube, Gewinn aus dem Verkauf und Rückkauf des Weizens erzielen zu können. Nach dieser Definition ist allerdings auch ein Warren Buffett ein Spekulant – denn obwohl er seine Investments teilweise über mehrere Jahre hält, steckt doch kein weitergehender wirtschaftlicher Grund dahinter als eine Gewinnerzielungsabsicht. Dennoch wird er aufgrund seiner langen Besitzfristen und der Art, wie er Aktien auswählt, eher als Investor denn als Spekulant angesehen.

Warum ist nun die Spekulation, also die meist kurzfristig orientierte Anlage in Aktien oder Wertpapieren mit einem rein finanziellen Interesse, in der breiten Bevölkerung so schlecht angesehen? Vielleicht, weil es manchen Menschen ungeheuer ist, wie man sein Geld verdienen kann, wenn man einfach nur vor einem Computer sitzt und Daten auswertet. Das machen jedoch auch viele andere Berufe, die keineswegs als unethisch verstanden werden. Eine andere Begründung könnte sein, dass die Vermutung vorliegt, der Spekulant würde zu den Börsenkapriolen eher beitragen denn selbige reduzieren – eine Befürchtung, die, wie wir später noch lesen werden, nur selten zutrifft. Vielleicht ist es aber auch intuitives Wissen unter Börsenlaien, dass je kürzer die Frist ist, in der ich Aktien halte, desto größer ist der Anteil psychologischer Gründe an der Kursentwicklung. Weil sich fundamentale Daten meist erst mit einer gewissen Zeitverzögerung und über einen viel längeren Zeitraum am Finanzmarkt durchsetzen. Knapp formuliert: Das Spekulieren ist dem Ratespiel im Spielkasino näher, das Investieren hingegen orientiert sich mehr an den längerfristigen wirtschaftlichen Aussichten, die vorhersagbarer scheinen.

Allerdings geht auch dem Investieren ein kleines Ratespiel voraus. Denn wer kann schon von sich behaupten, sichere Prognosen über die Zukunft abzugeben, zumal wenn diese Zukunft erst in zwei oder drei Jahren eintritt? Nicht mal die Unternehmen selber sind so vermessen, das zu behaupten, und weigern sich zum Teil sogar, derartige Aussagen zu machen. Zudem überschätzen die meisten Menschen ihre Prognosefähigkeiten, wie wir in Teil II gelernt haben – so dass selbst die, die sich derartiges Schauen in die Zukunft zutrauen, ihre eigenen Schätzungen durchaus mit Vorsicht genießen sollten. **Im Klartext: Auch Investieren kommt nicht ohne Spekulieren aus.** Der deutsche Anleger scheint sowohl dem Spekulieren mit als auch dem Investieren in Aktien sehr misstrauisch gegenüberzustehen. Denn in Deutschland betrug der Anteil der direkt von Anlegern gehaltenen Aktien an den Geldanlagen die im internationalen Vergleich geringe Quote von 6,5 % (Zahlen von 2006), während diese Quote beispielsweise in den USA bei mehr als dem Dreifachen liegt (21,6 %).[145] Hier kommt meiner Meinung nach die besondere Risikounfreudigkeit deutscher Anleger zum Vorschein. Und vielleicht erklärt das auch die in unserem Land besonders vorsichtige bis negative Einstellung gegenüber Spekulanten.

Kann nun etwas, das legal ist, dennoch nicht legitim sein? Diese Frage haben wir immer noch nicht beantwortet. Sie hängt meiner Meinung nach eng mit der Frage zusammen, welchen Beitrag zum Weltgeschehen Spekulieren leistet. Was trägt Spekulieren bei zu dieser Welt, und trägt es zum Guten in der Welt bei?

Spekulieren:
Was trägt es bei zum Guten in dieser Welt?

Die folgende Anekdote zu Schuld und Nichtschuld der Spekulanten berichtet über das Frühjahr 2008; eine Zeit, in der der Ölpreis stark gestiegen war:

„Als der Ölpreis in den vergangenen Monaten rasant gestiegen war, hatte die US-Regierung eine Task-Force eingesetzt. Sie sollte herausfinden, wie sich Spekulanten verhalten und wie man ihrer mit neuen Gesetzen Herr werden kann. Diese Task-Force, besetzt mit Experten und Ermittlern aus der Börsenaufsicht SEC, der Notenbank und dem Energieministerium, musste feststellen, dass die Spekulanten mit der Entwicklung des Ölpreises nichts zu tun hatten.

Im Einzelnen stellte die Task-Force in ihrer Studie fest: In den ersten fünf Monaten 2008 waren die Spekulanten zu jedem Zeitpunkt auf beiden Seiten engagiert, auf der Käufer- wie auf der Verkäuferseite. Erstaunlicherweise gab es eine kleine Mehrheit, die nach unten spekulierte,

obwohl der Ölpreis im untersuchten Zeitraum um 28 % stieg. Wenn es
also einen Einfluss gegeben hätte, wäre er preisdämpfend gewesen. Fast
schade, dass die Spekulanten nicht mehr Einfluss hatten. "

Andreas Oswald[146]

Bevor wir beantworten können, was Spekulieren beiträgt zum Guten in der Welt, sollten wir an dieser Stelle festlegen, welche Art von
Börsenverhalten wir mit dem Wort „Spekulieren" meinen. Erinnern
wir uns an die Ausgangslage: In Teil II dieses Buches wurden Modelle
und Checklisten vorgestellt, anhand derer wir Erfolg versprechende
Aktien aussuchen können. Die Frage, die sich am Anschluss an diese
Auswahlkriterien stellte, war, ob dieser Vorgang an sich möglicherweise
unethisch ist – weil diese Modelle letztendlich dadurch Überrenditen
erzielen, dass der Markt Fehler bei der korrekten Bewertung von Aktien macht. Wir wollen also wissen, ob es ethisch ist, mithilfe unserer
Checkliste Geld zu verdienen.

Unser Spekulant ist daher jemand, der auf einen bestimmten Ausgang einer Anlage in bestimmte Aktien in der Zukunft wettet und
dementsprechend Geld einsetzt. Das ist per se nicht problematisch,
denn die Geldanlage in Aktien ist weder verboten noch groß verpönt.
Mehr noch: Da Eigenkapital die riskanteste der Kapitalformen darstellt, ist es für eine Volkswirtschaft doch förderlich, wenn sich immer
mehr Anleger finden, die bereit sind, das unternehmerische Risiko
mitzutragen und so zu fördern. Ein Beitrag zum Guten, außer wenn
vielleicht die Volkswirtschaft sein Kapital dringender an anderen Stellen gebraucht hätte – oder die Fähigkeiten dieses Menschen an ebenso
anderer Stelle wirkungsvoller für das große Ganze hätten eingesetzt
werden können als in einem „Ratespiel". Das jedoch muss jeder für
sich allein entscheiden.

Problematisch wird es dann, wenn das Wirken des Spekulanten negative Effekte für andere Menschen hat. Wenn durch seine Handlungen
andere Menschen Schaden erleiden. Oder wenn es vielleicht irgendwie
als ungerecht empfunden wird, dass jemand auf diese Weise sein Geld
verdient. Vielleicht, weil die von ihm erzielten Gewinne in keinem
Verhältnis zu dem eingegangenen Risiko oder der „geleisteten Arbeit"
stehen. Nun, das sind eine Menge Teilfragen, und ich will versuchen,
sie wenigstens bis zu einem gewissen Grad zu beantworten.

Erstens, das hatten wir an anderer Stelle schon gesagt, müssen
auch Unternehmen spekulieren, d. h. Aussagen und Prognosen unter
Unsicherheit fällen. Das Spekulieren über zukünftige Tatsachen kann

also in sich selbst nicht unethisch sein, denn es ist unverzichtbar, für jedermann, der irgendwie dem Gesamtkonstrukt Wirtschaft angehört. So wie ein Bauer mit dem Wetter und den Anpflanzbedingungen spekuliert, so spekuliert ein Unternehmensmanager mit der Nachfrage nach seinen Produkten.

Betrachten wir zuallererst das konkrete Beispiel aus dem vorhergehenden Kapitel, auch wenn es noch nichts mit Aktien zu tun hat. Es hilft zur vereinfachten Darstellung dessen, was ein Spekulant an den Börsen bewirkt. Angenommen, aufgrund des gestiegenen Weizenpreises haben die Bauern ihre Anbauflächen stark vergrößert, so dass, selbst bei leicht steigender Nachfrage, mit einem Sinken des Preises aufgrund des vergrößerten Angebotes zu rechnen ist. Es gehört zu den elementaren Gesetzen der Preisbildung in einem freien Markt, dass der Preis fallen muss, wenn das Angebot stärker als die Nachfrage steigt. Nehmen wir weiterhin an, die Bauern und Bäcker hätten sich mit dieser Statistik nicht beschäftigt, und der Weizenpreis hätte sich von seinem hohen Niveau noch nicht weit genug wegbewegt. Nun kommt der Spekulant ins Spiel, der die relevanten Daten beobachtet und eine große Chance für einen fallenden Weizenpreis ausmacht. Dementsprechend geht er Weizen-Futures short – d. h. im Klartext, er verkauft Weizen zu den aktuellen Preisen, jedoch erst zu einem bestimmten Termin in der Zukunft, meist am Quartalsende. Weil er davon ausgeht, dass bis dahin die Preise bereits gefallen sein werden, würde er durch dieses Geschäft Gewinn machen, denn er kann dann diese Futures zu einem niedrigeren Preis zurückkaufen.

Ist das nun unethisch? Dazu müssen wir fragen, was denn durch die Aktivität des Spekulanten bewirkt wird. Zuerst wird das heutige Weizenangebot vergrößert, denn er verkauft ja Weizen (in Form von Futures). Das hat einen fallenden Weizenpreis zur Folge. Gewinn machen kann der Spekulant jedoch nur, wenn auch zum Verfallszeitpunkt der Futures, vielleicht in zwei bis drei Monaten, der Preis niedrig ist. Das jedoch hat nicht er in der Hand, sondern der Markt. Nun gibt es zwei Möglichkeiten: Der Spekulant hat recht und verdient Geld, oder er irrt sich und verliert welches. Im letzteren Fall schadet er ausschließlich sich selbst und niemandem sonst – somit könnte der Fall beinahe als ethisch durchgehen, denn man kann schließlich niemandem verbieten, sich selber Schaden zuzufügen. Es klingt vielleicht merkwürdig, aber ich denke, es gehört zur Freiheit und Würde des Einzelnen, selbst zu entscheiden, was man sich antut, solange andere Menschen davon unberührt bleiben.

Wie sieht es jedoch im ersten Fall aus? Unser Spekulant hat recht gehabt. Durch sein Einwirken sind im Weizenmarkt drei Dinge passiert:

1. Der Weizenpreis begann schon heute zu fallen und nicht erst in einigen Monaten, wenn die Effekte der vergrößerten Anbauflächen wirksam werden.
2. Es ist zusätzliche Liquidität in den Markt gekommen durch den Verkaufsauftrag des Spekulanten.
3. Ein Teil des Gewinnes durch den Marktverlauf nach unten, den sonst die Nachfrager (Bäckereien z. B.) kassiert hätten, ging an den Spekulanten.

Jetzt können wir diese drei Aspekte auf ihre Ethik hin überprüfen.

1. Der Spekulant hat also eine Marktentwicklung, die auch ohne ihn stattgefunden hätte, beschleunigt. Nach der Devise „time is cash, time is money"[147] hat er den Marktteilnehmern damit durchaus einen Gefallen getan.
2. Die vergrößerte Liquidität ermöglicht allen Marktteilnehmern einen flüssigeren Handel. Hier hat der Spekulant tatsächlich Gutes getan.
3. Die Abschöpfung eines Teils der Rendite, der den Nachfragern „zugestanden" hätte, könnte eventuell als „Schaden" an anderen durchgehen. Gleichzeitig muss man sich jedoch fragen, inwieweit die Bäckereien es sich „verdient" hätten, von niedrigeren Preisen zu profitieren – es war schließlich nicht ihre Entscheidung, die Anbauflächen zu vergrößern! Hingegen war es sehr wohl die Entscheidung und das Risiko des Spekulanten, diese Entwicklung vorherzusehen.

Zusammengefasst würde ich sagen, dass es in dem genannten Beispiel schwer ist, eine unmoralische Handlung des Spekulanten zu erkennen. Im Gegenteil: Durch das Erkennen eines „Fehlers" der Märkte und das Wetten auf dessen Korrektur wird den Beteiligten schneller ersichtlich, was die Zukunft bringen kann. So kann durch das schnelle Fallen der Weizenpreise vielleicht noch der eine oder andere Bauer vom Vergrößern seiner Anbaufläche abgehalten werden – genauso wie die Bäckereien schon heute ihr Mehl zu den günstigen Konditionen backen könnten, die ihnen eigentlich erst in der Zukunft zugestanden hätten.

Zur Psychologie des Geldes:
Ist Zeit wirklich gleich Geld
und wie viel Geld ist nötig?

*„Aufgrund der eigentlich einfach zu durchschauenden Tatsache, dass
es kein herrenloses Geld gibt, ist es leider völlig unmöglich, an Geld
zu kommen, ohne es jemand anderem wegzunehmen."*
Ruediger Dahlke[148]

Ruediger Dahlke, Mediziner, Psychotherapeut und Vorreiter der esote-
rischen Szene in Deutschland, hat seine ganz eigene Sicht auf die Sache
„Geld". Weil ich ihn als Autor und Wissenschaftler sehr schätze, soll
diese hier zur Sprache kommen.

Dahlke stellt z. B. die breit akzeptierte Gleichung Zeit = Geld infrage. Er argumentiert, dass diese nicht gelten kann, weil ihre Umkehrung
Geld = Zeit nicht funktioniert. Das müsse aber bei einer Gleichung der
Fall sein, denn 3 + 4 = 7 ist gleichbedeutend mit 7 = 3 + 4. Geld ist jedoch
nicht gleich Zeit, denn für alles Geld der Welt kann man sich keine Zeit
kaufen, wenn man z. B. gerade die Diagnose einer tödlichen Krankheit
erhalten hat. Ich würde das abgestuft sehen und meinen, Geld kann in
diesem Fall in gewissen Grenzen Zeit kaufen, nämlich eine hypermoderne
Klinik oder einen besonderen Spezialisten bezahlen.

Interessanter ist aber insgesamt die Perspektive, die die Esoterik
zum Thema Geld einnimmt. Reichtum ist hier die äußere Sichtbarma-
chung des inneren Reichtums – denn nach dem Resonanzgesetz, eines
ihrer elementaren Lebensprinzipien, entspricht das Außen dem Innen.
Ich ziehe im Außen das an, was dem Zustand meiner Seele im Inneren
entspricht. Insofern ist der beste Weg, viel Geld zu verdienen, der, sich
um sein Seelenheil zu kümmern. Wie das geht, verraten noch am ehesten
die Religionen. Deswegen werden wir in einem späteren Kapitel noch
betrachten, wie sich diese – oder zumindest das Christentum – zum
Thema Geldanlage in Aktien stellen.

Des Weiteren gilt das Polaritätsprinzip. Weiß ist nicht ohne Schwarz
zu bekommen, Yin nicht ohne Yang, und dementsprechend Reichtum
nicht ohne Armut. Freiheit von der Polarität besteht nur in der Einheit
mit Gott – dem Platz, an dem jeder Mensch seine eigene Berufung
gefunden hat und ihr treu bleibt. Dass zumindest in unserer heutigen
Zeit Reichtum noch nicht ohne Armut geht, zeigen die weltweiten
Armutsstatistiken deutlich. Obwohl die Erde laut Jean Ziegler zwölf
Milliarden Menschen mit einer täglichen Ration von 2.700 Kilokalorien
pro Tag ernähren könnte, leiden derzeit fast eine Milliarde von ihnen an

chronischer Unterernährung.[149] Wenn es stimmt, was Dahlke behauptet, dass ich immer jemandem etwas wegnehmen muss, um selber reich und vermögend zu sein, dann drängt sich unmittelbar die Frage auf, ob es angesichts der Armut anderer Menschen wirklich glücklich macht, mehr zu besitzen als andere – und mehr, als man eigentlich braucht:

„Man soll weder annehmen noch besitzen, was man nicht wirklich zum Leben braucht."

Mahatma Gandhi[150]

Problematisch wird es dann, wenn durch die Spekulanten (jetzt wollen wir an sie in der Mehrzahl denken) Entwicklungen ausgelöst werden, die ohne sie überhaupt nicht da oder denkbar wären. Wenn der Anteil der Spekulanten an der Bewegung eines bestimmten Wertpapiers sehr viel größer ist als der der zugehörigen „Investoren" oder Marktteilnehmer, die aus fundamentalen Gründen dort unterwegs sind. Bei manchen Währungsmärkten ist es beispielsweise mittlerweile der Fall, dass nur noch die wenigsten Handelsgeschäfte wirklich der Kursabsicherung länderübergreifender Geschäfte wie Produktlieferungen dienen; das meiste Volumen bei den großen Wechselkursen wie Euro/Dollar kommt tatsächlich durch spekulative Adressen zustande. Schaden für die Volkswirtschaften könnte entstehen, wenn dadurch Fehlentwicklungen eingeleitet werden, die die fundamentalen Ereignisse nicht vorhersagen, sondern bestimmen – ganz der Theorie der Reflexivität von George Soros folgend, die im zweiten Teil vorgestellt wurde. Es geht also bei der Frage, was Spekulieren zum Guten in der Welt beiträgt, auch um die Frage des Maßes der Spekulation dabei. Doch wie will man selbige messen oder gegebenenfalls staatlich beschränken? Beides scheint nur schwer möglich. Selbst die frühere Spekulationssteuer ist nur teilweise hilfreich, betrifft sie doch auch den Bauern, der seinen Weizen auf Termin verkauft.

In Märkten mit geringerer Liquidität, wie es regelmäßig z. B. die Warenterminmärkte sind (wie Weizen, Zucker oder Ähnliches) oder Aktienmärkte kleinerer Länder, kann der Einfluss der Spekulanten ebenfalls den Einfluss fundamental agierender Marktteilnehmer schnell übersteigen. Der positive Aspekt ist hier auch wieder, dass durch die Spekulanten mehr Liquidität in den Markt kommt. Negativ zu bewerten hingegen ist die Möglichkeit, dass die Spekulanten sich ihre Kurse selbst machen – beispielsweise durch Ausnutzung ihrer Marktmacht

Preise künstlich hoch oder niedrig halten. Wenn jedoch ein Preis existiert, der von einem Preis, wie er fundamental, d. h. aus Sicht der wirtschaftlich Beteiligten dahinter, weit entfernt ist, wird sich sofort wieder ein neuer Spekulant finden, der auf die Normalisierung dieses Preises wettet. Insofern werden Spekulanten künstliche Preise, d. h. Preise, die nicht fundamental gerechtfertigt sind, immer nur sehr kurze Zeit aufrechterhalten können.

Gefragt haben wir noch nicht, wie es aussieht mit unserer Aktienspekulation. Dazu wollen wir unser theoretisches Fundament jedoch erst noch etwas fester untermauern. Denn neben eigenen Überlegungen zur Verträglichkeit von Börse und Ethik gibt es Stimmen anderer Experten, die zu hören sind.

Wirtschaftsethik und Spekulation: Was uns die Philosophen sagen

Bücher zur Wirtschaftsethik gibt es viele, Bücher zu Börse und Ethik oder Börsenmoral nur wenige. Das ist unverständlich, möchte man angesichts des schlechten Images meinen, das Spekulation in der Öffentlichkeit hat:

> *„Immerhin werden finanzielle Aktivitäten seit jeher in der öffentlichen Einschätzung nicht besonders hoch geschätzt und zuweilen geradezu verteufelt (Verbot des Zinsnehmens im Mittelalter, Zinseszinsverbote, Finanzierung als unproduktive Tätigkeit, Einschätzung der Spekulation als charakteristischer Auswuchs des Kapitalismus, Vergleich der Börse mit einem Spielcasino [...]).“*
>
> Bernd Rudolph[151]

Bestünden doch dadurch erst recht ein Bedarf und eine Notwendigkeit, den Kapitalmarkt moralisch und ethisch ins rechte Licht zu rücken und zu verteidigen.

Das Ultimatum-Spiel oder: Wie kann eine Steuer für gefühlte Gerechtigkeit sorgen?

Über Gerechtigkeit haben wir bisher immer mal wieder gesprochen. Diese Frage taucht vor allem an zwei Punkten auf: Ist es „gerecht", durch Spekulation Geld zu verdienen, und wenn ja, ist die Verteilung des Spekulationsgewinnes gerecht? Dass Spekulation zum Geldgewinn dient, erscheint gerechtfertigt – und damit gerecht – durch die Funktionen in der Volkswirtschaft, die sie übernimmt. Die Übernahme von Unsicherheit und Risiko sowie die Versorgung der Kapitalmärkte mit flüssigen Mitteln, also zusätzlichem Angebot und Nachfrage, sollen und müssen belohnt werden, damit der Kapitalmarkt seine Funktionen wie Fristentransformation übernehmen kann. Zusätzlich gibt es hier Gerechtigkeit im Sinne von Chancengleichheit (aufgrund gleicher Regeln für alle sowie der heutzutage herrschenden, für alle verfügbaren Informationsflut), allerdings hat natürlich derjenige mehr vom Spekulieren, der über ein größeres Kapital verfügt. Dafür schütten jedoch die kleineren Gewinne des Kleinanlegers mehr Glückshormone aus als das Geld, was zu einem ohnehin vorhandenen großen Vermögen hinzukommt. Insofern können wir es uns einfach machen, wenn wir uns jetzt über die Gerechtigkeit von Spekulationsgewinnen unterhalten wollen, und nur die Gerechtigkeit ihrer Verteilung prüfen.

Der einfachste Weg, die empfundene Verteilungsgerechtigkeit der Menschen zu testen und herauszufinden, ist das oft gespielte und erwähnte Ultimatum-Spiel. Es ist deswegen so schön, weil es so simpel und gleichzeitig so wirkungsvoll ist: Man nehme zwei Spielteilnehmer, hier A und B genannt. A bekommt eine bestimmte Summe. Bei der jüngsten Erwähnung dieses Spiels in der *Welt am Sonntag* (Juli 2009)[152] waren es beispielsweise 20 €. Von dieser Summe muss A nun etwas an B abgeben. Nur wenn B der angebotene Betrag reicht und er das Angebot von A annimmt, erhalten beide tatsächlich auch ihr Geld. So lautet die spannende Frage: Wie viel muss A denn an B abtreten, damit beide Geld bekommen und nicht leer ausgehen? In der Regel 40 bis 45 %, also 8 bis 9 €, haben Forscher herausgefunden. Das ist insofern interessant, als man hätte erwarten können, dass schon ein niedrigeres Angebot, vielleicht sogar nur 1 oder auch 2 €, von B angenommen werden würde. Denn 1 oder 2 € sind mehr als nichts, was er bekommt, wenn er ablehnt.

Es zeigt sich in diesem Experiment, dass den Menschen Gerechtigkeit wichtiger ist als das reine Geld. Denn sonst müsste schon 1 Cent reichen. Aber eine Verteilung 1 Cent zu 19,99 € wird offensichtlich nicht als gerecht empfunden – und daher schlichtweg abgelehnt. Die Zone, in der die empfundene Ungerechtigkeit beginnt, ist übrigens der

Bereich 35 bis 40 % – zumindest in unserem Kulturkreis. Denn bei Untersuchungen in recht exotischen Kulturen fand man Ergebnisse von totaler Kooperation – also Einigung um die 10 € herum – als auch von ausgeprägtem Egoismus, wo B tatsächlich mit 1 € zufrieden war.

Was lernen wir daraus? Gerechtigkeit hat einen Wert an sich, und zwar einen, der nur zu einem gewissen Grad mit Geld aufgewogen werden kann. Würde Geld überhaupt keine Rolle spielen, dann könnten sich die Spielteilnehmer bei 10 € einigen, so dass jeder den gleichen Betrag erhält. Das ist aber genauso selten wie der Fall des frechen Angebotes von nur 1 €.

Was hat das Ganze aber mit der Börse zu tun? Nun, man könnte vielleicht die verwegene Schlussfolgerung ziehen, dass die neue Abgeltungssteuer, die inklusive aller Zuschläge bei etwa 26,4 % liegt, durchaus eine gewisse Gerechtigkeit herstellt – zwischen dem Börsianer, der Gewinne macht, und dem Staat als Repräsentant aller anderen im Lande, die von den Steuereinnahmen leben müssen. Denn auf diesem Weg müssen die Gewinner von ihren Gewinnen etwas abgeben – an die, die vielleicht aus Geldmangel hier nicht mitspekulieren können, und auch an die, denen das Glück bei ihren Investments weniger hold gewesen ist.

Die Wirtschaftsethiker sind sich einig, dass von der Ökonomie, d. h. der Wirtschaftstheorie, selbst keine Beiträge zu moralischen oder ethischen Maßstäben wirtschaftlichen Handelns geliefert werden können. Ihr Ziel ist es lediglich, Erkenntnisse zu den ökonomischen Folgen bestimmter Handlungen abzuliefern. Zur entsprechenden ethischen Bewertung dieser Handlungen bedarf es der Hilfe der Philosophen. Welche Meinung nehmen diese denn nun zum Thema Spekulation ein?

Für den Philosophen und renommierten Wirtschaftsethiker Peter Koslowski hat Spekulation eine ganz klare wirtschaftliche Funktion – und damit sowohl eine Daseinsberechtigung als auch ethische Erlaubnis:

> *„Die Kapitalmarktspekulation ist ethisch zulässig, da sie eine objektive Funktion in der Wirtschaft erfüllt: Sie reduziert die Unsicherheit über die Marktfähigkeit von Unternehmensanteilen an der Börse. Gewinne aus Spekulation sind daher Zahlungen für jene Dienstleistung, die der Öffentlichkeit an der Börse durch die Spekulation zur Verfügung gestellt wird, und sie ist gerechtfertigt durch die ökonomische Wertschöpfung, welche die Spekulation schafft … Wo die Spekulation die Unsicherheit nicht wirklich reduziert, ist sie auch nicht gerechtfertigt.“*

Peter Koslowski[153]

Das Argument geht so: Die Börse hat – wie im Übrigen Banken auch – unter anderem die Funktion, Fristen zu transformieren. Da ist der Kleinanleger, der vielleicht auf ein Auto sparen möchte, das er sich in fünf Jahren zulegen will. Da ist ein Unternehmen, das einen kurzfristigen Überschuss an liquiden Mitteln für ein paar Monate anlegen möchte. Demgegenüber stehen die Firmen, die Eigenkapital benötigen, und zwar für immer – oder so lange, wie es diese Firma gibt und geben soll. Diese unterschiedlichen zeitlichen Bedürfnisse lassen sich nur durch einen sogenannten Intermediär zusammenbringen. Das ist in unserem Fall die Börse. Je mehr Marktteilnehmer es nun gibt, die Geld an der Börse anlegen, desto eher kann diese Fristentransformationsfunktion erfüllt werden – denn desto höher ist die Wahrscheinlichkeit, dass eine Aktie, die auf dem Markt angeboten wird (vielleicht von dem Kleinanleger, dessen fünf Jahre rum sind), auch auf eine Nachfrage trifft. Vor diesem Hintergrund bewertet Koslowski Spekulation als positiv, denn sie erhöht die gehandelten Volumina und reduziert somit für die Beteiligten die Unsicherheit, ob sie zu dem von ihnen ganz persönlich gewählten Zeitpunkt auch ein Angebot oder eine Nachfrage in der jeweiligen Aktie finden.

Allerdings gibt es eine Einschränkung. Wenn Spekulation – ob beabsichtigt oder unbeabsichtigt, ist egal – die Schwankungen an der Börse erhöht, dann könne es sein, dass der Wohlfahrtsverlust für alle durch diese erhöhten Bewegungen die positive Wirkung durch die Liquiditätsbereitstellung wieder aufhebt; im schlimmsten Fall sogar noch übersteigt. Deswegen muss noch gefragt werden, welche Wirkung Spekulation auf die Kursschwankungen hat.

Dazu unterscheidet Koslowski zwei Arten zu spekulieren: Die eine agiert antizyklisch, d. h. investiert entgegen den Erwartungen der Mehrheit der Marktteilnehmer, die andere handelt prozyklisch, d. h. kauft dort, wo auch die anderen Marktteilnehmer hohe Erwartungen haben. Im ersten Fall reduziert der Spekulant die Schwankungen an der Börse, denn er handelt ja entgegen dem, was die Mehrheit tut. Im zweiten Fall jedoch trägt er dazu bei, die Fluktuationen eher noch zu erhöhen – und das ist gesellschaftlich unerwünscht. Ohne einen Beweis vorzubringen, argumentiert Koslowski, dass das antizyklische Investieren gewinnbringender ist als das prozyklische Investieren. Wir können dem durchaus zustimmen, denn im zweiten Teil dieses Buches haben wir ja antizyklische Strategien wie das Investieren nach den günstigsten Kurs-Gewinn-Verhältnissen kennengelernt, deren Börsenerfolg empirisch nachgewiesen worden war.

Da der Spekulant nun allein aus Gewinnerzielungsabsicht an der Börse unterwegs ist, wird er, so behauptet Koslowski, eher anti- denn prozyklisch handeln. Somit ist es eine indirekte Folge seiner Aktivität, die Volatilitäten (Schwankungen) zu reduzieren. Ein weiterer Gewinn fürs Gemeinwohl. Ich habe für die vergangenen zehn Jahre im DAX eine Untersuchung angestellt, um die Frage zu beantworten, ob die Volatilitäten in diesem Zeitraum eher ab- oder eher zugenommen haben. Dazu zeigt folgende Grafik die Anzahl der Tage mit einer Schwankung von mehr als 2 % nach oben oder unten im DAX, und zwar monatsweise (schmale graue Linie) als auch im Jahresdurchschnitt (dicke schwarze Linie). Ein Wert von 8,2 wie im Jahr 2002 bedeutet, dass in diesem Jahr in jedem Monat durchschnittlich 8,2 Handelstage existierten, an denen der DAX mehr als 2 % gestiegen oder gefallen ist. Für 2009 wurde der Jahresdurchschnitt aus den Monatswerten der ersten acht Monate aufs Jahr hochgerechnet.[154]

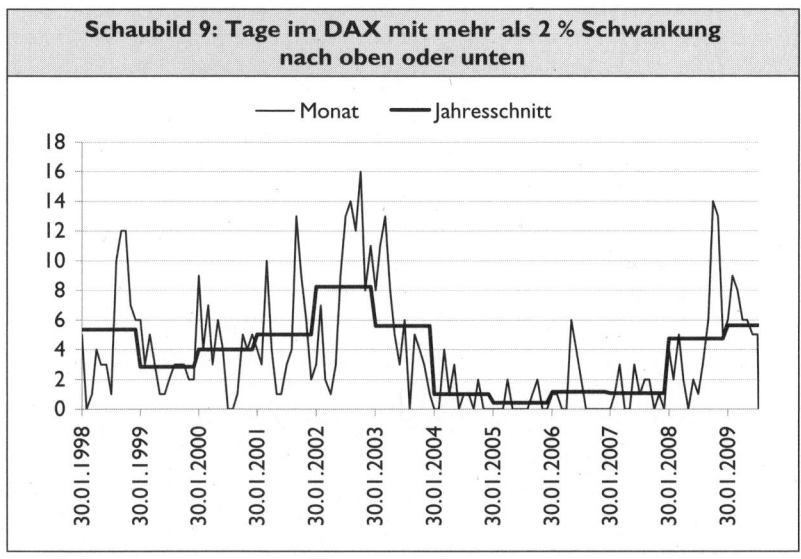

Was lesen wir nun aus diesem Diagramm? Am höchsten sind die Schwankungen immer dann, wenn heftige Bärenmärkte stattfinden – wie 2002 und 2008. Allerdings sind die Ausschläge 2008 weniger heftig gewesen als in der Krise 2002; ebenso wie die Aufschläge in den guten Zeiten 2004 bis 2007 deutlich geringer waren als 1998 bis 2000.

Summa summarum würde ich sagen, dass die Schwankungen über diesen Zehnjahreszeitraum eher ab- denn zugenommen haben. Vielleicht tatsächlich eine positive Wirkung zunehmender spekulativer Anteile an der Börse?! Wie steht es nun mit unseren Checklisten? Stellen Sie eine Art der Spekulation mit positivem Beitrag zum Gemeinwohl dar? Um die ethische Zulässigkeit des hier vorgestellten Modells für Privatanleger zu überprüfen, müssen wir uns nach Koslowski also die Frage stellen, ob mithilfe dieses Ansatzes eher pro- oder eher antizyklisch investiert bzw. spekuliert wird.

Aktienauswahl mit System: Hat die Ethik was dagegen?

Jetzt haben wir die Frage, was Spekulation zum Gemeinwohl beitragen kann, dank der Börsenethik nach Koslowski reduzieren können auf die Frage, ob die Spekulation, die wir betreiben, eher anti- oder prozyklisch ausgerichtet ist. Um das für die in diesem Buch vorgestellte Checkliste zu überprüfen, brauchen wir nun die angewandten Kriterien einfach nur Stück für Stück durchzugehen:

▶ RoE, Margen und Eigenkapitalquoten: Diese Faktoren haben noch nichts mit der Erwartung der Marktteilnehmer über die Zukunft der entsprechenden Unternehmen zu tun. Daher würde ich sie als „weder noch" bewerten und in unserer Analyse außen vor lassen.
▶ KGVs über ein und fünf Jahre: Das sind ganz klar antizyklische Faktoren, denn wir investieren dort, wo es besonders billig ist, d. h., wo die Erwartungen nicht besonders hoch sind.
▶ Das gleiche gilt für den Durchschnitt der Analystenmeinungen (Analystenkonsens), den wir (zumindest bei den Großunternehmen) als Kontraindikator benutzen.
▶ Schwieriger wird es bei den Gewinnrevisionen und der Reaktion auf Quartalszahlen. Einerseits ließe sich argumentieren, dass wir ja mit diesen Kriterien auf das höchste Überraschungspotenzial setzen – was wiederum zu niedrige Erwartungen des Marktes voraussetzt. Andererseits folgen wir einem Trend, der durch die Richtung der Revisionen und der relativen Reaktion auf die Quartalszahlen wie

vorgezeichnet zu sein scheint. Mit dem ersten Argument sind beide Faktoren antizyklisch, mit dem zweiten Argument eher prozyklisch. Da jedoch so oder so zu niedrige Erwartungen des Marktes die wesentliche Rolle für diese Faktoren spielen, würde ich eher für antizyklisch plädieren.

▶ Die drei Faktoren zum Kursmomentum sind sicherlich prozyklisch. Schließlich setzen wir hier ganz klar auf die Fortsetzung von Kurstrends der Vergangenheit und folgen somit einer schon entstandenen Entwicklung.

▶ Das Dreimonatsreversal setzt auf die Umkehrung eines Trends und ist somit klar antizyklisch.

▶ Mit dem Gewinnwachstum ist es ein wenig ähnlich wie mit den anderen, ganz am Anfang stehenden Bilanzkriterien. Nichtsdestotrotz muss man diesem eine eher prozyklische Komponente zugestehen, denn anhand des prognostizierten Gewinnwachstums basteln sich ja alle anderen Marktteilnehmer ihre Modelle über die mögliche finanzielle Zukunft des Unternehmens.

Summa summarum kommen wir auf drei neutrale, sechs antizyklische und vier prozyklische Faktoren in unserem Aktienauswahlmodell. Man könnte also, wäre da nicht die Unsicherheit bei der Bewertung einiger Kriterien, sagen, dass Anleger mithilfe dieser Strategie eher konträr zum Markt investieren und somit dazu beitragen, dass Preisschwankungen verringert werden. **Damit stellt unser Aktienauswahlprozess eine Form der ethisch sauberen Spekulation dar, wie sie die Wirtschaftsethiker definieren.**

Gefragt habe ich auch, inwieweit es ethisch ist, mithilfe eines Modells Geld zu verdienen, das darauf beruht, von den Fehlern anderer Anleger zu profitieren. Das lässt sich relativ schnell beantworten. Wenn nämlich niemand einen Fehler machen würde, würde es gar keine Möglichkeit geben, irgendwelche Überrenditen zu erzielen. In so einem idealen Markt hätte jede Aktie für jedermann zu jeder Zeit den gleichen Preis, es gäbe kaum Handel und die entstehenden Renditen entsprächen exakt dem Gewinnwachstum, das die Unternehmen abliefern. In der Realität jedoch haben die vielen verschiedenen Anleger viele verschiedene Meinungen darüber, wo eine Aktie „fair bewertet" ist, woraus sich ganz unterschiedliche Kursgewinne und -verluste ergeben. Es gibt also nur zwei Möglichkeiten: Wir verzichten, wenn wir nicht von Fehlern anderer profitieren wollen, auf Überrenditen und geben uns mit dem Marktdurchschnitt zufrieden (indem wir entweder am Ende eines jeden Jahres den Betrag spenden, der unsere Performance von der des Marktes unterscheidet, oder direkt in einen Indexfonds investieren und auf eigenes Spekulieren komplett verzichten), oder wir akzeptieren, dass unsere Überrenditen nur dadurch möglich sind, dass andere Fehler machen, die wir nicht machen. In letzterem Fall könnten wir unsere Gewinne als Verdienst daraus ansehen, dass wir einen Beitrag hin zu einem vernünftigeren Markt dadurch leisten, dass wir die typischen emotionalen Fehler selber vermeiden. Insofern trägt das hier vorgestellte Modell durchaus auch zum Gemeinwohl bei.

Aber noch einmal zurück zu den Wirtschaftsethikern. Die Argumente der Philosophen machen nämlich auch dem Insiderhandel den Garaus. Was die meisten Menschen schon vom Bauchgefühl her als unmoralisch empfinden, wird durch die Theorie bestätigt. Der Insider trägt nur Pseudounsicherheit aufgrund der ihm bekannten Informationen und hat sich somit seinen Handelsgewinn nicht redlich „verdient". Seine Leistung förderte nur sein eigenes, nicht jedoch auch das Gemeinwohl, so dass er diesen Gewinn auch nicht behalten darf. Gott sei Dank sind mittlerweile die Vorschriften über Insiderinformationen so streng, dass selbst die Profis in der Regel nicht mehr wissen als gründliche Zeitungsleser.

Heute stehen über das Internet jedem Anleger so viele Informationen zur Verfügung, dass es äußerst schwer ist, überhaupt noch so etwas wie eine Insiderinformation zu kreieren. Mehr noch: Das Internet trägt dazu bei, dass mehr Chancengleichheit unter den Anlegern herrscht und die Börse regelrecht demokratisiert wird:

„Es könnte sich dabei nämlich auch um eine gesunde Informations-und Wohlstandsdemokratisierung handeln, die schließlich nicht nur der Gesamtwirtschaft und dem Gesamtgemeinwohl nicht schaden, sondern vielmehr zu denselben positiv beitragen könnte."

Alexander Pytlik[155]

2,5 : 1 = –1,5 für alle: die „Weltformel" hinter den Kulissen der Börse

„Du sollst deinen Nächsten lieben wie dich selbst."

Matthäus 22,39

Mit diesem Kapitel wage ich mich vor Richtung Religionen, Glaubenssätze und -erfahrungen. Sie können, was ich gleich schreiben werde, auch schnell als esoterisch abtun – aber damit, so hoffe ich, tut man der Idee unrecht, die ich hier in die Welt setzen möchte. Wie schon im Kapitel zuvor geht es um die Frage, was Spekulieren denn beiträgt zum Gemeinwohl und zum Guten in dieser Welt. Lassen Sie sich jetzt auf eine etwas ungewöhnliche Sicht der Dinge durch die Brille der Behavioural Finance ein.

Als ein Schriftgelehrter der Pharisäer Jesus fragt, welches der Gebote denn das höchste im Gesetz ist, geschieht Folgendes:

„37 Jesus aber antwortete ihm: ‚Du sollst den Herrn, deinen Gott, lieben von ganzem Herzen, von ganzer Seele und von ganzem Gemüt.' *(5. Mose 6,5)*

38 Dies ist das höchste und größte Gebot.

39 Das andere aber ist dem gleich: ‚Du sollst deinen Nächsten lieben wie dich selbst.'" *(3. Mose 19,18)*

Was bedeutet das nun, und was hat es mit der Börse zu tun? Seinen Nächsten zu lieben wie mich selbst bedeutet für mich, ganz einfach übersetzt, dass die Freude meines „nächsten Menschen" auch meine Freude sei, und sein Leid auch mein Leid. Jeder trage des anderen Last heißt es schließlich auch an anderer Stelle. Wenn ich nun aber auch die Last des anderen mittrage, sein Leid und seine Freude, so führt das in letzter Konsequenz doch dazu, die ganze Menschheit insgesamt als eins zu betrachten: Jedes Leid, das ich anderen zufüge, verringert auch meine Freude und umgekehrt. Spirituelle Erfahrungen führen auch zu einem „Alles ist eins"-Gefühl, das die Buddhisten unter dem Stichwort „alles steht miteinander in Verbindung" kennen. Manchmal kann man diese Erfahrung gerade im Alleinsein machen: „all eins sein" heißt das Wort schließlich auch.

Was bedeutet das nun für die Börse? Nehmen wir an, es gäbe nur zwei Marktteilnehmer: den Investor Igor und die Investorin Ingrid. Ingrid hat vor zwei Monaten die Aktie A von Igor zum Preis von 100 € gekauft. Nachdem A einen ordentlichen Quartalsgewinn vermeldet hat, kauft Igor nun die Aktie für 120 € von Ingrid. Drei Monate, also ein ganzes Quartal später, sehen die nächsten Quartalszahlen von A nur noch langweilig und durchschnittlich aus, so dass die Aktie A wieder auf 100 € fällt; auch, weil Ingrid nicht bereit ist, mehr als 100 € für A zu zahlen:

Tabelle 53: Einfacher Aktienhandel			
Aktie A	Kaufpreis	Verkaufspreis	monetärer Gewinn
Ingrid	100 €	120 €	20 €
Igor	120 €	100 €	–20 €
Ingesamt			0 €

Was hat das nun mit Jesus und vor allem mit der Zahl 2,5 zu tun? In Teil II haben wir gelernt, dass wir Menschen Verluste mit dem Faktor 2,5 gegenüber Gewinnen bewerten: dass also Igor seinen Verlust von 20 € etwa 2,5-mal so stark bedauert, wie Ingrid sich an ihrem Gewinn freuen kann:

Tabelle 54: Einfacher Aktienhandel mit Emotionen				
Aktie A	Kaufpreis	Verkaufs-preis	monetärer Gewinn	emotionaler Gewinn
Ingrid	100 €	120 €	20 €	20 €
Igor	120 €	100 €	–20 €	–50 €
Ingesamt			0 €	–30 €

Für die „gesamte Menschheit" oder den Markt, der in unserem Beispiel hier nur aus zwei Aktienanlegern besteht, ist somit ein emotionaler Verlust von 30 € entstanden – obwohl rein finanziell überhaupt nichts passierte (monetärer Gewinn = 0 €), außer dass die Aktie von 100 € auf 120 € gestiegen ist und dann wieder auf 100 € zurückfiel. Aber, wie wir auch schon gelesen haben, nicht die Tatsachen entscheiden, sondern unsere Meinungen darüber – und unsere Gefühle, die für jeden Einzelnen von uns Realität abbilden.

„Halt!", werden Sie jetzt vielleicht sagen. Die Börse hat doch viel mehr Marktteilnehmer und über einen längeren Zeitraum steigen doch viele Aktien öfter, als dass sie fallen, so dass für die Aktionäre viel öfter Gewinne anfallen als Verluste – wie sieht es denn dann damit aus? Recht haben Sie. In solchen Situationen gibt es mehr Gewinner als Verlierer, so dass auch die emotionale Gesamtbilanz durchaus ausgeglichen und sogar positiv ausfallen kann. Wäre dem nicht so, hätte sich die Börse vielleicht schon längst selbst vernichtet und ihrer Existenz beraubt.

Nichtsdestotrotz lernen wir anhand der Verlustaversion, warum Bärenmärkte so schwer wiegen und oftmals ganze Generationen von Aktienanlegern verbittern. Noch stärker wird das Ganze am Shorten von Aktien deutlich: Wer Aktien leer verkauft, stellt sich ja direkt mit seiner „Wette" gegen einen potenziellen Käufer. Das Wort „Shorten" oder „short gehen" meint, Aktien oder andere Wertpapiere zu verkaufen, die man nicht besitzt. Wie das geht? Nun, Sie suchen sich jemanden, der die Aktie gerade besitzt, und fragen nach, ob eine Wertpapierleihe möglich ist, man Ihnen die Aktie für eine gewisse Zeit „borgt". Warum würde ein Aktienbesitzer so etwas tun? Ganz einfach: Natürlich, weil er dafür Geld erhält. Für die Dauer der Verleihung erhält er einen gewissen Zinssatz. Sie können gegen Zahlung dieses Zinssatzes sich nun die Aktie leihen und „leer" verkaufen – deswegen „leer", weil Sie die Aktie ja nicht besitzen und sofort zurückkaufen müssen, wenn der Verleiher seine Aktien wiederhaben will.

Sehen wir uns nun die Tabelle an. Angenommen, Ingrid hätte die Aktien nie besessen, wollte aber gern bei 120 € die Aktie verkaufen, weil sie der Meinung ist, dieser Preis sei unangemessen hoch. Sie borgt sich die Aktien vom Verleiher Victor für einen Zinssatz von 0,5 % im Monat – übrigens vergleichsweise viel. Igor, den die Quartalszahlen von A ja sehr beeindruckt haben, kauft Ingrid die Aktie für 120 € ab und muss drei Monate später enttäuscht feststellen, dass A nach den nächsten Quartalszahlen nur noch 100 € wert ist. Verärgert verkauft er die Aktie wieder. Ingrid ist dankbar über den Gewinn, kauft die Aktie zurück und gibt sie zurück an Victor:

Tabelle 55: Aktienhandel mit Leerverkauf über Leihegeschäft					
Aktie A		**Rückgeschäft**	**Leihzinsen**	**monetärer Gewinn**	**emotionaler Gewinn**
Ingrid	verkauft zu: 120 €	100 €	–1,80 €	18,20 €	18,20 €
Igor	kauft zu: 120 €	100 €		–20,00 €	–50,00 €
Victor	erhält Leihzinsen:		1,80 €	1,80 €	1,80 €
Ingesamt				0,00 €	–30,00 €

Wie Sie sehen, leidet der Markt auch in diesem Beispiel insgesamt emotional deutlich mehr, als dass Gewinn generiert wird. Das ändert sich auch nicht wesentlich, wenn wir davon ausgehen, dass Ingrid und Igor schon bei 110 € das Geschäft „schließen", sprich ihre Aktie zurückkaufen bzw. -verkaufen:

Tabelle 56: Aktienhandel mit Leerverkauf über Leihegeschäft – Kurs 110 €					
Aktie A		**Rückgeschäft**	**Leihzinsen**	**monetärer Gewinn**	**emotionaler Gewinn**
Ingrid	verkauft zu: 120 €	110 €	–1,80 €	8,20 €	8,20 €
Igor	kauft zu: 120 €	110 €		–10,00 €	–25,00 €
Victor	erhält Leihzinsen:		1,80 €	1,80 €	1,80 €
Ingesamt				0,00 €	–15,00 €

Warum ich Ihnen das vorgerechnet habe? Weil ich Ihnen zeigen möchte, welche Konsequenz die Verlustaversion, die wir alle als Menschen und Investoren in unterschiedlich hohem Maße, aber im Mittel mit etwa 2,5 in uns tragen, für die emotionale Verbuchung von Börsengewinnen und -verlusten hat. Ich habe daraus für mich persönlich die Erkenntnis gezogen, dass zumindest das Leerverkaufen von Aktien, das Shortgehen, keine moralische Grundlage hat – denn der Leerverkäufer erzielt nur dann Gewinn, wenn sein Counterpart, der Käufer, Verluste macht. Es ist eben nicht alles, was legal ist, gleichzeitig auch legitim. Das vorgezeigte Geschäft führt mit einer Ratio von 2,5 zu eins zu einem gefühlten Verlust für die Gesamtheit der Marktteilnehmer von 1,5-mal dem Wert des Basisgeschäftes. Es ist eben nicht einfach irgendein Konstrukt oder eine Blackbox[156] namens „der Markt", gegen den wir gewinnen, wenn wir gewinnen – **denn der Markt, das sind wir alle.** Und immer dann, wenn einer verlieren muss, damit ein anderer gewinnen kann, entsteht für die (an der Börse tätige) Menschheit als Ganzes ein emotionaler Verlust – selbst wenn sich rein monetär ein Gewinn ergeben hat. Und so lässt sich die Frage nach der Vereinbarkeit von Leerverkäufen mit Ethik und Moral aus der Perspektive der Behavioural Finance meiner Meinung nach nicht mit Ja beantworten.

Die Wirtschaftsethik bezieht eine andere Meinung zu diesem Thema. Solange auch der Leerverkauf eine antizyklische Spekulation darstellt, reduziert er die Schwankungen an der Börse und trägt damit zum Gemeinwohl bei. Damit der Leerverkauf jedoch tatsächlich antizyklisch ist, muss er bei steigenden Kursen vorgenommen werden. Vielleicht gilt deswegen an manchen Kapitalmärkten wie in den USA die Regel, dass Shorten nur erlaubt ist, wenn der Aktienkurs gerade gestiegen ist. An der negativen emotionalen Bilanz von Leerverkäufen ändert das jedoch nichts.

Börsenspekulation und Ethik: ein weiterer Blick aus der Perspektive der christlichen Kirchen

Die moderne Welt macht auch vor den Kirchen nicht halt, und so gibt es mittlerweile einige Pfarrer und Pastoren, die eigene Internetseiten unterhalten. Padre Alex, mit dem bürgerlichen Namen Alexander Pytlik, ist einer von ihnen. Aufgefallen ist er mir, weil er sich ebenso wie ich Gedanken um Börse und Ethik gemacht hat.

Er beginnt seine Überlegungen damit, dass die Börse als Markt mit höchster Leistungsfähigkeit an sich nichts Schlechtes sei, da sie doch wertvolle Funktionen erfüllt. Zu ihnen zählt er den Preisausgleich zwischen Angebot und Nachfrage, die zu unterschiedlichen Zeiten und an ganz verschiedenen Orten auftreten können, ebenso wie die Möglichkeit, sich gegen Preisrisiken zu versichern.

Seine weiteren Äußerungen über Spekulation beziehen sich auf *Das Naturrecht* von Johannes Messner. Ich zitiere:

„Die von der Börse ausgehenden Fehlentwicklungen im sozialwirtschaft-
lichen Prozess haben ihre Wurzel vor allem in [...] der Spekulation.
Gegen keine andere organisatorische Institution der modernen Sozial-
wirtschaft sind gerade aus diesem Grunde so schwere Anschuldigungen
erhoben worden wie gegen die Börse. [...] Jeder verantwortungsbewusste
Versuch, dieser Wirklichkeit gerecht zu werden, wird sich immer vor
die Frage gestellt sehen, was sozialwirtschaftlich zweckdienliche Spe-
kulation ist."

Johannes Messner, zitiert nach Alexander Pytlik[157]

Was denn nun jedoch sozialwirtschaftlich zweckdienliche Spekulation
ist, wird leider nicht definiert – jedoch darauf hingewiesen, was sozialwirtschaftlich schädliche Spekulation ist. Insofern können wir uns dieser
Definition mithilfe von Ausschlüssen annähern.

Messner unterscheidet bei den Risiken, die ein Aktionär trägt, zwischen dem Ertragsrisiko (das sich aus den zukünftigen Gewinnen des
Unternehmens ergibt) und dem Bewertungsrisiko (das die möglichen
Kursschwankungen der Aktie beinhaltet). Sozialwirtschaftlich zweck-
widrig wird das Ganze, wenn sich das Bewertungsrisiko verselbstän-
digt – wenn also ein Börsianer sich nicht mehr um das Ertragsrisiko
kümmert, sondern nur noch um die Kurse selbst. Übersetzt kann man
daher sagen, dass wer einzig und allein charttechnische Analysen zum
Fällen seiner Anlageentscheidungen verwendet, sozialwirtschaftlich
schädliche Spekulation betreibt. Er trägt laut Messner mit zur Unruhe
im Kapitalmarkt bei und entzieht den Unternehmen notwendiges Kapital dadurch, dass er es zur Spekulation zurückhält.

Wie steht es dabei mit unserem Modell? Wir stellen keine Vorhersagen über die zukünftigen Erträge der Firma an, das ist wahr. Denn
wir sind der Meinung, dass die Zuverlässigkeit der Prognose nicht
ausreicht, solche Überlegungen anzustellen. Dennoch spielt die Beurteilung des Ertragsrisikos eine Rolle: nämlich bei der Berücksichtigung
der Kriterien RoE, Margen und Eigenkapitalquote. Alle drei Faktoren
dienen dazu, eine möglichst große Sicherheit darüber zu erhalten, dass
das Unternehmen gut gepolstert ist für schlechte Zeiten, ebenso wie
darüber, Wachstumsmöglichkeiten zu attraktiven Renditen wahrnehmen zu können.

Genauso gut spielen die Aktienkurse selber im Modell nur eine geringe Rolle: nur bei den drei Momentum-Faktoren nämlich. Das wird
jedoch durch die anderen zehn Faktoren mehr als aufgewogen. Auch
der Vorwurf, Spekulationskapital zurückzuhalten, kann einer Strategie

kaum gemacht werden, wenn sie als relative Auswahlstrategie angewandt wird. Wenn wir also mehrere Aktien bewerten und immer die
mit den besten Punktzahlen kaufen, egal, wie hoch diese Punktzahlen
sind. Wenn wir hingegen eine bestimmte absolute Punktzahl verlangen
(wie beispielsweise mindestens vier Punkte bei meiner Aktiencheckliste), dann kann es schon mal vorkommen, dass nur wenige Aktien die
Kriterien erfüllen und wir etwas Kasse halten müssen, statt zu 100 %
in Aktien investiert zu sein. Solange dieses Geld jedoch auf Bankkonten
liegt, bleibt es ja im Wirtschaftskreislauf, denn die Bank kann Teile dieses
Geldes weiter verleihen oder anlegen. Der Vorwurf des Geldentzuges
trifft also nur bedingt zu.

Dass Aktien an sich aus Sicht der Kirchen nichts Negatives sind,
erkennt man im Übrigen daran, dass Landeskirchen und Diözesen selbst
Aktienbestände halten. Dabei werden jedoch nicht nur Renditeziele verfolgt, sondern diese Anlagen, so wird empfohlen, sollten auch ethischen
Zwecken dienen. Es geht den Christen vorrangig darum,

„positive Entwicklungen [zu] fördern und zu Gerechtigkeit, Frieden
und der Bewahrung der Schöpfung bei[zu]tragen".
Zentralkomitee der deutschen Katholiken[158]

Können wir Ähnliches von unserer Aktiencheckliste oder den anderen
vorgestellten Auswahlmodellen behaupten? Ich glaube, nur sehr begrenzt. Vorrangig dienen die in Teil II besprochenen Aktienauswahl-
systeme der Erzielung von Überrenditen. Weitere Zwecke sind nicht
ausgeschlossen, wurden aber nicht ursprünglich verfolgt. Ich würde
mich jedoch sehr freuen, allein durch die Veröffentlichung und gründliche Erklärung meiner und anderer Aktienchecklisten einen Beitrag
hin zu mehr Gerechtigkeit an der Börse geleistet zu haben: insofern,
als es mehr Chancengerechtigkeit gibt, je mehr Menschen verstehen,
was die Börse wirklich treibt und wie man dort Geld verdienen kann.
Indem wir gelernt haben, uns selbst nicht mehr von kurzfristigen
Nachrichten und Bewegungen verunsichern zu lassen, haben wir auch
einen Beitrag zu mehr Frieden an der Börse und damit in der Welt
geleistet.

Dennoch kann man viel mehr tun. Zum Beispiel schon bei der
Aktienauswahl darauf zu achten, welche ethischen Maßstäbe die ausgewählten Unternehmen erfüllen oder nicht. Wie das geht, erläutern die
letzten beiden Kapitel dieses Buches. Vorerst jedoch noch ein weiterer
kritischer Blick auf die Ethik der Börsenspekulation.

Kritik der Börsenspekulation –
ein nicht nur esoterischer Ausflug

An zwei anderen Stellen dieses Buches habe ich Ruediger Dahlke bereits
stellvertretend für die Perspektive der Esoterik auf das Thema Geld
zitiert. Er soll hier ein letztes Mal zu Wort kommen. Denn Geld, das
durch Börsenspekulation verdient wurde, betrachtet er – im Gegensatz
zu Philosophen und Theologen – als Blutgeld. Als Begründung verweist
er auf die abnorm hohen Renditen, die – zumindest zeitweise – an der
Börse möglich sind:

> *„Denn wie lassen sich solche Renditen anders erzielen, als durch men-*
> *schenverachtende Produktionsmaßnahmen ..."*
>
> Ruediger Dahlke[159]

Welche Renditen kann der Autor meinen? Derzeit (Spätsommer 2009)
beträgt das durchschnittliche Kurs-Gewinn-Verhältnis der 30 größten
deutschen Unternehmen, die im DAX enthalten sind, 18,4 – bezogen
auf die Gewinne des vergangenen ebenso wie auf die des aktuellen
Jahres. Das entspricht einer Gewinnrendite von

$$100\ \%:18,4=5,4\ \%.$$

Falls die Gewinne der Unternehmen nicht deutlich ansteigen, kann
ein Anleger über ein Jahr nur mit diesen 5,4 % als Ertrag rechnen.
Mit einem Anstieg der Kurs-Gewinn-Verhältnisse, der eine zusätzliche
Performance der Aktienkurse bewirken würde, würde ich bei einem
Wert von 18,4, der deutlich über dem langjährigen Durchschnitt von
14 bis 15 liegt, nicht rechnen.

Selbst wenn wir auf den Fünfjahresdurchschnitt der Gewinne je
Aktie schauen und daraus das Kurs-Gewinn-Verhältnis bilden, ergibt
sich ein Wert für die Gewinnrendite von

$$100\ \%:14,2=7\ \%.^{[160]}$$

Das mag – im Vergleich zu Sparbuchzinsen von 1 bis 3 % – recht viel
klingen. Berücksichtigt man jedoch die hohen Schwankungen von
Aktien und die Unsicherheit über die zukünftigen Gewinne der Unternehmen, die ein Aktionär mittragen muss, ist der Wert alles andere als
hoch – und schon gar nicht abnorm.

Vielleicht bezog sich Dahlke auch auf die Eigenkapitalrenditen der Unternehmen. Die mit einem derzeitigen Durchschnitt im DAX von 15,3 % tatsächlich vergleichsweise hoch erscheinen. Doch darf hier nicht vergessen werden, dass diese Rendite sich nur auf den buchhalterischen Wert des Eigenkapitals bezieht – also den Wert, mit dem das Eigenkapital in der Bilanz bewertet ist. Kaufen kann man dieses Eigenkapital jedoch nur zum derzeitigen Marktwert, und der wird durch die Marktkapitalisierung repräsentiert. Das heißt: Die Eigenkapitalrendite steht nicht dem Aktionär zu Verfügung, sondern lediglich dem Unternehmen, z. B. bei Wachstumsmöglichkeiten. Ein Beispiel: Das Unternehmen Beta hat ein Eigenkapital in der Bilanz von 10 Mrd. €. Gehandelt wird die Aktie jedoch zu einer Marktkapitalisierung von 12 Mrd. €. Die Eigenkapitalrendite beträgt satte 20 %, d. h., der aktuelle Jahresüberschuss von Beta liegt bei 2 Mrd. €. Bezogen auf den Marktwert des Eigenkapitals liegt jedoch die Eigenkapitalrendite bei

$$10 \text{ Mrd. } € : 12 \text{ Mrd. } € \cdot 20 \% = 16,7 \%.$$

Das ist im Übrigen nichts anderes als das Umgekehrte des Kurs-Gewinn-Verhältnisses:

KGV = Kurs je Aktie : Gewinn je Aktie
KGV = (Kurs je Aktie · Anzahl ausstehender Aktien) :
       (Gewinn je Aktie · Anzahl ausstehender Aktien)
KGV = Marktkapitalisierung : Jahresüberschuss

Die reale Eigenkapitalrendite, die ein Aktionär erhält, der sich heute an Beta oder einem anderen Unternehmen beteiligt, ist jedoch

Reale Rendite = Jahresüberschuss : Marktkapitalisierung
           = 1 : (Marktkapitalisierung : Jahresüberschuss)
           = 1 : KGV

Wer sich heute als Aktionär an Beta beteiligen möchte, erhält genau diese Eigenkapitalrendite (unter der Annahme, dass sich weder Gewinne noch Kurs-Gewinn-Verhältnisse ändern). Nur wenn wir die Aktie zu einem Kurs-Buchwert-Verhältnis[161] von eins erwerben würden, würden wir die Eigenkapitalrendite erhalten, die die Bilanz ausweist. Denn ein Kurs-Buchwert-Verhältnis von eins bedeutet, dass die Marktkapitalisierung genau dem bilanziellen Wert des Eigenkapitals entspricht. Nur dann würde der Aktionär auch die volle Eigenkapitalrendite verdienen! Die meisten Aktien jedoch preisen die zukünftigen Gewinnaussichten der Unternehmen mit ein, so dass sie zu höheren Kurs-Buchwert-Verhältnissen handeln. Dementsprechend sind hohe Werte bei den Eigenkapitalrenditen zwar schön, aber sie entsprechen nicht der tatsächlichen Rendite, die ein Aktionär mit diesem Investment verdienen kann. Die Unternehmen des DAX handeln derzeit z. B. im Schnitt zu einem Kurs-Buchwert-Verhältnis von 2,0. Daraus resultiert die schon berechnete reale Gewinnrendite von 5,4 % im Mittel. Wie schon gesagt, keine abnormal hohe Rendite vor dem Hintergrund des Risikos der Aktienanlage, möchte man meinen. Der Vorwurf von Dahlke ist also im Licht aktueller Zahlen nicht zu verstehen. Es sei denn, man erweitert seine Kritik auf den Kapitalismus insgesamt als Gesellschaftsordnung, die mit der von ihr geschaffenen Möglichkeit des Privateigentums an Produktionsmitteln der Börsenspekulation erst den Boden bereitet. So weit möchte ich zumindest im Rahmen dieses Buches nicht gehen.

Übernehmen Sie Verantwortung: Was Ihr Geld in der Welt bewirkt

„Geld ist nicht neutral – es kommt darauf an, was man damit macht. Mit einer ethischen Geldanlage lässt sich Verantwortung wahrnehmen!"
Zentralkomitee der deutschen Katholiken[162]

Was immer du gibst, kehrt zu dir zurück. Was immer du anderen wünschst, wird dir beschert. Das sind zwei zentrale Sätze, an die ich im Leben glaube. Beide gelten auch für die Börse.

Wenn wir nur nach Kriterien investieren, die auf maximalen Börsengewinn abzielen, dann werden wir, wie die in Teil II vorgestellten Strategien gezeigt haben, mit relativ großer Sicherheit Überrenditen erzielen. Mir persönlich war es immer eine große Freude, wenn mein Modell gut funktioniert hatte und die ausgewählten Aktien wie von Zauberhand zu den besten Performern zählten. Ein verantwortungsbewusster, großherziger, ja vielleicht sogar glücklicher Anleger werden wir auf diesem Wege allerdings nicht. Dafür muss man mehr tun – und kann man mehr tun.

Verantwortung übernehmen kann man als Aktienanleger – oder auch Spekulant – auf zweierlei Art. Erstens durch die Auswahl der Aktien, die überhaupt zum Investieren infrage kommen. Zweitens durch die Art der Spekulation, d. h., welche Mittel man verwendet und welche nicht. Schauen wir uns beides nacheinander an. Muss man sein Geld Unternehmen zur Verfügung stellen, die Waffen produzieren? Muss man Gewinne erzielen mit der Aktie eines Unternehmens, das in einen Menschenrechtsskandal wegen fragwürdiger Produktionspraktiken in Billiglohnländern verwickelt ist? Würden Sie Aktien von Beate Uhse kaufen, wenn das von Ihnen gewählte Modell die Aktie zum Kauf empfiehlt? Man kann alle drei Fragen mit Nein beantworten und trotzdem an den Börsen gute Renditen erzielen. Letztendlich ist es jedoch Ihre ganz persönliche Entscheidung, ob Sie neben rein ökonomischen und psychologischen Kriterien noch andere Maßstäbe an die Auswahl Ihrer Aktien stellen.

Fonds, die das machen, werden Nachhaltigkeitsfonds oder auch Ethikfonds genannt. Wer auf diese Weise investiert, hat zwei Möglichkeiten: Er benennt Ausschlusskriterien, die dazu führen, dass Aktien, die darunter fallen, gar nicht erst in Betracht gezogen werden. Vorreiter sind hier die Kirchen, die z. B. Rüstungsunternehmen aussortieren oder sich bei Pharmafirmen heraushalten, die Verhütungsmittel herstellen. Dahinter steckt das Prinzip der ethischen Geldanlage der Kirchen, das auf drei Prinzipien ruht: Beitrag zu Frieden, Gerechtigkeit und Bewahrung der Schöpfung. Ein Beispiel für eine solche Negativliste findet sich bei der Ethikbank.[163] Diese wurde im Jahr 2002 als Zweigniederlassung der Volksbank Eisenberg eG gegründet und investiert nur in Anleihen und Aktien, die ihren eigenen ethischen Maßstäben gerecht werden. Aus dem DAX scheiden dabei Daimler, Lufthansa, MAN, SAP, Siemens, ThyssenKrupp und Volkswagen wegen Produktion oder Förderung von Militärwaffen ebenso aus wie BASF und Bayer wegen Gentechnik und E.ON und RWE wegen Atomkraft.

Eine andere Möglichkeit, nachhaltig zu investieren, ist es, mit sogenannten Positivkriterien zu arbeiten. Das bedeutet, Unternehmen nach bestimmten, sogenannten ESG-Kriterien zu bewerten, und dann lediglich die besten Aktien davon zu kaufen. Dabei stehen die Buchstaben E (Environment) für Umwelt, S (Social) für Soziales und G (Governance) für ethisches Wohlverhalten. Unter diesen drei Kriterien werden heutzutage die Bemühungen von Unternehmen und des Finanzmarktes nach mehr Nachhaltigkeit zusammengefasst. Man könnte auf diese Weise eine Vorauswahl treffen und dann mithilfe meines oder eines anderen

Aktienauswahlmodells noch einmal prüfen, ob der momentane Zeitpunkt zum Aktienkauf auch günstig und richtig ist – eine Art zweistufiger Ansatz quasi. Leider gibt es diesbezügliche Daten richtig ausführlich derzeit nur für Großanleger. Eine Möglichkeit auch für Privatanleger bietet die Plattform „Nachhaltiges Investment" der European Business School[164], zumindest in der Form, dass je Aktie angezeigt werden kann, ob sie in Nachhaltigkeitsfonds und -indizes vertreten ist. Genauso gut kann man sich natürlich auch selbst Gedanken machen, inwieweit die ausgewählten Unternehmen den eigenen Standards gerecht werden. Die christlichen Kirchen gehen dabei so vor:

„Zwei Fragen dienen der Analyse, ob eine Geldanlage einer christlichen Ethik genügt: Fördert die Geldanlage das Leben der Menschen und die Bewahrung der Schöpfung sowie die internationale Gerechtigkeit, indem sie arme Menschen in ihrem Bemühen um bessere Lebensbedingungen konkret unterstützt? Oder indem sie Unternehmen finanziert, deren Produkte und Herstellungsverfahren positiv für die Menschen, für die Umwelt und für die Volkswirtschaften gerade auch in Entwicklungs- und Schwellenländern sind?"

Jutta Hinrichs[165]

Was immer du gibst, kehrt zu dir zurück. Das gilt auch für die Art des Investierens; dem zweiten Bereich, in dem Aktienanleger Verantwortung übernehmen können und meiner Meinung nach sollten. In einem Kapitel dieses dritten Teils des Buches habe ich gezeigt, welch negativen Beitrag fürs Gemeinwohl das blanke Leerverkaufen von Aktien leistet. Wer sich dieser Methoden bedient, muss sich nicht wundern, wenn die eigene Seele darunter leidet und ihm den Spaß und die Freude an seinen Investitionserfolgen nimmt. Wer ethisch investieren will, sollte daher meiner Meinung nach die Finger davon lassen.

Zu diesem Bereich gehören auch die Rechte und Pflichten an sich, die mit der Aktie verbrieft sind. Erinnern Sie sich: Eine Aktie ist nicht nur ein Instrument, mit dem ich über die Zukunft des Unternehmens oder der Gesamtwirtschaft spekulieren kann; es ist auch und zuallererst ein Anteil an dem jeweiligen Unternehmen. Sie sind Miteigentümer, wenn Sie Aktionär sind. Und Eigentum, das weiß schon das Grundgesetz, verpflichtet. In diesem Fall haben Sie als Aktionär das Recht – und meiner Meinung nach die Pflicht –, bei wesentlichen Beschlüssen auf der jährlichen Hauptversammlung mitzuwirken. Sie müssen dafür nicht unbedingt vor Ort anwesend sein – aber zumindest den Bogen, den

Ihnen die Bank automatisch zusendet, sobald eine Hauptversammlung ansteht, sollten Sie durchlesen und ausfüllen. Worum geht es da? Nun, zunächst bitten Vorstand und Aufsichtsrat um Entlastung. Wenn Sie nicht zufrieden waren mit deren Leistung im abgelaufenen Geschäftsjahr, können Sie diese auch verweigern. Dann wird z. B. für größere Kapitalerhöhungen (Erhöhungen des Eigenkapitals) die Zustimmung der Aktionäre benötigt. Hier sollten Sie hellhörig werden, wenn Kapitalerhöhungen über 10 % des Grundkapitals erbeten werden und gleichzeitig das Bezugsrecht der Aktionäre ausgeschlossen wird. Das Bezugsrecht ist Ihre Entschädigung dafür, dass Ihr Anteil am Unternehmen durch die Kapitalerhöhung sinkt und Ihnen somit in Zukunft ein geringerer Anteil am Gewinn zugeordnet ist. Deswegen sollten Sie darauf nur bei kleinsten Kapitalerhöhungen verzichten.

Ebenso negativ bewerten viele professionelle Anleger direkte Wechsel vom Vorstand in den Aufsichtsrat. Auf diese Weise wird die gewünschte Unabhängigkeit und Funktion des Aufsichtsrats als Mitarbeiter- und Aktionärsvertreter beeinträchtigt. Aufpassen und gegebenenfalls dagegenstimmen sollten Sie auch, wenn eine Person zu viele Aufsichtsratsmandate auf sich vereinigt. Mehr als fünf sind zeitlich und inhaltlich sicher schlecht zu bewerkstelligen.

Eigentum verpflichtet: Aufruf zu mehr Nachhaltigkeit unter Investoren

„Frankfurt am Main, 23. Juli 2009
Allen Diskussionen über Nachhaltigkeit zum Trotz spielen Themen wie Ethik oder Ökologie bei Investitionsentscheidungen für viele Anleger in Deutschland nur eine geringe Rolle. Das ist das Ergebnis einer Umfrage, die der Deutsche Derivate Verband bei über 4.000 Personen durchgeführt hat. Auf die Frage, ob sie bei ihrer Geldanlage ethische oder ökologische Aspekte berücksichtigten, erklärten 55,3 % der Befragten, dies sei nicht der Fall. Lediglich 15,4 % der befragten Personen antworteten, dass sie Überlegungen wie Ethik oder Ökologie bei der Auswahl ihrer Geldanlage mit einbeziehen.“

OnVista[166]

Im Gegensatz zu den Autoren dieses Artikels würde ich es als Erfolg bezeichnen, dass sich 15 % der befragten Anleger für ethische und nachhaltige Investments interessieren. Denn noch ist der Markt sehr klein: Im deutschsprachigen Raum handelt es sich um Marktanteile von unter 2 %, bei Investmentfonds um die 1 %. In den USA wird bereits jeder zehnte neu anzulegende Dollar nach einem ethischen Kriterium angelegt. Wenn sich also bei dieser Umfrage schon 15 % zumindest dafür interessieren, können wir von weiteren Wachstumsraten ausgehen. Für Fonds, die auf Nachhaltigkeit Wert legen, wuchs die Nachfrage auch im schwierigen Jahr 2008 immer noch überdurchschnittlich. Ebenso wurden überdurchschnittlich viele neue Fonds in diesem Segment aufgelegt: So waren in Deutschland zum Jahreswechsel 2008/2009 insgesamt 196 Fonds aus den Bereichen Nachhaltigkeit, Ethik und erneuerbare Energien zugelassen. Ein Jahr zuvor waren es noch 155, Anfang 2007 sogar nur 111 Fonds. Ein weiterer Hoffnungsschimmer, dass vielleicht gerade in Zeiten der Krise wieder Wert auf andere Werte als nur Renditen gelegt wird.[167]

Dabei bedeutet Nachhaltigkeit nicht, dass Sie auf Rendite und Performance verzichten müssen. Ganz im Gegenteil: Über einen längeren Zeitraum muss und wird sich das nachhaltige Wirtschaften bestimmter Unternehmen auch im Aktienkurs auszahlen; immer dann nämlich, wenn Fundamentaldaten wieder wichtig sind, d. h., wenn die Börse „überprüft", ob die Unternehmen ihre Hausaufgaben gemacht haben. Denn Geld folgt dem (guten) Handeln.

Wie sah es in der Vergangenheit damit aus? Mittlerweile gibt es so viele Studien zur Performance von Nachhaltigkeits- und Ethikfonds, dass im Jahr 2001 die amerikanischen Wissenschaftler Margolis und Walsh auf die Idee kamen, einen Überblick anzufertigen. Dabei konnten sie auf insgesamt 80 Studien zurückgreifen:

> *„Mehr als 50 % der Studien ergaben, dass die Auswahl von nachhaltig arbeitenden Unternehmen der Renditeentwicklung eines Investmentfonds förderlich ist, 5 % der Studien ergaben, dass diese Auswahl nachteilig ist, und 45 % ergaben, dass kein Zusammenhang zwischen Renditeentwicklung und einem an Nachhaltigkeitskriterien orientierten Auswahlprozess besteht."*
>
> Robert Zollitsch[168]

Im Klartext: Die Hälfte aller Studien zeigte einen positiven Zusammenhang zwischen der Rendite des Fonds und seinem Bemühen um Nachhaltigkeit; etwas weniger als die Hälfte zeigte keinerlei Verbindung. **Die Wahrscheinlichkeit, dass die Auswahl von Aktien und Fonds** nach ethischen oder nachhaltigen Kriterien auch noch die Performance verbessert, beträgt also satte 50 %! Und lediglich mit 5 % riskiert man, einen Fonds zu erwischen, der schlechter läuft als der Durchschnitt des Marktes. Neben dem guten Gewissen als Lohn für ethische Geldanlage winkt Ihnen also sogar noch eine höhere Rendite, als der Markt sie leisten kann; zumindest, wenn Sie etwas Zeit zum Investieren mitbringen.

Nicht nur deswegen möchte ich Ihnen gern raten, sich wirklich ernsthaft mit diesem Thema zu beschäftigen. Ich glaube, dass – unabhängig von irgendwelchen Studien oder Experimenten – Wohlstand nur dann wirklich glücklich macht, wenn er nicht auf Kosten des Unglücks anderer erworben wurde. In unserer globalisierten Welt ist es oftmals schwer zu durchschauen, mit welchen Mitteln Billigpreise oder besonders hohe Unternehmensrenditen erzielt werden. Deswegen finde ich es persönlich sehr wichtig, die Verantwortung und Möglichkeiten, die Sie als Miteigentümer eines Unternehmens haben, auch zugunsten der Verbesserung unserer Welt wahrzunehmen.

Aktienbesitz ist dazu ein wirklich geeignetes Mittel. Denn hier können Sie selbst steuern, welches Unternehmen mit Ihrem Kapital arbeiten darf, während bei Geld auf dem Sparbuch oder auch Termineinlagen letztendlich die Bank entscheidet, wie mit diesem Geld gewirtschaftet und an wen es weiterverliehen wird. Auch wenn es zu jedem Argument immer natürlich eine andere Seite gibt, wie die, dass die Herstellung von Waffen als Verteidigungsmittel auch dem Aufrechterhalten des Friedens dienen kann, ebenso wie es durchaus ethisch sein kann, mit dem Ziel des langfristigen Erhalts des Unternehmens Stellen abzubauen oder nach billigeren Produktionsstandorten zu suchen. Mir ist nur wichtig, dass Sie diese Problematiken sehen und dazu eine aktive Position beziehen, anstatt sich ausschließlich mit der möglichen Rendite einer Anlage zu beschäftigen. Eigentum und Besitz tragen Verantwortung und verpflichten zu verantwortungsbewusstem Umgang mit diesen Privilegien. Das sieht das Grundgesetz so, genauso wie die Ethik und die christliche Religion. Reichtum an sich ist nichts Schlechtes, wenn man ihn auch mit Blick auf das Gemeinwohl zu erwirtschaften und zu verwenden weiß.

Noch stehen den Privatanlegern nur wenige Informationen zu ethischem und nachhaltigem Investieren zur Verfügung. Im Anhang dieses Buches sind daher ein paar Links sowie Literaturempfehlungen aufgelistet. Ich habe selbst in einer Finanzverbandkommission mitgearbeitet, die sich, zumindest für die Großinvestoren, mit der Analyse von

Daten zu Umweltschutz, sozialem und ethischem Verhalten beschäftigt hat. Weitere professionelle Initiativen gibt es bereits. Mit der Zeit, das glaube und hoffe ich, werden solche Daten einer immer breiteren Bevölkerungsschicht zur Verfügung stehen. Dann wird es jedem Menschen möglich sein, seine Verantwortung als Aktionär zum Wohle von Umwelt und Mensch einzusetzen, so dass Wirtschaft und Unternehmen immer wieder ihrer eigentlichen Aufgabe erinnert werden: dem Leben und nicht nur ausschließlich sich selbst zu dienen.

TEIL IV

Ein Ausblick, der nicht fehlen soll

Dies ist meine ganz persönliche Einschätzung zu den Aktienmärkten der kommenden Jahre. Sie mag falsch sein oder auch nicht, aber ich hatte das Gefühl, dass ein Börsenratgeber, auch wenn er von Market Timing grundsätzlich abrät, nicht ohne einen Ausblick für die Zukunft auskommen kann.

Ich glaube, dass wir uns daran gewöhnen müssen, dass die Zeit des „immer mehr" vorbei ist. Die Natur beginnt bereits, uns ihre Grenzen aufzuzeigen. Viel zu lange haben gerade wir in den Industrieländern vor allem an Wachstum und materiellen Wohlstand gedacht, und andere Werte dabei vernachlässigt. Ich glaube auch, dass die aktuelle Finanzkrise nicht nur eine finanzielle Krise und Herausforderung darstellt, sondern auch eine Krise der Werte ist. Es wird Zeit, wieder andere Werte in den Vordergrund zu stellen; Werte wie Menschlichkeit, Gerechtigkeit und Chancengleichheit; aber auch Werte wie Miteinander, Kooperation, Fürsorge und Hilfsbereitschaft. Als Kind des Sozialismus habe ich am eigenen Leib erfahren, dass all das nicht zulasten von Freiheit und Selbstverantwortung gehen darf – als Erwachsene im Kapitalismus habe ich jedoch auch die Erfahrung gemacht, dass diese beiden Werte allein nicht glücklich machen. Nicht nur die finanzielle Freiheit und der eigene Wohlstand sind am Ende schale Güter, solange es Menschen gibt, die man dahin nicht mitnehmen kann.

Die Zeiten des permanenten Wachstums gerade in den Industrieländern sind also, wenn ich recht behalte, zumindest für die nächsten 20 Jahre vorbei. Das bedeutet nicht, dass man mit Aktien kein Geld mehr verdienen kann, schon gar nicht mit ausgewählten. Sicher bin ich mir darin, dass die in diesem Buch vorgestellten Methoden auch in Zukunft zu Überrenditen führen werden – nur wie groß diese Renditen dann am Ende sein werden, das bleibt unsicher. Ich kann mir gut vorstellen, dass der DAX eine ganze Weile, d. h. mehrere Jahre, zwischen 3.500 und 8.000 Punkten pendeln wird, ohne eine klare Richtung nach unten oder oben einzuschlagen. In den USA bewegte sich das Kurs-Buchwert-Verhältnis des Leitindexes Dow Jones Industrial im Zeitraum 1936 bis 1990 immer zwischen 0,8 und 2,2. Höhere Werte, d. h. Übertreibungen wie in den Jahren danach, wurden stets korrigiert. Wenn die 30 größten deutschen Unternehmen im DAX derzeit bei ca. 2,0 handeln, lässt sich daher wenig Raum nach oben erkennen. Aber auch in solch einem Umfeld gibt es Gewinner und Verlierer. Es wird nur umso wichtiger sein, sich konsequent an die einmal gewählte Strategie zu halten und ihr treu zu bleiben. Dabei wünsche ich Ihnen von ganzem Herzen alles Gute.

Danksagung

Mein Dank gebührt zuallererst meinen Eltern, ohne deren praktische wie moralische Unterstützung ich wohl nicht die Zeit und die Kraft gefunden hätte, dieses Buch zu schreiben. Fürs Korrekturlesen und wertvolle Hinweise geht mein Dank an Tana Franke, Ulrike Herrmann und Nicole Müller sowie an Herrn Prof. Max Otte und Henning Gebhardt. Dank geht ebenso an all die zitierten Wissenschaftler, deren empirische und experimentelle Forschungen viel Wissen produziert haben, das ich verwenden konnte. Das sind, um nur einige zu nennen, Daniel Kahneman und James Montier, aber auch Joel Greenblatt sowie das ehemalige Quant-Team der Citigroup rund um Manolis Liodakis und Gurvinder Brar. Ein besonderer Dank geht an meinen Lektor Martin Janik, dessen Akribie und Begeisterungsfähigkeit die Zusammenarbeit zu einem freudigen und produktiven Prozess gemacht hat.

Anmerkungen

[1] Obwohl die offizielle Währung der Schweiz der Franken ist, wollen wir hier zur Verstärkung der Allgemeingültigkeit und Verständlichkeit die europäische Währung Euro benutzen.

[2] Martin, Albert (2009)

[3] [Hinweis für Ungeduldige:] Es gibt auch Kapitalarten, die eine Mischung aus Fremd- und Eigenkapital darstellen. So kann es sein, dass die Bank genau hinschaut, wie es Reto und Antonia finanziell geht, und es davon abhängig macht, wann sie den Kredit zurückzahlen müssen. Genauso gut kann sich eine Bank das Recht einräumen lassen, den Kredit in Aktien umwandeln zu lassen, falls z. B. die Hedwigstorte anfänglich ein Flop ist und sich die Bank deswegen in das tägliche Geschäft einmischen möchte, um ihre eigene betriebswirtschaftliche Erfahrung einzubringen. Es gibt da unendlich viele verschiedene Varianten; das macht es ja für Zahlenspieler wiederum sehr spannend. Wir wollen es hier jedoch bei den einfachen belassen.

[4] Achenbach, Anja (2004)

[5] Martin, Albert (2009)

[6] White, Adrian (2006)

[7] Blumenthal, P. J. (2000)

[8] Leo GmbH (2009)

[9] Martin, Albert (2009)

[10] Wir sprechen von Rendite, wenn wir den erzielten Gewinn im Verhältnis zum eingesetzten Kapital betrachten. 10 € Gewinn bezogen auf 100 € „Einsatz" sind 10 % Gewinn, während es nur 5 % wären, hätten wir 200 € eingesetzt.

[11] Bei den deutschen Bezeichnungen für die verschiedenen Gewinnarten herrscht weniger Einigkeit als bei den englischen. So wird das EBITDA oft auch als operatives Ergebnis bezeichnet. Es ist daher empfehlenswert, sich die englischen Begriffe aufgrund ihrer Klarheit zu merken.

[12] Das Vorsteuerergebnis wird auch Ergebnis der gewöhnlichen Geschäftstätigkeit genannt.

[13] Kahneman, Daniel et al. (2006)

[14] Leo GmbH (2009)

[15] Der Vollständigkeit halber müsste man bei gestiegenen Materialkosten davon ausgehen, dass unsere Bäcker versuchen, diese auf ihre Kunden abzuwälzen, indem sie die Verkaufspreise ihrer Produkte erhöhen. Das könnte steigende Umsätze zur Folge haben, aber vielleicht auch fallende, wenn nämlich die Kunden aufgrund der gestiegenen Preise weniger kaufen. Wir betrachten hier den vereinfachten Fall, in dem sich weder Verkaufspreise noch Nachfrage verändern.

[16] Leo GmbH (2009)

[17] Gemeint sind die 30 im DAX enthaltenen Aktien; was der DAX ist und wie er sich zusammensetzt, wird später noch erläutert.

[18] OnVista (2009c)

[19] Liodakis, M. et al. (2007)

[20] O. V., Lausitzer Rundschau (2009)

[21] Das Wort „Outperformance" bedeutet, dass die Rendite (im Fall von Aktien Kurs- und Dividendengewinn) einer Aktie oder eines Aktienkorbes höher ist als die Rendite der Vergleichsaktie(n) oder eines Indizes.

[22] Ein Bullen- oder Haussemarkt ist eine Marksituation mit auf breiter Front steigenden (Aktien-)Kursen. Im Bären- oder Baissemarkt hingegen fallen die meisten Kurse.

[23] Leo GmbH (2009)

[24] Natürlich sind auch diese Zahlen fiktiv, also ausgedacht, denn es handelt sich ja um willkürlich gewählte Beispiele zur Illustration der zu erlernenden Finanzvokabeln.

[25] Bankers Rule (engl.), zu Deutsch: Daumenregel der Banker

[26] Quelle für alle Liquiditätsgrade: Wikipedia (2009a)

[27] Ebd.

[28] Joachim Becker Websolutions (2009)

[29] Leo GmbH (2009)

[30] Reported EPS (engl.) = berichteter Gewinn je Aktie

[31] Sloan, R. (1996)

[32] Houge, T.; Loughran, T. (2006)

[33] OnVista (2009c)

[34] Shachmurove, Yochanan (2004)

[35] Bai, Zhongguang; Zhang, David Wei (2004)

[36] Leo GmbH (2009)

[37] Martin, Albert (2009)

[38] http://de.finance.yahoo.com/ Wählen Sie eine Aktie und klicken Sie am linken Bildrand auf den Punkt „Analystenmeinungen". Die Nutzung dieser Daten wird noch ausführlich im Kapitel „Der Teufel steckt im Detail: Wie Sie die Checkliste Schritt für Schritt anwenden" erklärt.

[39] Das Wort „aktiv" bezieht sich im Übrigen darauf, dass der Fondsmanager bei der Gewichtung der Aktien in seinem Fonds völlig freie Hand hat. Er geht also aktiv vor und bildet nicht „passiv" einen Index genau nach, wie ein Indexfonds das tut.

[40] Mit dem Wort „Überrenditen" werden Renditen gemeint, die über dem jeweiligen Marktdurchschnitt liegen.

[41] OnVista (2009c)

[42] Trading Tools Report (2008)

[43] Ein Portfolio ist ein Korb aus mehreren Aktien.

[44] Der Value-Investor investiert ausschließlich in sehr billige Aktien, während den Growth-Investor vor allem die Wachstumsraten interessieren.

[45] Erinnern Sie sich: Die Marktkapitalisierung stellt den momentanen Wert des Eigenkapitals eines börsengelisteten Unternehmens dar. Berechnet wird sie so: Aktienkurs · Anzahl ausstehender Aktien = Marktkapitalisierung.

[46] Die Wall Street ist die Straße, an der das Haus der New Yorker Börse steht. Der Name „Wall Street" ist damit ein Synonym für diese größte Börse der Welt geworden.

[47] Mauldin, John (2004)

[48] „Transaktionsgebühren" ist die Kurzform für Kauf- und Verkaufsgebühren.

[49] Warren Buffett ist gemeinsam mit seinem Partner Charles Munger einer der erfolgreichsten und reichsten Investoren dieser Welt. Seine Konsequenz beim Investieren hat ihn zum Vorbild für viele Börsianer gemacht.

[50] Soros, George (1994)

[51] Im Englischen „GDP" genannt: Gross Domestic Product.

[52] Beim Bruttosozialprodukt hingegen (kurz: BSP) für das wir in den 80er-Jahren ja so heftig in die Hände gespuckt haben, ist es anders. Hierfür zählen all die

Waren und Dienstleistungen, die von Inländern erbracht wurden, und zwar egal wo. Retos deutsche Skilehrer würden also zu Deutschlands BSP gezählt, die italienischen zum BSP Italiens. Ökonomen und Finanzmärkte konzentrieren sich meist jedoch auf das Bruttoinlandsprodukt BIP; vielleicht, weil es einfacher und schneller zu ermitteln ist.

[53] ifo Institut für Wirtschaftsforschung (2009)

[54] Montier, James (2005)

[55] Soros, George (1994)

[56] Deutsch: *Die Alchemie der Finanzen*

[57] ThinkExist (2009)

[58] Uhlig, Hans (1999)

[59] Kahneman, Daniel; Slovic, Paul; Tversky, Amos (1982)

[60] Charttechniker versuchen einzig aus der grafischen Darstellung (Chart) des Aktienkursverlaufes in der Vergangenheit Informationen über seine weitere Entwicklung zu gewinnen. Sie gehen davon aus, dass alle wichtigen Informationen bereits im Kurs der Aktie enthalten sind und dass daher nur noch die Psychologie der Anleger über die weitere Zukunft der Aktie entscheidet. Auch wir Fondsmanager kamen nie so ganz ohne Charttechnik aus, selbst wenn man das nicht immer laut sagen durfte. Aus meiner ganz persönlichen Erfahrung heraus glaube ich, dass sie wertvolle Impulse zum Einstieg oder Ausstieg liefern kann, jedoch immer nur in Kombination mit anderen Techniken und Faktoren benutzt werden sollte.

[61] Kenning, Peter; Mohr, Peter; Plassmann, Hilke (2007)

[62] Kahneman, Daniel (2004)

[63] Zweig, Jason (2007), S. 7

[64] Kahneman, Daniel (2004)

[65] 98 % · 5 = 4,9 – gerundet also 5

[66] Datenquelle für diese und alle folgenden Berechnungen dieses Kapitels: Bloomberg Finanzsoftware (2008)

[67] Deutsch: Aktienauswahl

[68] Quelle für diese und alle folgenden Daten dieses Kapitels: Bloomberg Finanzsoftware (2008), eigene Berechnungen

[69] Mit „long gehen" bezeichnet man den Vorgang, Aktien (oder andere Wertpapiere) zu kaufen, und mit „short gehen" dementsprechend das Leerverkaufen von Wertpapieren.

[70] Bei www.onvista.de auf der Hauptseite mit der Indexübersicht das unterstrichene Wort „DAX" anklicken, dann unter der Überschrift „Sonstiges" auf „Top-Flop" klicken. Es erscheint die Liste mit den Top/Flop-Performern im DAX. Direkt über der Liste kann man noch den Zeitraum einstellen – in unserem Beispiel nehmen Sie „1 Monat". Die Tabelle aktualisiert sich automatisch.

[71] „Quantitatives Investieren" meint, Aktien nach fest definierten Kennzahlen auszuwählen, **ohne** Annahmen über die Zukunft zu treffen. Es wird später im Kapitel „Fundamental versus quantitativ" noch ausführlich erläutert.

[72] Window Dressing: Wenn professionelle Geldanleger zu bestimmten Stichtagen noch Aktien kaufen oder verkaufen, um ihre Fonds zu bereinigen und sich so unangenehme Kundengespräche zu ersparen.

[73] Bar-Eli, Michael et al. (2007) S. 606–621

[74] Schlossberg, Boris (2008)

[75] Barber, B.; Odean, T. (2000)

[76] Lei, Vivian; Noussair, Charles; Plott, Charles R. (2001), S. 831–859

77 Uhlig, Hans (1999)

78 Lei, Vivian; Noussair, Charles; Plott, Charles R. (2001), S. 831–859

79 Ebd.

80 Zweig, Jason (2007), S. 13 f.

81 Ebd.

82 Montier, James (2005)

83 Oehler, Andreas (2000)

84 Kahneman, Daniel (2004)

85 Oehler, Andreas (2000)

86 Liodakis, M. et al. (2007)

87 Ebd.

88 www.onvista.de

89 Kenning, Peter; Mohr, Peter; Plassmann, Hilke (2007), S. 172

90 Kenning, Peter; Mohr, Peter; Plassmann, Hilke (2007), S. 172

91 Kahneman, Daniel (2004)

92 Kahneman, Daniel (2004)

93 Dahlke, Ruediger (2008), S. 125

94 Montier, James (2008b)

95 Wikipedia (2009a)

96 Beispiel: Reto macht 10.000 CHF Gewinn im Jahr 2015. Dieser wäre, bei einem angenommenen Diskontzinssatz von 4 %, heute 10.000 CHF : (1,04 · 1,04 · 1,04 · 1,04 · 1,04) = 8.219 CHF im Jahr 2010 wert.

97 Wikipedia (2009a)

98 Oskamp, Stuart (1965)

99 Zweig, Jason (2007)

100 Quelle für diese Zahlen: Bloomberg Finanzsoftware (2008), eigene Berechnungen

101 Bareis, Werner; Nauhauser, Niels (2008)

102 Wörtlich übersetzt: Es gibt kein freies Mittagessen. Bedeutung: Alles hat seinen Preis; nichts ist umsonst.

103 OnVista (2009c)

104 Liodakis, M. et al. (2007)

105 Zweig, Jason (2007), S. 47.

106 Ebd., S. 31

107 Denkbar wäre auch, hier das KGV bezogen auf den Gewinn je Aktie des gerade abgelaufenen Geschäftsjahres zu nehmen. Dieser Ansatz wäre sogar noch vorsichtiger, da wir uns gar nicht mehr auf Schätzungen verlassen müssten. Wenn man es sehr genau nehmen und mit den zugrunde liegenden EPS möglichst dicht am „Heute" sein wollte, könnte man im ersten Halbjahr eines Jahres das KGV vom Gewinn des letzten Jahres nehmen und im zweiten Halbjahr das KGV mit den Zahlen vom aktuell laufenden Jahr. Zur Vereinfachung habe ich mich jedoch für das zeitnähere der beiden (KGV mit EPS des aktuellen Jahres) entschieden.

108 Dieser Punkt ist schwierig. Es gibt sehr interessante Small Caps schon ab sechs Punkten. Je höher die verlangte Kaufpunktzahl, desto mehr mögliche Raketen verpasst man auch mal. Auf der anderen Seite steht das höhere Risiko, dem kleinere Aktien nun mal unterliegen. Daher tendiere ich zu sieben Punkten – würde es jedoch auch verstehen, wenn Sie bei sechs Punkten schon zuschlagen. Achten Sie dann aber darauf, dass mindestens die Zeilen 7 (Reaktion auf Quartalszahlen) und 5 (KGV über fünf Jahre) positive Punktzahlen ergeben – weil diese Kennzahlen so wichtig und aussagekräftig sind.

[109] Vorzugsaktien sind Aktien, die in der Regel mit höheren Dividenden ausgestattet sind, dafür jedoch kein Stimmrecht in der Hauptversammlung haben. Bei Familienunternehmen wie Henkel findet sich oft der Fall, dass die Familienangehörigen die Stammaktien (= „normale" Aktien mit Stimmrecht) besitzen, und den restlichen Börsianer lediglich Vorzugsaktien angeboten werden. Da diese dadurch das größere Handelsvolumen haben und im Fall von Henkel auch im DAX vertreten sind, wählen wir in diesem Fall die Vorzugsaktien.

[110] Zweig, Jason (2007), S. 42 ff.

[111] Ebd., S. 7

[112] Die sechsstellige Wertpapierkennnummer (WKN) dient der eindeutigen Kennzeichnung aller an der Deutschen Börse gehandelten Wertpapiere. Jedes Wertpapier hat genau eine einzige bestimmte WKN; es gibt keine doppelt.

[113] Großer und liquider US-amerikanischer Börsenplatz, an dem vor allem Technologieaktien gehandelt werden.

[114] Das kleine „e" steht für „estimated", d. h. geschätzt. Hier handelt es sich um eine Prognose, da das Jahr noch nicht vollständig um ist.

[115] EPS (engl.): Earnings per Share = Gewinn je Aktie (der Anteil am Gewinn, der dem Besitzer einer einzelnen Aktie zusteht bzw. gehört).

[116] Von den EPS-Zahlen der Vergangenheit ist bei OnVista vor allem deswegen abzuraten, weil Aktiensplits nicht ausreichend berücksichtigt werden. Aktiensplits sind Vergrößerungen der Aktienanzahl, z. B. um den Faktor zwei oder drei, mit dem Ziel, den Aktienkurs optisch kleiner zu machen und dadurch mehr Anleger zum Kauf einzuladen. So kann ein Aktienkurs von beispielsweise 100 € durch einen Split mit dem Faktor vier auf 25 € verringert werden. Wenn Aktiensplits vorkommen, sinkt dann auch der Gewinn je Aktie um den entsprechenden Faktor. Hatte ein Aktionär vorher z. B. 100 Aktien besessen mit EPS von 8 €, so besitzt er jetzt 400 Aktien mit EPS von 2 €. OnVista aktualisiert diese Zahlen leider nicht oder erst sehr spät, so dass fehlerhafte EPS-Daten auftauchen. Wählen Sie also besser für die vergangenen Geschäftsjahre die EPS-Daten von *Börse Online* und OnVista nur für die Schätzungen des aktuellen und kommenden Jahres.

[117] Kerl, Alexander G.; Andreas, Walter (2009), S. 213–243

[118] Boerse.de (2009)

[119] CEO = Chief Executive Officer = Vorstandsvorsitzender oder Vorstandssprecher.

[120] CFO = Chief Financial Officer = Finanzvorstand.

[121] Gilovich, Thomas (1991), S. 1

[122] Stop-Loss-Orders (deutsch: Aufträge zur Verlustbegrenzung) sind Verkaufsaufträge, die automatisch aktiv werden, wenn der Aktienkurs ein vom Aktienbesitzer festgelegtes Kursniveau erstmalig **unter**schreitet.

[123] Montier, James (2008b)

[124] Montier, James (2008b)

[125] Greenblatt, Joel (2005)

[126] Deutsch: Guten Tag, Sonnenschein.

[127] Hirshleifer, David; Shumway, Tyler (2001)

[128] Kim, Chan-Wung; Park, Jinwoo (1994)

[129] StockCharts.com (2009)

[130] Wikipedia (2009b)

[131] SeasonalCharts.com (2009)

[132] Market Timing: Wenn Investoren versuchen, für ihren Ein- und Ausstieg in Aktien einen günstigen Zeitpunkt zu erwischen. Man vergleicht dann die Chancen

von Aktienindizes mit denen reiner Kassenhaltung, und meiner Meinung nach ist das nicht dauerhaft verlässlich möglich und sinnvoll.

[133] Beck, Hanno (2006a), S. 19

[134] Yuan, Kathy; Zheng, Lu; Zhu, Qiaoqiao (2001)

[135] Wergin, C.; Wiegmann, J. (2009)

[136] Wikipedia (2009c)

[137] Melz, Thomas (1987)

[138] Oswald, Andreas (2008)

[139] Martin, Albert (2009)

[140] Die jährliche Hauptversammlung ist das Treffen aller Aktionäre. Hier berichten der Vorstand und der Aufsichtsrat, die beiden Organe eines Unternehmens, über die Ergebnisse des abgelaufenen Geschäftsjahres und bitten um Entlastung. Gleichzeitig wird für bestimmte Beschlüsse wie Kapitalerhöhungen das Einverständnis der Aktionäre erbeten.

[141] Zitiert nach Alexander Pytlik (2009). Englisches Originalzitat: „to appropriate the term speculation for the activity of forecasting the psychology of the market, and the term enterprise for the activity of forecasting the prospective yield of assets over their whole life".

[142] Ein Termingeschäft unterscheidet sich von den anderen Geschäften (im sogenannten Kassamarkt) lediglich davon, dass es nicht heute, sondern zu einem bestimmten Zeitpunkt in der Zukunft stattfindet und abgewickelt wird.

[143] Der Kassamarkt ist der aktuelle Markt mit den aktuellen (heutigen) Preisen.

[144] Als Leerverkauf – oder short gehen – bezeichnet man den Verkauf von Aktien und anderen Wertpapieren, ohne sie zu besitzen. Diesem Geschäft geht eine Leihe voraus, denn der Leerverkäufer muss sich die entsprechenden Wertpapiere irgendwo gegen einen Zinssatz borgen.

[145] Finke, Renate; Moersch, Mathias (2006)

[146] Oswald, Andreas (2008)

[147] Deutsch: Zeit ist Bargeld, Zeit ist Geld.

[148] Dahlke, Ruediger (2008), S. 47

[149] Drewermann, Eugen (2007), S. 12

[150] VNR Verlag für die Deutsche Wirtschaft AG (2009)

[151] Korff, Wilhelm et al. (1999)

[152] Greive, Martin (2009)

[153] Koslowski, Peter (1997), S. 70

[154] Deutsche Börse (2009), eigene Berechnungen

[155] Pytlik, Alexander (2009)

[156] Als „Blackbox" bezeichnet man Maschinen, Systeme oder Computerprogramme, deren Innerstes nicht einsehbar oder durchschaubar ist.

[157] Pytlik, Alexander (2009)

[158] Zentralkomitee der deutschen Katholiken (2007)

[159] Dahlke, Ruediger (2008)

[160] Quelle für alle Zahlen dieses Kapitels: OnVista (2009c), eigene Berechnungen

[161] Mit dem Buchwert ist der Wert des Eigenkapitals in der Bilanz gemeint. Das Kurs-Buchwert-Verhältnis (engl.: price to book) ist die Relation Marktkapitalisierung zu Buchwert des Eigenkapitals. Ein Unternehmen mit 12 Mrd. € Marktkapitalisierung und 10 Mrd. € bilanziellem Eigenkapital handelt derzeit zu einem Kurs-Buchwert-Verhältnis von 1,2.

[162] Zentralkomitee der deutschen Katholiken (2007)

[163] www.ethikbank.de

[164] www.nachhaltiges-investment.org
[165] Hinrichs, Jutta (2007)
[166] OnVista (2009b)
[167] Fondsweb.de (2009)
[168] Zollitsch, Robert (2008)
[169] Aus dem Englischen: Verkaufen, Unterperformance, Halten, Kaufen, starkes Kaufsignal.

Anhang

Datenquellen:
Woher kriege ich auch als Kleinanleger die richtigen Zahlen?

Eigenkapitalrenditen, Margen und Eigenkapitalquoten der letzten drei Jahre finden Sie bei www.onvista.de. Suchen Sie sich eine Aktie heraus, klicken dann unter der Überschrift „Fund. Analyse" auf den Button „Kennzahlen". Etwas weiter nach unten blättern zu den letzten Zeilen dieser Tabelle und Sie können dort Eigenkapitalrenditen, EBIT-Margen ebenso wie die letzte Eigenkapitalquote ablesen.

Margen und Eigenkapitalquoten sowie Kurs-Buchwert-Verhältnisse bezogen auf das letzte berichtete Geschäftsjahr finden Sie ebenfalls in den Tabellen der Zeitschrift *Börse Online*.

Daten zur **Marktkapitalisierung**: ebenfalls bei OnVista. Wählen Sie eine Aktie aus und gehen wieder unter der Überschrift „Fund. Analyse" auf den Button „Kennzahlen". Ganz oben links bei den Stammdaten findet sich die Marktkapitalisierung.

Den **Gewinn je Aktie** (engl.: EPS) für insgesamt fünf Jahre, d. h. für die drei vergangenen Jahre, das aktuelle und das kommende (geschätzte Zahlen) hat die Zeitschrift *Börse Online* im Tabellenteil im hinteren Ende des Heftes. Es ist etwas mühsam, das abzuschreiben, aber es lohnt sich. Die Daten für die vergangenen Jahre brauchen Sie ja nur einmal einzutragen, die Schätzungen für das aktuelle und kommende Jahr sollten Sie einmal im Monat überprüfen und aktualisieren, da diese sich mit der Zeit entsprechend ändern können.

Kurshistorien bis zu zehn Jahre rückwärts gibt es unter www.boerse-online. de, Kategorie „Aktien & Charttechnik", Unterpunkt „Kurshistorien". Die Ergebnistabellen lassen sich hinüberkopieren zu Excel, so dass man die Vergangenheitskurse von dort aus weiterverwenden und z. B. heraussuchen kann, wie die Performance der jeweiligen Aktie über ein Jahr (zwölf Monate), sechs Monate und drei Monate gewesen ist – ob sich die Aktie also im Aufwärtstrend befindet oder nicht.

Den aktuellen Stand der **Analystenempfehlungen** berichtet Yahoo! Finanzen. Gehen Sie auf www.yahoo.de, wählen den Unterpunkt „Finanzen" und geben im Suchfeld die gewünschte Aktie ein. Aus der folgenden Liste dann das richtige Wertpapier (meist im Xetra Handel) durch Anklicken auswählen. Am linken Bildschirmrand (hellblau unterlegt) finden Sie Funktionen aufgelistet, darunter den Punkt „Analystenmeinungen". Anklicken. Yahoo! vergibt für Kaufempfehlungen die Note 1, für Verkaufsempfehlungen die Note 3. Dargestellt ist im obersten Feld der kleinen Tabelle der entsprechende aktuelle Durchschnitt. Denken Sie daran, dass dieser – zumindest bei den Large Caps – als Kontraindikator zu bewerten ist: Werte über 2.5 sind Pluspunkte, Werte unter 1.5 Minuspunkte.

Wenn Sie gern **Joel Greenblatts Börsenzauberformel** für den amerikanischen Markt anwenden wollen, registrieren Sie sich unter www.magicformulainvesting.com. Das gleiche Auswahlkriterium für die europäischen Aktienmärkte liefert www.magicformulainvesting.eu.

Eine weitere Möglichkeit, sich bei der **Aktienauswahl** helfen zu lassen, besteht beim Bestseller-Autor Max Otte auf der Website www.privatinvestor.de.

Liste der Hauptbörsenplätze

Land	Hauptbörse
Deutschland	Xetra, danach Frankfurt
Belgien	NYSE Euronext Brüssel
Dänemark	Kopenhagen
Finnland	Helsinki
Frankreich	NYSE Euronext Paris
Großbritannien	London Stock Exchange
Irland	Dublin, London Stock Exchange
Italien	Mailand
Niederlande	NYSE Euronext Amsterdam
Norwegen	Oslo
Österreich	Wiener Börse
Polen	Warschau, London Stock Exchange
Schweden	Stockholm
Schweiz	SWX Europe, Zürich
Slowakei	Bratislava, London Stock Exchange
Spanien	Madrid
Tschechien	Prag, London Stock Exchange
USA	NYSE, NASDAQ

Ethisch Investieren – ein Überblick

Websites zu nachhaltigem und ethischem Investieren:

▶ Ecoreporter: Journalisten berichten über nachhaltige, ethische und ökologische Geldanlage.
www.ecoreporter.de

▶ Ethische Geldanlage: Zinsen mit besserem Gewissen. Übersicht über Möglichkeiten für ethische Geldanlage.
www.ethische-geld-anlage.de

▶ Forschungsinstitut für ethisch-ökologische Geldanlagen (FIFEGA), Schweizerthalstr. 8–10/5, 1130 Wien, Tel. 0043-1-8760501.

▶ Forum Nachhaltige Geldanlagen (FNG): Fachverband deutscher, österreichischer und Schweizer Unternehmen, die sich für nachhaltige Geldanlagen einsetzen.
www.forum-ng.de

▶ Ökoinvest: Börsenbrief zum nachhaltigen Anlegen.
www.oeko-invest.de
▶ Nachhaltiges Investment: Informationsplattform der European Business
School mit Daten zu über 270 Fonds und 2.000 Aktien in Sachen Nachhaltigkeit.
www.nachhaltiges-investment.org
▶ Südwind e. V. – Institut für Ökonomie und Ökumene. Ziel: wirtschaftliche, soziale und ökologische Gerechtigkeit weltweit.
www.suedwind-institut.de
▶ Umweltfinanz AG – Finanzdienstleister mit Spezialisierung auf nachhaltige und ethische Geldanlagen.
www.umweltfinanz.de

Banken, Fondsgesellschaften und Versicherungen mit ethischem Anspruch (in alphabetischer Reihenfolge):

▶ Ethik Vermögensverwaltung AG (Rentable Geldanlage mit Verantwor-
tung): Tel. 0221-9312520, www.ethik.com
▶ Ethikbank (Zweigniederlassung der Volksbank Eisenberg):
Tel. 036691-862345, www.ethikbank.de
▶ Evangelische Kreditgenossenschaft eG (Kirchenbank mit besonderer
Verantwortung für Förderung innovativer und ethisch vertretbarer Pro-
jekte): Tel. 0561-7887-01, www.ekk.de
▶ GLS Gemeinschaftsbank eG Bochum (finanziert ausschließlich soziale,
ökologische und kulturell zukunftsweisende Unternehmen):
Tel. 0234-5797-0, www.gls.de
▶ KD-Bank eG (Bank für Kirche und Diakonie):
Tel. 0231-58440, www.kd-bank.de
▶ Oeco Capital (ökologische Lebensversicherung):
Tel. 0511-5701-2288, www.oeco-capital.de
▶ Pax-Bank Berlin (kirchliche Bank mit Ethik-Kodex):
Tel. 030-288811-0, www.pax-bank.de
▶ Steyler Bank (einzige Missionsbank Europas, unterstützt z. B. mit Erträ-
gen Missionsprojekte weltweit):
Tel. 02241-12050, www.steylerbank.de
▶ Umweltbank (Klimaschutz und Nachhaltigkeit):
Tel. 0911-5308123, www.umweltbank.de
▶ Versiko (Vermögensberatung und Fondsgesellschaft mit ethischem
Anspruch):
Tel. 02103-929-0, www.versiko.de

Buchempfehlungen (in alphabetischer Reihenfolge):

▶ Deml, Max; Weber, Jörg: *Grünes Geld 2005/2006. Jahrbuch für ethisch-
ökologische Geldanlagen 2005/2006.* Hampp Verlag, Stuttgart 2005

▶ Gabriel, Klaus: *Das gute Geld: Ethisches Investment Hintergründe und Möglichkeiten.* Tyrolia Verlag, Innsbruck 2009

▶ Grün, Anselm; Kohrs, Thomas: *Ethisch Geld anlegen.* Vier Türme Verlag, Münsterschwarzach 2008

▶ Gérard, Jean-Luc: *Praxishandbuch Börse oder Leben. Geld ökologisch ethisch anlegen.* Verlag Rüegger, Zürich 2002

▶ Kessler, Wolfgang; Schneeweiß, Antje: *Geld und Gewissen: Tu Gutes und verdiene daran.* Publik-Forum Verlag, Oberursel 2004

▶ Pinner, Wolfgang: *Ethische Investments: Rendite mit „sauberen" Fonds.* Gabler Verlag, Wiesbaden 2003

▶ Sachs, Wolfgang et al.: *Nachhaltiges Investment: Blaupause für einen Neuanfang.* Oekom Verlag, München 2008

▶ Schröder, Frank: *Nachhaltige Geldanlage – Kategorien, Umsetzungsprobleme und Lösungsvorschläge.* Grin Verlag, München 2007

▶ Upgang, Mechthild: *Gewinn mit Sinn: Wie Sie Ihr Geld sicher anlegen – mit gutem Gewissen.* Oekom Verlag, München 2009

Quellen und Literatur

Abele, Jan (2009): Max Deml über ethische Investments. Interview bei Utopia. http://www.utopia.de/magazin/im-interview-max-deml-ueber-ethische-investments

Achenbach, Anja (2004): „Existenzgründung: Schnell reagieren". Textarchiv Berliner Zeitung. https://www.berlinonline.de/berliner-zeitung/archiv/.bin/dumpfcgi/2004/1224/berufundkarriere/0021/index.html

Bai, Zhongguang; Zhang, David Wei (2004): „Empirical Study on Post-IPO Longrun Performance in the Chinese Stock Market". http://ssrn.com/abstract=482722

Barber, B.; Odean, T. (2000): „Trading is Hazardous to Your Wealth: The Common Stock Investment Performance of Individual Investors". SSRN Working Paper. http://ssrn.com/abstract=219228

Bareis, Werner; Nauhauser, Niels (2008): *Lexikon der Finanzirrtümer: Teure Fehler und wie man sie vermeidet.* Econ Verlag, Berlin

Bar-Eli, Michael et al. (2007): „Action Bias among Elite Soccer Goalkeepers: The Case of Penalty Kicks". *Journal of Economic Psychology*, 28(5), S. 606–621

Beck, Hanno (2006a): „Fußball und Aktienkurse: Vom grünen Rasen aufs glatte Börsenparkett". *Frankfurter Allgemeine Zeitung* vom 15.04.2006, S. 19

Beck, Hanno (2006b): „Werwölfe, Mondholz und schlechte Börsenkurse". *Frankfurter Allgemeine Zeitung* vom 25.11.2006

Behaviouralfinance.net (2009): Behavioural Finance im Überblick. http://www.behaviouralfinance.net

Bernard, Victor L. (1993): „Stock Price Reactions to Earnings Accouncements. A Summary of Recent Anomalous Evidence and Possible Explanations". In: Thaler, Richard H.: *Advances in Behavioral Finance.* Russell Sage Foundation, New York, NY

Bloomberg Inc. (2007): DAX Index Member. Renditen aller DAX-Aktien von 1997 bis 2007. http://www.bloomberg.com

Blumenthal, P. J. (2000): „Die Erfolgsstory eines Bergvolkes". *P.M. History* Heft 6/2000, S. 39

Boerse.de (2009): Europas erstes Finanzportal. http://www.boerse.de, 29.09.2009

Börse Online (2009): http://www.boerse-online.de

Buss, David M. (1989): „Sex differences in human mate preferences: Evolutionary hypotheses tested in 37 cultures". *Behavioral and Brain Sciences* 12/1989, S. 1–49.

Buss, David M. (2003): *The Evolution of Desire: Strategies of Human Mating.* Revised Edition, Basic Books, New York, NY

Cesifo Gmbh (Münchner Gesellschaft zur Förderung der Wirtschaftswissenschaften), ifo Institut für Wirtschaftsforschung e. V. und CES (Center für European Studies) (2009): Ifo Geschäftsklima Deutschland. Lange Zeitreihen. http://www.cesifo-group.de/link/ifo-geschaeftsklima_lr_09_2009.xls

Dahlke, Ruediger (2008): *Die Psychologie des Geldes.* Nymphenburger, F. A. Herbig Verlagsbuchhandlung, München

Deutsche Börse (2009): DAX-Tagesschlusskurse 23.01.2009 bis 05.06.2009. http://deutsche-boerse.com/dbag/dispatch/de/isg/gdb_navigation/market_data_analytics/20_indics/120_german_indices/100_DAX?active=histdata&module=In_HistData&wp=DE0008469008&wplist=DE0008469008&foldertype=_Index&wpbpl=ETR

Deutsche Bundesbank (2009): DAX-Monatsendstände von 1987 bis heute (normiert auf 1.000 zu Beginn). http://www.bundesbank.de/statistik/statistik_zeitreihen.php?func=row&tr=WU3140&year=

Drewermann, Eugen (2007): *Von der Macht des Geldes oder Märchen zur Ökonomie.* Patmos Verlag, Düsseldorf

Fabozzi, Frank J.; Focardi, Sergio M.; Jonas, Caroline (2008): *Challenges in Quantitative Equity Management.* Research foundation of CFA Institute

Finke, Renate; Moersch, Mathias (2006): „Die Rendite der privaten Geldvermögen – Deutschland und USA im Vergleich. Analysen & Trends: Sparen" (3). Deutscher Investment Trust. http://www.dit.de, Rubrik: Märkte/Kapitalmarktanalyse

Fondsweb.de (2009): „Top/Flop-Performer Aktienfonds". Kategorien „Aktienfonds allgemein Welt" und „Aktienfonds Ökologie/Umwelt/Nachhaltigkeit". http://www.fondsweb.de/top-flop-performer/1-Aktienfonds

Gilovich, Thomas (1991): *How We Know What Isn't So: The Fallability of Human Reason in Everyday Life.* The Free Press, New York, NY

Goethe-Institut (2009): Start > Philosophie > Marx, Karl: Elf Thesen über Ludwig Feuerbach. http://www.goethe.de/Ins/gr/lp/prj/lit/phi/marx/deindex.htm

Greenblatt, Joel (2005): *The Little Book That Beats the Markets.* John Wiley & Sons, Hoboken, NJ

Greive, Martin (2009): „Gerechtigkeit kinderleicht: Geld ist gar nicht so wichtig". *Welt am Sonntag* vom 29.07.2009

Hain, Cornelia; Kenning, Peter; Lehmann-Waffenschmidt, Marco (2007): „Neuroökonomie und Neuromarketing: Neurale Korrelate strategischer Entscheidungen". In: Priddat, Birger H.: *Neuroökonomie: Neue Theorien zu Konsum, Marketing und emotionalem Verhalten in der Ökonomie.* Metropolis-Verlag, Marburg

Hinrichs, Jutta (2007): „Geld ist nicht neutral! Mit Anlagen Verantwortung übernehmen". SALZkörner, ZdK vom 29.06.2007. http://www.zdk.de/salzkoerner/salzkorn.php?id=355&page=1

Hirshleifer, David; Shumway, Tyler (2001): *„Good Day Sunshine: Stock Returns and the Weather".* Dice Center Working Paper No. 2001-3.

Houge, T.; Loughran, T. (2006): „Do Investors capture the Value Premium?" SSRN Download. http://papers.ssrn.com/sol3/papers.cfm?abstract_id=879291

ifo Institut für Wirtschaftsforschung (2009): http://www.cesifo-group.de/link/ifo-geschaeftsklima_lr_09_2009.xls

Internationaler Gideonbund (1997): *Neues Testament.* Wetzlar

Joachim Becker Websolutions (2009): ControllerSpielwiese. http://controllerspielwiese.com/index.htm?Inhalte/Toolbox/witze.htm

Kahneman, Daniel (2004): „Psychological Foundations of Behavioral Finance". Vortrag an der Oxford Said Business School, Oktober 2004

Kahneman, Daniel et al. (2006): „Would You Be Happier If You Were Richer? A Focusing Illusion". CEPS Working Paper Nr. 125

Kahneman, Daniel; Slovic, Paul; Tversky, Amos (1982): *Judgement under uncertainty: Heuristics and biases*. Cambridge University Press, New York, NY

Kenning, Peter; Mohr, Peter; Plassmann, Hilke (2007): „Was kostet Angst? Eine neuroökonomische Studie zum Home-Bias". In: Priddat, Birger: *Neuroökonomie: Neue Theorien zu Konsum, Marketing und emotionalem Verhalten in der Ökonomie.* Metropolis-Verlag, Marburg

Kerl, Alexander G.; Walter, Andreas (2009): „Long-Run Performance Evaluation of Journalists' Stock Recommendations". In: *Kredit und Kapital*, 42. Jahrgang, Heft 2, S. 213–243

Kim, Chan-Wung; Park, Jinwoo (1994): Holiday Effects and Stock Returns: Further Evidence. Abstract. http://ideas.repec.org/a/cup/jfinqa/v29y1994i01p145-157_00.html#abstract

Kleeberg, Jochen M.; Rehkugler, Heinz (2002): *Handbuch Portfoliomanagement. Strukturierte Ansätze für ein modernes Wertpapiermanagement.* Uhlenbruch Verlag, Bad Soden/Taunus

Korff, Wilhelm et al. (1999): *Handbuch der Wirtschaftsethik*. Bd. 3. Ethik wirtschaftlichen Handelns. Gütersloher Verlagshaus, Gütersloh

Koslowski, Peter (1997): *Ethik der Banken und der Börse*. J. C. B. Mohr (Paul Siebeck), Tübingen

Lei, Vivian; Noussair, Charles; Plott, Charles R. (2001): „Nonspeculative Bubbles in Experimental Asset Markets: Lack of Common Knowledge of Rationality vs. Actual Irrationality". *Econometrica*, 2001, vol. 69, issue 4, S. 831–859

Leo GmbH (2009): Wörterbuch Englisch-Deutsch. http://dict.leo.org/

Liodakis, M. et al. (2007): *What Works in Equity Markets. Have the Quant Geniuses Failed?* European Quantitative Analysis, Citigroup, London

Martin, Albert (2009): Wörterbuch Latein-Deutsch. http://www.albertmartin.de/latein

Mauldin, John (2004): *Bull's Eye Investing: Targeting Real Returns in a Smoke and Mirrors Market.* John Wiley & Sons, Inc., Hoboken, NJ

Melz, Thomas (1987): *Wirtschaftstheorie und Ethik*. Centaurus-Verlagsgesellschaft, Pfaffenweiler

Montier, James (2002): *Behavioural Finance. Insights into Irrational Minds and Markets.* John Wiley & Sons, Ltd., West Sussex

Montier, James (2005): „Seven Sins of Fund Management. A behavioural critique". DrKW Macro Research, Equity Strategy, Global, November 2005

Montier, James (2007): Behavioural Investing Blog. http://behaviouralinvesting.blogspot.com

Montier, James (2008a): Mind Matters 2008_2104_ED: „Is value riskier than growth? Dream on". Societe Generale Equity Research, World Global Strategy

Montier, James (2008b): „Mind Matters: Cyclicals, value traps, margins of safety and earnings power". MM101308.pdf, Societe Generale Equity Research, World Global Strategy

O. V. (2009): „Deutsche meiden Direktanlage in Aktien". *Lausitzer Rundschau* vom 06.08.2009

Odean, Terrance (1999). Do Investors Trade Too Much? *American Economic Review*, Vol. 89, December 1999, 1279–1298

Oehler, Andreas (2000): „Behavioral Finance, verhaltenswissenschaftliche Finanzmarktforschung und Portfoliomanagement". In: Kleeberg, Jochen M.; Rehkugler, Heinz: *Handbuch Portfoliomanagement. Strukturierte Ansätze für ein modernes Wertpapiermanagement.* Uhlenbruch Verlag, Bad Soden/Taunus

Oeko Invest (2009): Nachhaltige Mischfonds als Rezept gegen Verluste. http://www.oeko-invest.de

OnVista (2009a): Trend des Monats – Juli 2009: Ethik und Ökologie bei der Anlageentscheidung zweitrangig. http://magazine.onvista.de/aktuelles/artikel.html?cmsid=4082

OnVista (2009b): http://magazine.onvista.de

OnVista (2009c): http://www.onvista.de

Oskamp, Stuart (1965): „Overconfidence in case-study judgments". In: Kahneman, Daniel; Slovic, Paul; Tversky, Amos: *Judgement under uncertainty: Heuristics and biases.* Cambridge University Press, New York, NY

Oswald, Andreas (2008): „Spekulieren über Spekulanten". *Der Tagesspiegel* vom 20.09.2008. http://www.tagesspiegel.de/zeitung/Fragen-des-Tages;art693,2618513

Priddat, Birger (Hg.) (2007): *Neuroökonomie: Neue Theorien zu Konsum, Marketing und emotionalem Verhalten in der Ökonomie.* Metropolis-Verlag, Marburg

Pytlik, Alexander (2009): „Kleine Börsenethik – Anlagetips und -links ohne Gewähr". http://www.padre.at/boerse.htm

Sander, Beate: *Börsenerfolg Familienunternehmen: Höhere Rendite mit GEX-Werten.* FinanzBuch Verlag, gefunden in Google Books. http://books.google.de/

Schlossberg, Boris (2008): „Lessons From A Trader's Diary". http://www.investopedia.com

Seasonalcharts.com (2009): DAX Seasonal Chart über 33 Jahre. http://www.seasonalcharts.com

Shachmurove, Yochanan (2004): „The Reality of IPO Performance: An Empirical Study of Venture-Backed Public Companies". PIER Working Paper 04-030. http://ssrn.com/abstract=568165

Sloan, R. (1996): „Do stock prices fully reflect information in accruals and cash flows about future earnings?" In: Montier, James: *Behavioural Finance. Insights into Irrational Minds and Markets.* John Wiley & Sons, Ltd., West Sussex

Soros, George (1994): „The Theory of Reflexivity". Delivered April 26, 1994 to the MIT Department of Economics, World Economy Laboratory Conference, Washington, D.C., http://www.geocities.com/ecocorner/intelarea/gs1.html

Soros, George (1987): *The Alchemy of Finance: Reading the Mind of the Market.* Simon & Schuster, New York

Statista (2009): Anzahl der Zahnärztinnen und Zahnärzte in Deutschland seit dem Jahr 2000. http://de.statista.com/statistik/daten/studie/2616/

Steffens, Udo (2007): „Ethisches Investment – Mit Geldanlagen Verantwortung übernehmen". Redebeitrag zum ZdK (Zentralkomitee der deutschen Katholiken). http://www.zdk.de/reden/reden.php?id=165

StockCharts.com (2009): „The Pre-Holiday Effect". http://stockcharts.com/school/doku.php?id=chart_school:trading_strategies:the_pre_holiday_effect

ThinkExist (2009): http://thinkexist.com/quotes/lao_tzu, englisches Originalzitat: „Those who have knowledge don't predict. Those who predict don't have knowledge"

Trading Tools Report (2008): „Stock Trading is Boring". http://www.tradingtoolsreport.com/trading-tools/trading-is-boring/

Uhlig, Hans. 1999. *Finanzmarktanalyse. Neue Ansätze aus der Chaosforschung.* Verlag Franz Vahlen GmbH, München

VNR Verlag für die Deutsche Wirtschaft AG (2009): „Lassen Sie sich von unseren Zitaten inspirieren". http://www.zitate.de/db/ergebnisse.php?autor=Gandhi, Mahatma

Wergin, C.; Wiegmann, J. (2009): Interview mit Desmond Tutu. *Die Welt am Sonntag* vom 19. Juli 2009

White, Adrian (2006): „A Global Projection of Subjective Well-being: The First Published Map of World Happiness". http://m.zung.us/blog_data/uploads/2007/02/happiness.png

Wikipedia (2009a): Begriffserklärungen zu Liquiditätsgraden, Fundamentalanalyse, quantitativem Management und anderem. http://de.wikipedia.org/wiki

Wikipedia (2009b): Januar-Effekt und anderes. http://en.wikipedia.org/wiki/

Wikipedia (2009c): http://www.wikipedia.de/ethik bzw. http://www.wikipedia.de/moral

Yuan, Kathy; Zheng, Lu; Zhu, Qiaoqiao (2001): „Are Investors Moonstruck? – Lunar Phases and Stock Returns". SSRN Download. http://ssrn.com/abstract=283156

Zentralkomitee der deutschen Katholiken (2007): „Ethisches Investment – Mit Geldanlagen Verantwortung übernehmen!" http://www.zdk.de/erklaerungen/erklaerung.php?id=162 vom 04.10.2009

Zollitsch, Robert (2008): „Gerechtigkeit, Frieden und Bewahrung der Schöpfung – christliche Kriterien eines ethischen Investments". Rede auf der Fachtagung des ZdK „Ethisches Investment – Mit Geldanlagen Verantwortung wahrnehmen!", http://www.zdk.de/data/reden/pdf/Praesentation_EB_Zollitsch_EthInv_Frankfurt_02-29-08_1204793923.pdf

Zweig, Jason (2007): *Gier. Neuroökonomie – Wie wir ticken, wenn es ums Geld geht.* Carl Hanser Verlag, München

Register

»Der Robin Hood einer gerechten Ökonomie«
Miray Caliskan und Hella Kemper, *Zeit Wissen*

»Why did nobody notice it?«, nicht nur Queen Elizabeth fragte sich 2008, warum die Finanzkrise auch ÖkonomInnen zu überraschen schien. An den Wirtschaftsfakultäten brodelt es: Weltweit setzen sich Studierende für eine plurale Wirtschaftswissenschaft ein. Sie wollen implizite Annahmen, versteckte Werturteile und blinde Flecken offenlegen und die Ökonomie wieder in breitere Kontexte einbetten. Nach einem Überblick über die Bandbreite der Kritik stellt der Initiator der Gemeinwohl-Ökonomie Grundsatzfragen nach den Wurzeln der Disziplin und den Gründen der fatalen Verirrungen. Und er macht einen konkreten Vorschlag für eine ganzheitliche Wirtschaftswissenschaft. Zündstoff für die Wirtschaftswelt!

304 Seiten. Klappenbroschur
Auch als E-Book erhältlich
deuticke.at